高等学校思想政治理论课教材

中国近现代史纲要

主　编　王鲁英

副主编　刘　斌　宫晓燕

中共中央党校出版社

The Central Party School Publishing House

图书在版编目（CIP）数据

中国近现代史纲要/王鲁英著. —北京：中共中央党校出版社，2012.4（2021.1重印）

ISBN 978-7-5035-4722-5

Ⅰ.①中… Ⅱ.①王… Ⅲ.①中国历史：近代史—高等学校—教材②中国历史：现代史—高等学校—教材 Ⅳ.①K25

中国版本图书馆 CIP 数据核字（2012）第 037411 号

中国近现代史纲要

责任编辑	井　琪
版式设计	艺美印佳
责任校对	边丽新
责任印制	邢喜顺

出版发行 中共中央党校出版社
　　　　　（北京市海淀区大有庄 100 号）

邮　编	100091
网　址	www.dxcbs.net
经　销	新华书店
印　刷	三河市众誉天成印务有限公司
字　数	286 千字
版　次	2012 年 4 月第 1 版　2021 年 1 月第 6 次印刷
开　本	170 毫米×228 毫米　1/16
印　张	15
定　价	26.00 元

Preface >>> — 前　言

　　中国近现代史纲要是我国高等学校学生必修的思想政治理论课之一,是通过讲授中国近现代历史对大学生进行思想政治教育的一门课程。

　　历史教育历来在我国高等教育中占有重要地位,更是思想政治教育的重要内容。以史为鉴,可以知兴替。历史是整个民族的记忆,是人类智慧的宝库,包含了人类数千年来积累的丰富的经验和知识。重视历史的学习和研究,是中华民族的优良传统。中国共产党在领导革命、建设和改革的过程中,十分重视总结和借鉴历史经验,通过回顾和总结历史,探求国家繁荣兴旺的经验,反思民族兴衰成败的教训,揭示历史演变规律,进而把握社会现实,规划未来。历史是不能割断的,今天的中国是历史中国的发展。作为新时代的大学生,不仅要了解中国的今天,还应当了解中国的昨天。学习历史,能够增长见识,扩大视野,提高辨别是非的能力,形成正确的世界观、人生观和价值观,将来担当建设祖国的重任。

　　中国近现代史纲要正是为适应这一要求而开设的课程,主要讲授中国近代以来抵御外来侵略、争取民族独立、推翻反动统治、实现民族解放、建设社会主义的历史,帮助大学生了解国史、国情,深刻领会历史和人民怎样选择了马克思主义,怎样选择了中国共产党,怎样选择了社会主义道路,从而坚定在中国共产党领导下走中国特色社会主义道路的信念,增强执行党的路线、方针和政策的自觉性。

　　本书既考虑到这门课是思想政治理论课的重要组成部分,又突出历史特点。在体例上,按时间线索来编排,全书共十章,由三个部分组成,分别是:旧民主主义革命时期,1840—1919 年,包括第一章至

第三章;新民主主义革命时期,1919—1949 年,包括第四章至第七章;社会主义建设时期,1949 年至今,包括第八章至第十章。在每章结构上,力求有所创新,主要体现在:章前均设有"学习目标",概括本章重点;接下来是"历史线索图",用简练的形式概括本章的主要内容,使学生对内容有总体把握;在正文中,穿插历史故事和图片,增加知识性和趣味性;章后设"本章小结"和"复习思考题",启发学生进行思考,巩固所学知识;最后是"推荐阅读",引导学生在课外阅读,扩展知识面。

在编写此书的过程中,我们力求具有一定特色。第一,主要不是讲述若干的历史事件和历史人物,而是着重揭示隐藏在历史现象背后的历史规律和历史经验,突出本课程的思想政治教育功能。第二,不写枯燥的历史。尽可能做到立论准确,条理清晰,文笔流畅,通俗易懂。第三,采用学术界达成共识的观点,同时注意吸收新的研究成果。第四,本书既适合高等学校学生作为教材,也适合读者自学。

本书的编者长期从事高校中国近现代史纲要课程教学,具有丰富的教学经验。本书由王鲁英任主编,刘斌、宫晓燕任副主编,最终由王鲁英负责统稿、审阅、定稿工作,刘斌、宫晓燕协助主编完成汇总、审阅工作。各章具体分工情况是:第一章由刘斌、王鲁英、宫晓燕编写;第二章由王鲁英编写;第三、四章由刘斌编写;第五章由宫晓燕编写;第六章由王艳娟编写;第七章由王仕英编写;第八章由张绍磊编写;第九章由周丽妲编写;第十章由刘利民、田一颖编写。

在编写过程中,我们参考了许多有关文献,吸收了学术界研究的新成果,在此向相关作者一并表示衷心的感谢。

由于水平有限,加上时间紧迫,书中难免有不足之处,敬请专家和读者批评指正。

编　者

Contents >>> >>> 目　录

> **第一章　近代中国社会的演变与中国人民的反侵略斗争** ………… 1

第一节　鸦片战争前的中国与世界 ………………… 3

第二节　列强的入侵和近代中国社会的演变 ……… 8

第三节　抵御外侮与民族意识的觉醒 …………… 15

> **第二章　近代中国探索国家出路的斗争** ………… 24

第一节　太平天国农民运动 …………………… 26

第二节　地主阶级的洋务运动 ………………… 31

第三节　资产阶级维新派的维新运动 ………… 38

> **第三章　辛亥革命与君主专制制度的终结** ……… 47

第一节　资产阶级民族民主革命的兴起 ……… 49

第二节　辛亥革命与中华民国的建立 ………… 55

第三节　辛亥革命的失败与旧民主主义革命的终结 … 61

> **第四章　中国共产党的诞生和中国革命的新局面** … 69

第一节　新文化运动和五四运动 ……………… 71

第二节　中国共产党的诞生 …………………… 78

第三节　国共合作和国民革命 ………………… 84

> **第五章　中国革命新道路和抗日救亡运动** ……… 93

第一节　中国革命新道路的开辟 ……………… 95

第二节　中国革命在探索中曲折前进 ………… 103

第三节　抗日救亡运动的兴起和局部抗战 …… 110

> **第六章 中华民族的抗日战争** ···································· 118
　第一节　全国性抗战的开始与抗日民族统一战线的
　　　　　形成 ·· 120
　第二节　国民党与抗日正面战场 ······················· 123
　第三节　中国共产党成为抗日战争的中流砥柱 ········ 129
　第四节　抗日战争的胜利及其意义 ························· 137

> **第七章 为建立新中国而奋斗** ····································· 142
　第一节　争取和平民主的斗争 ····························· 144
　第二节　全面内战爆发和人民解放战争的胜利
　　　　　发展 ·· 149
　第三节　中华人民共和国的诞生 ························· 157

> **第八章 社会主义制度的建立** ····································· 164
　第一节　从新民主主义向社会主义过渡 ············· 166
　第二节　过渡时期总路线的制定 ························· 171
　第三节　社会主义改造的胜利完成 ····················· 176

> **第九章 社会主义建设的探索与曲折发展** ················ 187
　第一节　社会主义建设的全面展开 ····················· 189
　第二节　社会主义建设的曲折发展 ····················· 194
　第三节　社会主义建设的历史成就 ····················· 202

> **第十章 改革开放与中国特色社会主义道路的开辟** ··· 210
　第一节　历史性的转折和改革开放的新局面 ······· 212
　第二节　中国特色社会主义建设发展的新阶段 ····· 218
　第三节　全面建设小康社会 ································ 224
　第四节　中国特色社会主义进入新时代 ············· 228

> **参考文献** ·· 234

第一章
近代中国社会的演变与中国人民的反侵略斗争

学习目标

1. 了解鸦片战争前的中国和世界,明确鸦片战争时中国所处的历史地位。

2. 了解中国近代沦为半殖民地半封建社会的过程,认识资本—帝国主义侵略给中国人民带来的深重灾难及其对中国社会发展的严重影响;了解近代中国社会的演变,进一步认识中国国情。

3. 了解近代中国人民反抗外来侵略斗争的历程,总结近代中国人民反侵略战争失败的原因和教训,认识民族意识觉醒的历史意义,继承和发扬爱国主义精神。

历史线索图

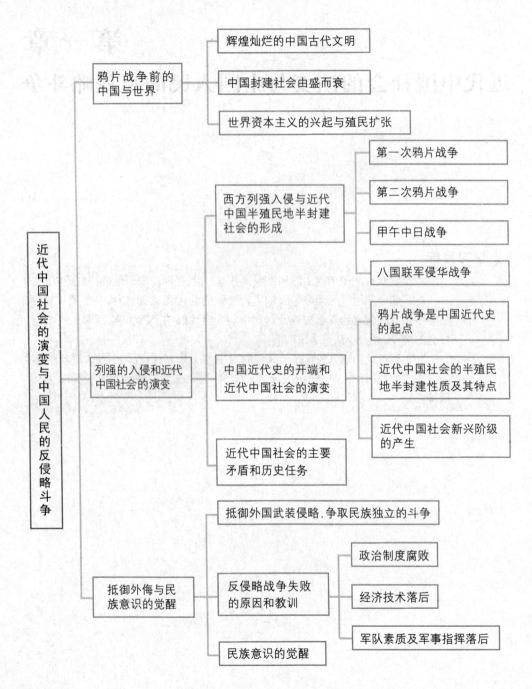

第一节　鸦片战争前的中国与世界

>>> 一、辉煌灿烂的中国古代文明

1. 古代中国是人类文明的发祥地之一

古代中国是人类文明的发祥地之一,大约距今五六千年前,在黄河流域和长江流域等地区就已经出现了早期的文明因素,这表明古代中国已经由野蛮社会步入文明社会。

中华文明作为延续并流传至今的人类文明,对世界科学文化的发展进步作出了卓越的贡献,几千年来,中国古代科学技术几乎遍及科学技术的各个领域,从天文到地理,从自然科学到社会科学,无不有着举世瞩目的成就,无不显示着古代中国人民的勤劳和智慧。

2. 中国古代文明的辉煌成就

中国是世界农业的发源地之一,早在一万年前,我们的祖先就进行着早期的农耕活动。随着生产力的发展,农业日益成为社会发展最重要的生产部门。商朝出现了青铜铸造的农具,如铲、镢、斨等,到公元前 5 世纪,铁制农具的出现更是极大地提高了劳动生产力。古代中国农业科技类的著作主要有北魏贾思勰的《齐民要术》、元朝王祯的《农书》、明朝徐光启的《农政全书》等,它们既总结前朝经验又开拓创新。农业水利建设是农业丰收的重要因素,1 世纪初,著名水利工程家王景、王吴主持治理黄河,此后 800 年间,黄河没有改道,水灾也减少了,有效地保护了黄河流域农业的发展。

手工业是中国古代的重要生产部门。金属作为重要的祭祀和生产工具,其冶炼技术提高很快。夏、商、西周时代对于青铜冶铸时的配方比例及其效果已有比较深刻的认识。春秋战国期间,人们已发明可锻铸铁,出现了铁斧、铁锤、铁耙、铁锄等工具。中国古代陶瓷器制作技术非常发达:"唐三彩"使用了享誉世界的陶器施釉技术;宋代有定、汝、官、哥、钧五大名窑,工艺精巧,享有盛名;景德镇的制瓷技术更是闻名遐迩,传承至今。中国古代造船业也一直世界领先,宋朝造船已采用船身逐渐削尖的办法,使船吃水深、阻力小、船体平稳,在一些航运的枢纽,甚至出现了修理船舶的船坞。明朝郑和下西洋,远航直达非洲,进一步体现了造船技术的精湛。

在自然科学领域,数学是自然科学的基础。中国商周时期就开始采用十进制计数法,比西方早了 2 000 多年。西周时期已经有了勾股定理的萌芽。祖冲之比较精确地计算出圆周率在 3.141 592 6 和 3.141 592 7 之间,在当时世界上是第一次,比西方要早 1 000 多年。流传至今的古代数学著作主要有:秦汉时期的《九章算术》,

魏晋时期刘徽的《九章算术注》《海岛算经》，祖冲之的《缀术》等。中国历朝历代非常重视天文历法。春秋时期的《春秋》就有了对彗星最早的观测和记录。两汉时期关于历法的编制，从汉武帝时的《太初历》到西汉末期的《三统历》，再到《后汉四分历》、刘洪的《乾象历》，形成了自己特有的体系，构成了历法的基本框架，为后世历法所遵循。依照祖冲之的《大明历》计算，1 年为 365.242 814 81 日，与今测的精确数据只差 46 秒。此后经唐朝僧人一行、元朝郭守敬等不断改进，古代中国的天文历法理论进一步发展。在医学、药学方面，中国传统医术源远流长，是世界医学宝库的一朵奇葩。春秋时期就已经分内、外、小儿、妇、针灸科等为病人诊治。东汉著名医家华佗精医道、方药和针灸等术，尤精于外科手术，用"麻沸散"麻醉患者，能打开腹背，为肠胃等内脏做手术。明朝的李时珍积 30 年穷搜博采、考察辨正编成的医药学巨著《本草纲目》，在世界医药科技史上占有相当高的地位，被译成多种外国文字广泛流行。

举世瞩目的四大发明对改变世界作出了重大贡献。造纸术的发明和改进不但替代了中国早期的竹简、丝绸等笨重、昂贵的书写工具，而且在世界范围内引起了书写材料的变化，使得书写、储存更加简单、方便。中国隋唐时期就出现了大量的雕版印刷作品，而活字印刷术的出现，不仅使文化作品的传播大大加快，也降低了印刷成本。印刷术传到西方推动了当地文化面貌的巨大变化。火药是古代中国炼丹家首先发明的，到了宋代已经出现燃烧性的、爆炸性的、射击性的三类火药武器。火药的发明和应用使得冷兵器时代渐行远去，大大改变了战争的进程，同时也提高了人类抵御自然的能力。指南针由司南发展而来，宋朝的罗盘针便是现在指南针的雏形，两宋时期的船只已经安装了先进的指南针，可以进行远海航行。宋朝的沈括第一个发现了磁偏角现象，进一步提高了指南针的精确度。指南针的使用大大促进了我国航海事业的发展，比哥伦布发现新大陆还要早。

3. 灿烂的古代文明是民族智慧与中外交流的结晶

灿烂的古代文明是中华民族勤劳与智慧的结晶。五千年来，中华民族在与大自然斗争的过程中积累了丰富的经验教训，中华民族不但善于总结经验而且善于开拓创新，在劳动实践中，不断创造出举世瞩目的科学技术和其他文化成就。

灿烂的古代文明还得益于中国古代社会的相对稳定。古代中国奴隶社会、封建社会虽然历经多个朝代，中间也有几个分裂战乱时期，但是统一、稳定是主流，是中国历史发展的大趋势，每个王朝前期一般都会实行休养生息、富民强国的政策，这为科学文化的发展提供了基本的前提条件。

灿烂的古代文明是中外文化交流的结果。人类活动一开始就有了交流，人类进入文明社会就有了文明的交流。早在四五千年以前的"洋海文化"位于中国新疆，从发掘的墓穴来看，既有东方丧葬文化的特点，又有西方丧葬文化的因素，而且发掘出几千年前的小麦,深刻体现了东方文明与地中海文明的交流碰撞。随着社会生产力的发展,人类各文明间的交流也日益频繁,从两汉时期的张骞、班超出使西域,到隋唐时期与周边天竺、日本、朝鲜等国家和地区的交流,再到元明时期马可波罗、利玛窦等来华以及郑和率领几十艘宝船下西洋,虽然目的、初衷各有不同,但无不体现了中华民族的开放姿态,无不体现了中华民族对各种文化的宽容,正是在这种不断的文化交流和融合中,中华文明源远流长且影响深远。

小资料 ▌

中国文明一直到 15 世纪仍居于世界领先地位。英国著名学者李约瑟等人列举过中国发明创造的 100 个世界第一。但是在其编著的 15 卷《中国科学技术史》中,他却提出了一个"李约瑟难题"。其原文的译文如下:

如果我的中国朋友们在智力上和我完全一样,那为什么像伽利略、托里拆利、斯帝文、牛顿这样的伟大人物都是欧洲人,而不是中国人或印度人呢?为什么近代科学和科学革命只产生在欧洲呢?……为什么直到中世纪中国还比欧洲先进,后来却会让欧洲人着了先鞭呢?怎么会产生这样的转变呢?

>>> 二、中国封建社会由盛而衰

1. 封建专制的日益强化

封建社会在中国延续了两千多年。在中国封建社会的早期和中期,相对稳定的社会为中华文明的发展进步提供了良好的基础。在中国封建社会历史上出现过不少经济技术大发展的"盛世",比如西汉的"文景之治",东汉的"光武中兴",唐代的"贞观之治"、"开元盛世",清代的"康乾盛世"等。盛世的社会局面得益于当朝君主的开明英武,他们吸取前朝灭亡的教训,励精图治,使得政治清明、社会稳定、经济发展。到封建社会晚期,随着清朝政权的建立和巩固,中国古代中央集权的政治、经济、文化专制达到顶峰。

政治上,清朝中央集权的君主专制制度得到进一步强化。皇帝通过军机处把议政王大臣会议和内阁主要职权合而为一,办理政务迅速、机密,君王旨意畅达无阻,膨胀的皇权成为政治制度逐渐走向腐败的重要原因。到清朝中后期,官僚机构膨胀、管理腐化堕落,贵族阶层过着骄奢淫逸、挥金如土的糜烂生活。乾隆时期的和珅揽政 20 余年,积累了大量不义之财,到嘉庆初年被赐死,其全部家当约为当时一年的全国财政收入的 20 倍,正所谓"和珅跌倒,嘉庆吃饱"。"三年清知府,十万雪花银",腐败官吏的贪污严重影响着政府的财政收入,贵族官僚的巧取豪夺使普通人民的生活日益困苦。

经济上,封建地主阶级土地所有制占据主导地位。封建贵族、地主通过购买、强占等各种手段大肆兼并土地,皇庄、宗室庄田、八旗庄田占地极广。乾隆皇帝的宠臣

和珅占地达 80 多万亩(1 亩约为 666.67 平方米),就连其家人刘、马二家,也占地 6 万多亩。而占人口绝大多数的农民土地很少或没有土地,农民租种地主的土地需交纳高额的地租,这必然激化阶级矛盾和社会矛盾。以个体家庭为单位的小农经济是中国最基本的生产结构,这种生产方式不但代表了一种低层次的生产力,而且对新事物具有较强的排斥力和抵抗力,再加之传统的重农抑商政策,大大迟滞了中国新兴的资本主义生产方式的发展。

思想文化上,清政府沿用了千年以来的儒家思想作为统治工具,实行严厉的文化专制政策。儒家思想主张"仁政"等人治理念,提倡"助君王,明教化",尤其宋元之后,理学逐渐成为维护封建统治的思想工具。理学家认为历史的盛衰变化受"理"的支配,封建社会的纲常名分、尊卑贵贱的等级秩序,是天理的体现,是不能被破坏的。整个清朝程朱理学依然占据支配地位,成为笼络和控制知识分子,实行文化专制的重要工具。

2.厉行专制下的文化破落与闭关锁国

厉行专制的清王朝,使中国维系了几百年的统一与稳定,而稳定的社会结构又严重阻碍了社会发展和科技进步。虽然"康乾盛世"历经康熙、雍正、乾隆三朝,前后130 多年,为世人称道,但是其文化、科技等已远不如前朝灿烂多彩。

首先,日渐加强的封建君主专制造成了万马齐喑的文化破落局面。面对程朱理学的一统天下和纲常礼教的日趋苛严,在意识形态领域掀起了一股带有早期启蒙性质的进步思潮。王夫之、黄宗羲、顾炎武等先进知识分子主张经世致用,从根本上否定了理学的纲常伦理观念,颇具民主色彩。令人遗憾的是,他们的思想没有成为明末清初思想界的主流。在此局面下,中国人民的创新精神也日益疲靡,不管是农业技术、手工业技术还是医药科学的发展均日益停滞。清朝的文化科学技术不但没有出现唐宋时期的灿烂,也不复晚明时代的短暂辉煌,更加落后于西方资本主义国家。

其次,清王朝统治下的中国,亦不复有唐宋时期开放的大国风范,在 200 多年的时间里,实行闭关锁国的政策。清朝初年,为了防范、镇压东南沿海的抗清斗争,厉行海禁,强迫沿海居民内迁,而中外贸易也受到限制。康熙年间统一台湾后,虽然开放海禁,但是对西方殖民势力存有戒心,遂开始了严厉限制中外贸易的闭关锁国政策。闭关锁国得以推行的主要原因是小农经济占优势地位,虽然也有抵御外侮的考虑,甚至在前期也收到了较好的效果,但是从长远来讲影响是消极的,它影响了近代中国工商业的发展,阻碍了资本主义因素的成长,阻碍了中国学习、掌握西方的先进科学技术,它作为一种消极防御,根本不能抵挡殖民势力的侵略,中国最终无法摆脱落后挨打的被动局面。

>>> 三、世界资本主义的兴起与殖民扩张

1. 资本主义的兴起与资本主义制度的确立

16 世纪至 19 世纪前期,中国封建社会由盛转衰之际,正是世界资本主义兴起并且取得大发展的重要时期。

资本主义生产关系的出现是封建社会晚期生产力巨大发展的结果。14、15 世纪首先在意大利北部地中海沿岸的几个城市出现了资本主义萌芽,16~18 世纪,是资本主义手工工场在西欧的迅速发展时期。在工商业发展的基础上,对外贸易也取得了惊人的成就,建立起很多海外贸易垄断公司,例如,1600 年成立的东印度公司垄断了好望角以东地区(包括印度、中国)的贸易。随着商品经济的发展,资本主义生产关系很快由工业领域渗入到农业领域。羊毛和商品粮需要量的增长与价格的提高,刺激了资本家去投资办农场或牧场,历史上有名的"圈地运动"由此开始,而资本家便将一部分被剥夺土地的农民招为雇佣的农场工人,经营起资本主义农场。与此同时,西欧各国先后完成了由封建主义向资本主义的过渡。

随着资本主义生产关系的萌芽和发展,早期的资产阶级也随之出现,他们在经济上要求自由,在政治上要求平等。尤其是发端于 17 世纪的启蒙运动将早期资产阶级的政治、经济诉求系统地阐述出来,为资产阶级革命的爆发准备了思想条件。处于资本主义发展最前列的尼德兰和英国,早期启蒙思潮表现最为活跃。早期启蒙思想家们在理性学说指导下阐述了自然、人权、法治、社会契约等一系列观点,而将其发扬光大的则是 18 世纪法国的启蒙思想家们,比如伏尔泰、孟德斯鸠、卢梭等。

在上述政治、经济、思想条件下,早期的资产阶级革命爆发并为资本主义发展开辟了道路。1640 年,英国人民发动了世界最早的资产阶级革命,1689 年,英国资产阶级经过 40 多年的革命斗争和反复争夺,终于建立起君主立宪制的资本主义政权,而君主立宪制度的确立为英国资产阶级社会的巨大发展和改造提供了条件。法国大革命于 1789 年爆发,从巴黎人民攻克巴士底监狱开始,几十年的资产阶级运动使"民主""共和"等资本主义理念深入人心,资本主义取代封建主义已经是不可阻挡的历史潮流。

2. 资本主义的殖民扩张

随着资本主义商品生产的不断增长,需要开辟更加广阔的原料产地和销售市场。尤其是资本主义制度确立和第一次工业革命之后,欧美资本主义国家在世界各地殖民,对落后国家进行军事、政治、经济、文化等方面的侵略,使其沦为殖民主义者的商品倾销市场和廉价原料产地,而先进的交通工具和枪炮则为虎作伥,成为其对外侵略的有力工具。瓦特在前人基础上,改良了蒸汽机,使机器生产开始冲破自然条件的限制,大大加速了工业革命的进程。在英国,工业革命比政治革命带来更加

深刻的变革,现代工厂制度的确立极大地促进了社会经济的发展,金属造船的使用使其垄断了世界航运,装备了大炮的商船队凭借着廉价的商品和海上优势,强行打开了亚、非、拉美等许多国家的大门。随后法国、美国等也很快完成了本国的机器化进程,资本主义机器大生产方式在欧美国家开始确立起来。机器的广泛使用,从根本上改变了工业的技术面貌,大大提高了劳动生产率,新式交通工具的出现也使各国家和地区更加紧密地联系在一起。

资本主义的发展逐步使人类历史从一个个国家的历史成为世界历史,西方资产阶级把一切民族都卷入到资本主义文明中来,迫使他们采取资产阶级的生活方式,他们"按照自己的面貌为自己创造出一个世界"①。殖民主义的扩张给落后的封建国家、地区带来翻天覆地的变化,这些地方开始出现更先进的生产方式,更民主的政治制度,更积极的思想观念,但是殖民主义者并不是要使他们成为独立的资本主义国家,而是要把他们纳入资本主义世界体系,成为自己的政治、经济、文化附庸。

17世纪中期至18世纪中期,英国在早期海外殖民争夺中,先后打败荷兰和法国,成为当时最强大的殖民国家,到1880年,英国更是占领了印度、缅甸、澳大利亚、尼日利亚等国家,殖民面积达1 944.3万平方公里,相当于其本土面积的82倍,成为世界上最大的资本主义国家。其他资本主义国家也不甘落后,俄国通过扩张成为一个横跨欧、亚、北美的巨无霸,法国、美国、德国也加入到对亚、非、拉美、大洋洲的争夺中来,到19世纪末,世界上绝大多数的落后国家都沦为了殖民地、半殖民地。西方资本主义的发展和扩张使落后国家(包括中国)、地区遭到前所未有的严重挑战,反侵略战争随之兴起并蓬勃开展。

第二节　列强的入侵和近代中国社会的演变

>>> 一、西方列强入侵与近代中国半殖民地半封建社会的形成

1. 第一次鸦片战争

1840年,英国发动侵略中国的第一次鸦片战争。英国发动战争的主要目的是对外扩张、掠夺殖民地、扩大商品市场,把中国纳入资本主义的世界体系中。

在第一次鸦片战争前的中英贸易中,英国长期处于入超地位。由于清政府实行闭关政策和自给自足的自然经济的顽强抵抗,英国工业品很难打开销路。在1827年以前,英国资本家多次在中国销售棉纺织品,但因价格昂贵,竞争不过中国的土布,遭到严重挫折。1827年以后,英国输入中国的棉纺织品虽然开始获得利润,但销量极

---

① 《马克思恩格斯选集》第1卷,人民出版社1995年版,第276页。

为有限。相反,中国出口的茶叶、生丝、药材等却在英国十分畅销。为改变贸易上的不利局面,英国开始进行罪恶的鸦片贸易。英国从鸦片贸易中得到了巨额的利润,却给中国带来无穷的灾难。英国的鸦片走私不仅直接毒害了中国人的身体和精神,而且造成了中国的白银大量外流和财政危机,还导致银贵钱贱,加重了劳动人民的负担。

鸦片的大量输入,加深了清王朝的统治危机。清政府派林则徐到广东禁烟。1839 年 6 月 3 日至 25 日,林则徐在广东虎门率领广大军民将所缴获的鸦片全部当众销毁,禁烟运动取得了初步胜利。虎门销烟的壮举,有力地打击了外国侵略者的气焰,维护了中华民族的尊严。中国这一正义之举,却被英国资产阶级作为发动侵略战争的借口。

1840 年 6 月,第一次鸦片战争正式爆发。这场战争持续了两年多,以清政府的失败而告终。1842 年 8 月,清政府与英国签订了中国近代史上第一个不平等条约《南京条约》。随后,1843 年签订中英《五口通商章程》和《虎门条约》作为《南京条约》的补充条约。不久,美国、法国接踵而至,于 1844 年,分别强迫清政府签订中美《望厦条约》和中法《黄埔条约》。

这一系列不平等条约,使中国主权遭到严重破坏。香港被割占,使中国的领土完整遭到破坏;协定关税、领事裁判权等规定,使中国的关税和司法主权受到侵犯;外国船舰可在中国领海自由航行,破坏了中国的领海主权等。这样,第一次鸦片战争和《南京条约》等一系列不平等条约的签订,使中国开始沦为半殖民地半封建社会。

2. 第二次鸦片战争

1856 年 10 月至 1860 年 10 月,英法等国发动第二次鸦片战争。西方列强通过第一次鸦片战争,打开了清王朝闭关自守的大门。它们认为从此可以打开中国的广阔市场,以倾销它们的工业品,获得巨额利润。结果却事与愿违,五口通商后的十多年间,它们的许多工业品在中国市场还是滞销。在这种情况下,为了进一步打开中国大门,扩大在华的权益,英法两国在 1856 年,分别以"亚罗"号事件和"马神甫事件"为借口发动了第二次鸦片战争。1858 年,英法联军攻陷大沽炮台,直扑天津,清政府无奈求和,分别与英、法、美、俄四国签订了《天津条约》。随后,战火又起。1860 年 10 月,英法联军在北京洗劫并焚毁了圆明园,使这座具有极高科学和艺术价值的皇家园苑化为一片废墟。腐败无能的清政府与英、法、俄分别签订了《北京条约》,第二次鸦片战争至此结束。

第二次鸦片战争签订的这些不平等条约,使侵略者从中国攫取了比第一次鸦片战争更多的权益。除割地赔款外,外国公使常驻北京,逐渐影响和操纵了清政府的内政和外交;增开通商口岸,使外国侵略势力扩张到沿海各省,并伸向内地,加紧了对中国的经济侵略;鸦片贸易合法化,使鸦片在全国进一步泛滥。特别要指出的是,沙俄虽然没有直接参加第二次鸦片战争,却通过中俄《瑷珲条约》、中俄《北京条约》和其后的中俄《勘分西北界约记》等,侵占中国150多万平方公里的领土,成为这次战争最大的获利者。

第二次鸦片战争后,西方列强对清政府的态度开始发生变化,采取又打又拉的方法。《北京条约》刚一签字,英、法、俄等国公使就立即表示,只要清政府认真履行条约条款,就可以得到他们的任何援助。1861年,清政府设立"总理衙门"。同年,慈禧太后联合恭亲王奕䜣,在外国公使的支持下,发动了一场宫廷政变,即"辛酉政变",此后,慈禧太后掌握了清朝的统治权。1862年,清政府确定了"借师助剿"的方针,从此,西方侵略者与清政府共同镇压中国人民的反抗斗争。中国在半殖民地半封建道路上越陷越深。

3. 甲午中日战争

1894—1895年,日本发动侵略中国的甲午战争。日本在1868年明治维新之后,迅速崛起成为亚洲资本主义强国。它制定了侵略中国和朝鲜,进而征服亚洲和世界的"大陆政策"。1894年7月,日军在丰岛海面突袭中国北洋舰队,挑起了甲午中日战争。1895年4月,清政府与日本签订《马关条约》。其主要内容包括:中国从朝鲜半岛撤军并承认朝鲜的"自主独立",中国不再是朝鲜之宗主国;割让辽东半岛、台湾及其附属岛屿和澎湖列岛给日本;赔偿日本军费白银2亿两;开放沙市、重庆、苏州、杭州为商埠,日本轮船可沿内河驶入以上各口岸;允许日本在中国通商口岸开设工厂,产品运销中国内地免收内地税。《马关条约》使日本得到巨大的政治、经济、军事等利益,为帝国主义向中国输出资本敞开了大门,中国社会的半殖民地程度大大加深了。

中日甲午战争和《马关条约》签订后,列强进一步加紧对中国的侵略,中华民族面临空前严重的民族危机。帝国主义通过大量的政治性贷款控制清政府,操纵中国财政。它们还利用不平等条约赋予的特权,在中国自由开工厂、办银行、修铁路、开矿山等,牢牢掌握了中国的经济命脉,并获取超额利润,压制中国弱小的民族资本主义经济的发展。更为严重的是列强在中国争夺"租借地",划分势力范围,使中国在半殖民地泥潭中越陷越深。悲愤欲绝的爱国志士发出了"四万万人齐下泪,天涯何处是神州"的沉痛呼喊! 时人为表达对时局的危机感,作了《时局图》,表现了晚清王朝统治者纸醉金迷的奢侈生活与帝国主义豺狼虎豹般的侵略野心。

图1-1 时局图

4. 八国联军侵华战争

为了镇压中国人民的反帝斗争,保护并扩大在华特权和既得利益,1900年6月,英、德、俄、美、日、法、意、奥等国组成八国联军,联合发动大规模的侵华战争。侵略军遭到了中国人民尤其是义和团的重创。但是由于八国联军的势力太强大,清政府又执行投降政策,大沽炮台和天津相继被占领,继而北京也被占领。八国联军进入北京后,进行了疯狂的抢掠。特别是聚藏着无数珍宝的紫禁城,历经八国联军长达一年的劫掠,损失惨重。1901年9月,清政府与参战八国及比利时、西班牙、荷兰共11个国家签订丧权辱国的《辛丑条约》。其主要内容包括:中国赔款白银4.5亿两,分39年还清,本息共计9.8亿两(这笔钱被称为"庚子赔款"),以海关税和盐税等税收作担保;将北京东交民巷划定为使馆区,成为"国中之国"。在区内中国人不得居住,各国可派兵驻守;拆除大沽及有碍北京至大沽通道的所有炮台,外国可在自山海关至北京沿线铁路的12个地方驻扎军队;严厉惩治附会过义和团的官员;将总理衙门改为外务部,位居六部之首,成为清政府与列强交涉的专门机构。《辛丑条约》是中国近代史上赔款数目最庞大、主权丧失最严重的一个不平等条约。它的签订,标志着帝国主义彻底控制了清政府,清政府也完全成为帝国主义统治中国的工具,中国半殖民地半封建社会完全形成。

小资料 |

1900年,八国联军侵入北京,各国军队纷纷闯入紫禁城。作为侵略者一员的英国人普特南·威尔,在《庚子使馆被围记》中毫不掩饰地记述了他"游览"皇宫时亲眼所见的联军窃掠丑行:同行中有人不时将喜爱之物聚成一小堆,并趁人不备塞入衣袋。在俄军侵华最高指挥官阿列克谢耶夫和利涅维奇进宫"参观"时,其随行人员在酷热难忍的天气里却穿上了大衣和斗篷。他们不仅顺手牵羊,用大大小小的珍宝鼓起了自己宽大的外衣,还大吃大嚼慈禧太后寝宫内的玫瑰酱,将室内玻璃柜中数十件用黄金和宝石精制成的小巧艺术品"洗劫一空"。不论哪一批入宫"参观"的联军,在他们走出大门时,个个都是"衣服口袋凸出甚高,面有得意之色"。

——《八国联军劫掠清宫纪实》,载《中国档案报》2002年4月26日

纵观鸦片战争以来中国近代的历史,我们可以清楚地看到,资本—帝国主义对中国的侵略不只限于军事,还包括政治、经济、文化各个方面。列强的侵略使中国在经济上丧失了独立性,被纳入资本主义的世界经济体系,成为西方大国的经济附庸,中国民族资本主义发展受到阻碍。资本—帝国主义的入侵和封建反动势力的联合统治,导致了近代中国政治黑暗、经济落后、人民生活日益贫困。

>>> 二、中国近代史的开端和近代中国社会的演变

1.鸦片战争是中国近代史的起点

鸦片战争是中国历史发展的转折点。从此,中国社会性质发生根本性的变化,由战前的封建社会逐步变为半殖民地半封建社会。随着社会性质的变化,中国社会的主要矛盾也发生了变化。战前中国社会的主要矛盾是农民阶级与封建地主阶级的矛盾,战后主要矛盾是帝国主义和中华民族的矛盾,封建主义和人民大众的矛盾。而帝国主义和中华民族的矛盾,是最主要的矛盾。随着中国社会性质和社会主要矛盾的变化,中国逐步进入了反帝反封建的资产阶级民主革命的新时期。正因为如此,鸦片战争成为中国近代史的起点。

2.近代中国社会的半殖民地半封建性质及其特点

鸦片战争前,中国是一个封建社会。鸦片战争以后,随着资本—帝国主义的入侵,中国社会性质发生了重大变化,逐步演变为半殖民地半封建社会,这种变化主要表现在两方面。

一方面,独立的中国逐步变成半殖民地的中国。鸦片战争以后,西方列强通过发动侵略战争,强迫中国签订一系列不平等条约,破坏中国的领土主权、领海主权、关税主权、司法主权等,并一步一步地控制中国的政治、经济、外交和军事。中国已经丧失了完全独立的地位,在相当程度上被殖民地化了。但是,近代中国仍然维持着独立国家和政府的名义,还有一定的主权。由于它与连名义上的独立也没有,而被殖民主义宗主国直接统治的殖民地尚有区别,因此被称为半殖民地。

另一方面,封建的中国逐步变成半封建的中国。鸦片战争后,由于外国资本主义的入侵,对中国原有的封建经济结构起了很大的解体作用,资本主义在中国有了初步发展,但同时地主剥削农民的封建生产关系在中国的社会经济生活中仍然占着显然的优势。这样,中国便由一个完全的封建社会变成有了一定程度资本主义成分的半封建社会。

中国之所以没有完全沦为殖民地,主要是因为中国人民的坚决反抗,加之各帝国主义国家在华利益矛盾,使任何一个国家都不能独霸中国。

中国半殖民地半封建社会是一个畸形的社会,它既不同于鸦片战争前的封建社会,又不同于一般的资本主义社会。其基本特征是:

(1)资本—帝国主义侵略势力不但逐步操纵了中国的财政和经济命脉,而且逐步控制了中国的政治,日益成为支配中国的决定性力量。

(2)中国的封建势力日益衰败并同外国侵略势力相勾结,成为资本—帝国主义压迫、奴役中国人民的社会基础和统治支柱。

(3)中国的自然经济基础虽然遭到破坏,但是封建剥削制度的根基——封建地主的土地所有制依然在广大地区内保持着,成为中国走向近代化和民主化的严重障碍。

(4)中国新兴的民族资本主义经济虽然已经产生,并在政治、文化生活中起了一定作用,但是在帝国主义和封建主义的压迫下,它的发展很缓慢,力量很软弱,而且它的大部分与外国资本—帝国主义和本国封建主义都有或多或少的联系。

(5)由于近代中国处于资本—帝国主义列强的争夺和间接统治之下,近代中国各地区经济、政治和文化的发展是极不平衡的,中国长期处于不统一状态。

(6)在资本—帝国主义和封建主义的双重压迫下,中国的广大人民特别是农民日益贫困化以至大批破产,过着饥寒交迫和毫无政治权利的生活。

中国半殖民地半封建社会及其特征,是随着帝国主义侵略的扩大,帝国主义与中国封建势力结合的加深而逐渐形成的。

3. 近代中国社会新兴阶级的产生

随着近代中国从封建社会逐步演变为半殖民地半封建社会,中国社会的阶级关系也发生了深刻的变化。除了原有的农民阶级、地主阶级以外,还有新的阶级产生出来,这就是工人阶级和资产阶级。

中国工人阶级是近代新生的被压迫阶级。它的来源主要是城乡破产失业的农民、手工业者和城市贫民。中国工人阶级最早出现于 19 世纪四五十年代外国资本主义在华企业中,如船舶修造业、出口加工业和口岸码头等。因此,中国工人阶级比中国资产阶级的社会基础更雄厚。在 19 世纪 60 年代后洋务派创办的大型军用工业和民用企业以及 70 年代以后的中国民族企业中,又雇佣了一批工人。到 1894年,中国近代产业工人有近 10 万人。中国工人阶级人数不多,却是中国新生产力的代表。它除了具有世界无产阶级的一般优点外,还具有特殊的优点:深受帝国主义、封建势力、资本主义三重压迫,工资低、劳动时间长、劳动条件恶劣,受剥削最深,革命性最强;分布集中,便于团结组织;大多数出身于破产农民,与广大农民有着天然联系,便于和农民结成亲密联盟,共同团结战斗。

中国资产阶级也是近代中国新产生的阶级。由于中国资本主义分为官僚资本主义和民族资本主义两部分,所以中国资产阶级也分为官僚资产阶级和民族资产阶级两部分。

中国民族资本主义企业产生于 19 世纪 60 年代末 70 年代初,是由部分地主、官僚、商人直接投资兴办的,也有少数是由手工工场采用机器生产转变而来。1869年,上海发昌机器厂开始使用车床。1872 年,华侨商人陈启源在广东南海县开办继昌隆缫丝厂,是我国民族机器工业的开端。到甲午中日战争前,中国民族资本企业达 100 余家,大部分属轻纺工业企业,发展最快的是缫丝业,重工业部门涉足者甚少。中国民族资本企业自产生之日起,就受到外国资本主义、本国封建势力的压迫和排挤,举步维艰。另外,中国民族资本主义工业基础薄弱,投资少,规模小,设备简陋,技术落后,布局不合理,发展缓慢,力量微弱,始终没能在中国社会经济中占主导地位。

小资料

张謇(1853—1926),江苏南通人,中国近代著名实业家、教育家。1894年考中状元。1895年甲午中日战争后,张謇主张实业救国,走上了弃官经商的道路。同年,在南通筹办大生纱厂。1899年,大生纱厂建成投产。此后,张謇以棉纺织业为中心,投资其他行业,先后兴办各类企业20多个,形成了一个以轻纺工业为核心的新兴的民族资本集团。据统计,到1923年,其资本总额达到了3 448余万元。此外,他还兴办教育事业。然而,第一次世界大战后,帝国主义卷土重来,中国棉纺织业深受打击。大生纱厂出现严重亏损,大量负债无力偿还,1925年,只好由上海债权银行团正式接管。大生纱厂的结局正是旧中国民族工业发展的缩影。

伴随着民族工业的产生,就形成了中国早期的民族资产阶级。中国民族资产阶级是一个具有两重性的阶级。一方面,它受帝国主义的压迫和封建主义的束缚,具有革命性、进步性;另一方面,又同帝国主义和封建主义保持着千丝万缕的联系,没有彻底的反帝反封建的勇气,具有软弱性、妥协性。这种两重性是半殖民地半封建社会中国政治和经济特点的反映。

>>> 三、近代中国社会的主要矛盾和历史任务

1. 近代中国社会的主要矛盾

半殖民地半封建的中国社会的矛盾是错综复杂的,既有内部的,又有外部的,既有对立阶级之间的矛盾,又有统治阶级内部的矛盾。在这些社会矛盾中,占支配地位的还是主要矛盾。近代中国社会的主要矛盾是帝国主义和中华民族的矛盾,封建主义和人民大众的矛盾。中国近代社会的这两对主要矛盾是互相交织在一起的,而帝国主义与中华民族的矛盾是最主要的矛盾。

中国近代社会的发展和演变,是上述两对主要矛盾互相交织和交替作用的结果。近代以来的中国革命,是在这些主要矛盾及其激化的基础上发生和发展起来的。

2. 近代中国社会的主要任务及其关系

鸦片战争后,中华民族面临着两大历史任务:一个是求得民族独立和人民解放,一个是实现国家繁荣富强和人民共同富裕。两者之间不能互相替代,但又息息相关。前者是用革命手段,从根本上推翻半殖民地半封建的统治秩序;后者是要改变中国经济、文化落后的状况,实现中国的近代化。前者是前提,后者是目的与归宿。为实现这两大历史任务而斗争,就是中国近现代历史的主题。

在这两大历史任务中,首要任务是反对外国列强的侵略,摆脱封建专制的统治,求得民族独立和人民解放,这是必要的前提条件。近代中国是半殖民地半封建社会,在帝国主义和封建主义的统治下,民族不能独立,人民遭受压迫剥削,社会贫穷落后。只有首先进行反帝反封建斗争,才能推翻帝国主义对中国的反动统治,改变它们控制中国财政经济命脉,利用特权向中国大量倾销商品和资本输出,压迫中国民族工商业发展的局面;才能废除封建地主土地所有制和政治上的专制制度,解放农村生产力,改善农民的生活,扩大民族工商业的国内市场,为国家的繁荣富强扫清障碍。这是中国走向工业化、近代化的必由之路。近代以来,一些有识之士提出过实业救国、教育救国、科学救国等主张,并进行有益的尝试,对中国近代社会的进步作出了一定贡献,但到头来都碰了壁。正如毛泽东所指出的:"在一个半殖民地的、半封建的、分裂的中国里,要想发展工业,建设国防,福利人民,求得国家的富强,多少年来多少人做过这种梦,但是一概幻灭了。"①这说明不进行反帝反封建的民主革命,不改变中国半殖民地半封建的社会性质,不解决民族独立和人民解放的问题,要在中国实现近代化是不可能的。

实现国家繁荣富强和人民共同富裕是近代中国社会的主要任务。因为革命只是手段,不是目的,革命是为了取消帝国主义在中国的特权,消灭地主阶级的剥削和压迫,改变封建的生产关系以及腐朽的上层建筑,从根本上解放被束缚的生产力,集中力量进行建设,使生产不断扩大,使人民不断增长的需要能够逐步得到满足,从而实现国家的近代化,这是鸦片战争以来几代中国人的梦想。只有为这一理想而奋斗,才能逐步改变贫困落后的面貌,使中华民族屹立于世界民族之林。

第三节　抵御外侮与民族意识的觉醒

>>> 一、抵御外国武装侵略,争取民族独立的斗争

中国近代史是资本—帝国主义侵略、奴役中国的历史,也是中国人民反抗外来侵略、救亡图存、探索国家出路的历史。中国人民前仆后继、英勇顽强的反抗斗争,粉碎了西方列强瓜分中国的图谋,捍卫了民族尊严,振奋了民族精神。

1.普通民众的反侵略斗争

英国发动侵略中国的鸦片战争时,中国人民即奋起抵抗。在东南沿海、沿江凡英军足迹所到之处,各地人民纷纷自发起来反抗。广州三元里人民的抗英斗争则是中国近代史上中国人民第一次大规模的反侵略武装斗争。

---

① 《毛泽东选集》第3卷,人民出版社1991年版,第1 080页。

1841年5月29日,英军到广州郊区三元里一带骚扰抢劫,当地群众奋起抗击,打死英军数名,其余逃走。为抵抗英军的报复,三元里人民联络了附近103乡的群众,在牛栏岗痛击英军。随后乘胜追击,数万民众包围了英军所在的四方炮台。广州知府强令群众解散,英军才得以解围。

台湾人民也曾多次抗击侵略者。台湾是我国东南沿海地区的屏障,物产丰饶,经济、战略地位极为重要,成为殖民主义者垂涎的目标。1841年9月,英舰"纳尔布达"号侵入基隆,台湾守军开炮轰击,英舰逃跑时触礁。军民追歼逃敌,打死32人,活捉133人,缴获大炮、图册等物品。1867年,美军侵犯台湾,在台南琅峤(今恒春)登陆,被高山族人民奋勇击退,并击毙其一副舰长。1895年《马关条约》签订,台湾人民闻知割台消息之后发布檄文,表示"愿人人战死而失台,决不愿拱手而让台",表明了誓与台湾共存亡的决心。台湾人民与总兵刘永福所率领的黑旗军浴血奋战,从1895年6月至10月,抗击了日军两个师团和一支海军舰队,日军死伤3.2万多人。在日本占领台湾的半个世纪里,台湾人民反抗日本殖民统治的斗争从未间断过。

鸦片战争以后,部分外国传教士在中国进行了种种罪恶活动,激起中国人民的愤恨。从19世纪60年代起,反对外国教会侵略的斗争此起彼伏。甲午战争以后,由于民族危机空前严重,人民群众把反教会斗争与反对帝国主义侵略结合起来,尤其是与反对列强瓜分的斗争联系起来,谱写了一曲激昂悲壮的历史乐章。义和团运动可以说是其中的典型代表。

义和团是在义和拳的基础上发展起来的。甲午中日战争后,民族矛盾不断激化,义和拳便从反清秘密结社转变为具有广泛群众性的反帝组织。1898年,义和团运动从山东兴起后发展迅猛,1900年进入京、津地区。发生在1900年初夏的廊坊大捷,是义和团运动期间的一个重要战役,中国人民敢于和敌人血战到底的英勇气概震惊了世界。

1900年6月10日,八国联军2 000多名官兵在英国海军中将西摩尔的率领下,从天津出发向北京进犯,在廊坊一带遇到了义和团的阻击。侵略军遭到惨败,不得不于6月18日退回杨村,在义和团的追击下,败回天津西站。廊坊一役,从11日开始到18日结束,共打死八国联军62人,打伤332人。义和团与平民群众死伤近千人。西摩尔事后回忆说:"如果义和团所用武器是近代枪炮,那么,我率领的联军必定会全军覆灭。"

2. 爱国官兵的反侵略斗争

在反侵略斗争中,清朝的部分爱国将士也大义凛然,慨然赴死。

鸦片战争中,1841年2月,英军直逼虎门炮台,广东水师提督关天培当众宣誓:"人在炮台在,不离炮台半步!"他亲燃大炮,身体多处受伤,仍手刃数名英军,直至中炮壮烈殉国,400余名将士也都英勇战死。关天培为国捐躯,激起人们沉痛哀悼。

出葬时,士大夫数百人缟衣迎送,旁观者痛哭失声。

中法战争期间,老将冯子材临危受命,率部据守镇南关,抢修了一条三里半的长墙作为防御工事。1885 年 3 月,法军 2 000 余人扑向镇南关,凭借优势炮火,猛攻长墙。危急时刻,冯子材身先士卒,率两个儿子和大刀队千人,冲入敌阵,诸军无不感奋。法军全线崩溃,仓皇南逃。这就是震撼中外的镇南关大捷。此后,清军乘胜收复了谅山等地。

甲午中日战争爆发后,1894 年 9 月 17 日,在大东沟海战中,邓世昌指挥的"致远"舰多处受伤燃起大火,船身倾斜。邓世昌与全舰官兵驾舰全速撞向日本主力舰"吉野"号,决意与敌同归于尽,不幸被炮弹击中沉没。邓世昌坠海后拒绝随从相救,与全舰官兵 200 余人一同壮烈殉国。

>>> 二、反侵略战争失败的原因和教训

自 1840 年至 1919 年,中国人民为反对外来侵略,进行了前仆后继的英勇斗争,并在历次战斗中痛击侵略势力,尤其是以义和团为代表的全国范围的反洋教斗争粉碎了帝国主义瓜分中国的图谋。但是这些斗争都没有将帝国主义驱逐出中国,近代中国在半殖民地半封建社会的深渊里越陷越深。近代中国早期反侵略战争总体上是失败的,究其原因,主要有三个方面。

1. 政治制度腐败

鸦片战争以后,中国逐步变成了半殖民地半封建社会,统治中国的清王朝依然实行封建专制制度,且夜郎自大,故步自封,早已腐败不堪。政治制度腐败,是中国反侵略战争失败的根本原因。

政治制度的腐败首先表现为统治者愚昧自大,不了解世界发展趋势。由于长期闭关锁国,当时的中国人对英国的认识非常模糊。仅有关英国的称谓,就有十多种,以至那些奏议夷务的大臣错以为它们属于不同的国家。甚至当鸦片战争爆发近两年了,道光帝竟然对英国"实不知其来历",居然提出"贵国(英国)与俄国是否接壤,和回疆有无旱路可通?"这样可笑的问题。

政治制度的腐败更明显地表现在吏治的腐败上。清政府官僚机构膨胀,大小官员贪污成风,营私舞弊,贿赂公行。特别是各级享有特权的满族大臣,无不过着骄奢淫逸、挥金如土的糜烂生活。庸碌之辈、投机之徒充斥朝廷;遇事模棱两可,曲意逢迎,八面玲珑成为官场诀窍。一旦遇到战事,则互相推诿,唯皇帝之意是从,而清朝最高统治者并没有抵抗侵略的勇气和决心。鸦片战争爆发后,道光皇帝时战时和,基本上奉行对外妥协的路线。禁烟抗英有功的大臣如林则徐、邓廷桢等被革职查办,甚至发配充军;主张妥协投降的琦善等人反而受到重用。

政治制度的腐败还表现为统治者不敢发动人民群众,反而敌视和压制人民群众

的反侵略斗争。钦差大臣奕山到广州后污蔑广东人民"粤民皆汉奸,粤兵皆贼党",主张"防民甚于防寇",到处抓百姓,"私自杀戮、削其骨、食其肉、剖其心",真是"徒有剿夷之名,反有害民之实"。相反,对英国侵略者的妥协投降却伴随战争始终。1842年3月,浙江巡抚刘韵珂上奏道光皇帝,为防止国内出现揭竿而起局面不如早日向英军妥协投降,道光皇帝看后,立即派耆英、伊里布赴浙江前线办理对英投降交涉。

总之,腐败的政治制度造成了中国的落后衰败,阻碍了中国人民的广泛动员和组织,这是近代中国人民反侵略战争屡遭失败的最根本原因。

2. 经济技术落后

晚清时期,中国经济技术全面落后于西方,是导致反侵略战争一再失败的重要原因。鸦片战争以前,西方资本主义国家都先后进入了"工业化时期",特别是英国在第一次工业革命后成了"世界工厂"。而此时的中国仍然是一个经济技术落后的封建国家,自给自足的自然经济仍在社会经济中占统治地位。特别是清中叶以后,激烈的土地兼并使贫苦的农民没有任何生产积极性可言。在中国社会母体内孕育的资本主义萌芽,由于封建统治者指导思想上的"重农抑商",行动上的闭关锁国和百般压抑,生长也极为缓慢。中国的社会生产力已经被以英国为代表的西方国家远远地抛在了后面。

经济技术的落后直接导致清军军事装备的落后。鸦片战争时期,清朝常备军有80万人。当时英国全国军队不过20万人,侵华远征军最多时仅2万人。但是,双方的武器装备却相差悬殊。多数清兵尚使用刀、矛、弓箭等冷兵器,火器也不过是用火绳点放,射程仅一二百米的鸟枪、抬枪,炮台所用大炮有些还是明代所制。清军大炮制作粗糙,炮身有许多蜂眼,施放时经常发生炮身爆炸,伤及自己。而英军则装备精良,普遍使用火枪、火炮,其大炮"远及十里内外,若我炮不能及",杀伤力强。中国水师的战船都是木船,载炮少,并且多是用薄板旧钉,遇击即破,难以在海上作战。英国舰队号称"海上霸王",军舰虽然多数也是木帆船,但是用厚板大钉,船帮船底都用铜片包裹,坚固异常。英军还拥有少量蒸汽动力的轮船,速度快,并且可以牵引载有大炮的木船。

甲午中日战争时期,日本海军在总体实力上也超过了清朝水师。1888年,清朝北洋水师建成时,拥有25艘舰艇,排水量4万多吨。尤其是"定远"、"镇远"两艘铁甲舰,均从德国订购,排水量7 300多吨,还有"致远"、"济远"等七艘巡洋舰,实力可谓亚洲第一。但是由于清政府不再投入经费建设,到甲午中日战争爆发时,北洋水师船舰武器都已陈旧落伍,优势尽失。

反观日本海军,由于日本政府高度重视对海军建设的投入,到甲午中日战争发生前,日本海军拥有军舰31艘,鱼雷艇37艘,排水量5万多吨,尤其在军舰速度和火力上占有优势。在黄海海战中,日本联合舰队比清朝北洋水师吨位多30%,平均时速快 1 海里,炮火总数多 51%,占据了明显的优势。

3. 军队素质及军事指挥落后

清朝军队主要由八旗兵和绿营兵组成,由于承平日久,导致军备废弛,军纪败坏,两支正规军在鸦片战争前已经腐败不堪,这也是导致中国反侵略战争失败的一个重要因素。军官不谙军务,只知道冒领军饷、克扣军粮、花天酒地;士兵很少操练,终日闲游,聚众赌博,酗酒狎妓。特别是随着烟毒流入军队,官兵吸食者日渐增多,个个骨瘦如柴,精神萎靡。昔日强悍骁勇的八旗子弟已经斗志丧失,无力抵御外来侵略。

当时多数军官不通兵法,更不懂近代军事指挥。前线军官英勇抗敌者少,逃跑投降者多。更有一些昏庸无能之辈,给后人留下笑柄。鸦片战争期间,道光帝封奕山为"靖逆将军",到广东抗英。开始,他懈怠轻敌,企图偷袭得手,1841 年 5 月 21日,贸然发动了一次对英军的"夜袭",到天明才知道"夜间所袭全是民船"。这次夜袭给英军造成进一步扩大战争的借口,敌人大举进攻,攻占广州城外重要据点,击毁清军舰船 60 多只。奕山最后与英军讲和,赔偿英军 600 万两白银。奕山手下的参赞大臣杨芳看到英军炮火猛烈,认为是邪术,便决定以邪制邪,收集民间马桶置于船上,准备在英军放炮时投下马桶,污其邪术。这场闹剧被时人讥讽为"粪桶尚言施妙技,秽声传遍粤城中"。

相比之下,英军则训练有素,指挥统一,并且海军、步兵、炮兵各兵种协同作战,战斗力较强。

近代中国反侵略战争的失败表明,要取得反侵略战争的胜利,必须改变帝国主义、封建主义联合统治的半殖民地半封建的社会状况;需要在科学技术方面奋起直追,增强国家的综合实力,从而改变落后就要挨打的被动局面。

>>> 三、民族意识的觉醒

帝国主义的侵略给中华民族带来了巨大的历史灾难,但是正如恩格斯所指出的:"没有哪一次巨大的历史灾难不是以历史的进步为补偿的。"深重的灾难没有泯灭中华民族的民族自尊心和自信心,列强发动的侵华战争以及中国反侵略战争的失败,极大地激发了中国人民民族意识的觉醒。

著名社会学家费孝通先生认为,民族意识,是"同一民族的人感觉到大家是同属于一个人们共同体的自己人的这种心理"。当面临外来侵略或外来文化的冲击时,潜藏在人们心底的民族意识就被唤醒,产生了普遍的民族认同心理。第一次鸦片战争后,少数中国人有了朦胧的民族觉醒意识;第二次鸦片战争后,又有一批知识分子觉醒;甲午中日战争后,中国人民族意识的觉醒已经形成一股潮流。

1. 早期地主阶级知识分子"睁眼看世界"

鸦片战争的炮火惊醒了中国封建统治者"天朝上国"的美梦,一些地主阶级有识之士受到强烈的震动。他们痛定思痛,冲破褊狭自大的陈腐观念的束缚,勇于正视中国的落后,开始睁开眼睛去观察和了解世界,寻求救国的道路和御敌的方法。这样,在鸦片战争以后,出现了了解西方、认识西方的先驱。

林则徐是近代中国"睁眼看世界"的第一人。

小资料

图1-2 林则徐

林则徐(1785—1850),字元抚,福建侯官(今福州市)人,是清朝后期政治家、思想家。他自幼勤奋好学,1811年考中进士,曾任翰林院编修、江苏巡抚、湖广总督和云贵总督等职,两次受命为钦差大臣。他为官清正廉洁,体恤民情,留下过著名的爱国诗句"苟利国家生死以,岂因祸福避趋之"。鸦片战争时期,他主张禁烟抗英,进行了著名的虎门销烟,后遭到投降派诬陷,被革职发配新疆。他不计个人得失,提出屯田"耕战"的建议,巩固边防。1845年,林则徐被重新启用,任陕西巡抚,后任云贵总督。1850年,清政府为进剿太平军,再任命他为钦差大臣,督理广西军务。是年,林则徐病死于赴任途中。

林则徐最初与其他封建官员一样,对中国以外的世界知之甚少。1839年3月,林则徐被道光帝派到广东领导查禁鸦片和抗英斗争后,逐渐认识到闭关锁国是因噎废食,不能"固疆强国",只有了解西方,知己知彼,才能有效制敌。他组织人员"刺探西事"、"翻译西书",把西方报纸中与中国有关的时事报道和评论摘译出来,装订成册,作为参考。1841年,他组织翻译了英国人慕瑞的《地理大全》,编成《四洲志》一书,书中介绍了世界五大洲30多个国家的社会、地理和历史状况。

在抗英斗争中,林则徐觉察到英军武器装备的先进,指出要想御侮,必须引进外国的先进军事技术、装备为我所用。他组织翻译了欧式大炮瞄准发射技术和战船图式等资料,并从西方购买大炮仿照研制。他批评封建统治者闭目塞听,以致"器不良"、"技不熟",导致鸦片战争的失败。在被流放新疆的三年中,他关注时局,敏锐地觉察出沙俄觊觎中国西北领土的野心。他在临终前几个月,提醒世人"终为中国患者,其俄罗斯乎!吾老矣,君等当见之",向人们敲响了防俄的警钟。

林则徐身处衰世,正视变局,冲破"夷夏之防",主张了解世界,这在当时是难能可贵的。

这一时期,主张了解西方以抵御外来侵略的著名人物是魏源。

小资料

魏源(1794—1857),字默深,湖南邵阳人,著名学者,中国近代启蒙思想家。他重视经世致用之学,与龚自珍、林则徐交往密切,切磋学问,议论时政。1841年,魏源入两江总督裕谦幕府,直接参与抗英战争。曾写成《圣武记》一书,记录和评述清朝历代武功,激励道光帝强军御侮。后见清政府和战不定,投降派昏庸误国,愤而立志著述。除《圣武记》外,还有《默觚》、《海国图志》等巨著。晚年,潜心学佛,1857年3月卒于杭州东园僧舍。

图 1-3　海国图志

魏源主张抵抗外国侵略,反对投降卖国。林则徐被革职流放新疆前,把自己收集的资料和《四洲志》书稿交给魏源。魏源在此基础上呕心沥血,埋头著述,在1843年1月编成《海国图志》50卷,以后又于1852年修订增补为100卷。书中征引中外近百种资料,系统地介绍了西方各国的地理、历史、政治状况和许多先进科学技术,并总结鸦片战争失败的经验教训,论述海防战略战术。《海国图志》成为当时了解西方各国的一部百科全书。

《海国图志》冲破了"天朝上国"的陈腐观念,给闭塞已久的中国人以全新的近代世界概念。魏源把香港英国公司绘制的地球全图放在《海国图志》全书之首,力图使国人知晓世界整体面貌以及中国在世界上的位置及大小。书中向人们提供了80幅全新的世界各国地图,又以66卷的巨大篇幅,详叙各国史地政情,使中国人跨出了"国界",认识近代世界的新鲜事物。

魏源总结鸦片战争失败的教训,在《海国图志》中提出了"师夷长技以制夷"的思想。在《海国图志》序中,他明确指出,"是书何以作? 曰:为以夷攻夷而作,为以夷款夷而作,为师夷长技以制夷而作。"所谓"师夷",就是学习西方的长处;所谓"制夷",就是抵抗侵略,战胜敌人。他认为,"善师四夷者,能制四夷;不善师外夷者,外夷制之。"因此要"尽得西洋之长技为中国之长技"。魏源指出,"夷之长技三:一战舰,二火器,三养兵练兵之法"。他主张在沿海设造船厂、火器局,聘请外国技师传授技术;仿照西法练兵,编练一支新式海军。同时,他还认识到发展民族工商业的重要性,建议允许商民集资开设厂局,生产民用器物自由出售。军事工业在完成军火生产的前提下,可以生产民用工业品,以促进工商业的发展。他希望此举能使中国"风气日开,智慧日出,方见东海之民,犹西海之民"。

魏源顺应社会历史发展的潮流,开创了中国近代向西方学习的新风,对后世产生了深远的影响。

2. 早期维新思潮的兴起

第二次鸦片战争的失败,使中国人又受到一次强烈震动。伴随着民族资本主义的产生,19世纪70年代以后,以王韬、薛福成、马建忠、郑观应等为代表的早期维新派出现。他们大多是从地主阶级中分化出来、初步具有资产阶级思想的知识分子。

他们虽然思想庞杂,但都忧国忧民,不满清政府的丧权辱国,面对日益严重的民族危机,坚决主张反对外国侵略,希望中国独立富强。他们主张以平等的心态与他国进行交流,使中国自立于世界民族之林。早期维新派都不同程度地认识到单靠模仿西方的船坚炮利,不能达到富国强兵、抵御外侮的目的。因此,他们不仅主张学习西方的科学技术,同时也要求学习西方的政治、经济制度。他们主张大力发展民族工商业,同西方国家进行商战。郑观应在所著《盛世危言》中认为开展商战是"一国兴亡之所系","十万豪商,胜于有百万之劲卒"。他们还提出设立议院,实行"君民共主"制度等主张。这些主张具有重要的思想启蒙意义。

3. 挽救民族危亡与振兴中华

在中华民族面临生死存亡的关头,全民族开始有了普遍的民族意识的觉醒。

甲午中日战争中的惨败,深深地刺痛了国人。老一辈无产阶级革命家吴玉章曾有过这样的描述:"我还记得甲午战败的消息传到我家乡的时候,我和我的二哥曾痛哭不止。《马关条约》真是前所未有的亡国条约!它使全中国都为之震动。从前我国还只是被西方大国所败,现在竟被东方小国打败了,而且失败的那样惨,条件又订的那样苛刻,这是多么大的耻辱啊!"

《马关条约》的签订,大大刺激了其他列强国家的胃口,掀起了列强瓜分中国的狂潮。他们强行在中国租借港湾,划分势力范围,中国处在亡国灭种的边缘。1898年4月,康有为在保国会的演讲中把这种危机感表达得淋漓尽致。他说:"吾中国四万万人,无贵无贱,当今日在覆屋之下,漏舟之中,薪火之上,如笼中之鸟,釜底之鱼,牢中之囚,为奴隶,为牛马,为犬羊,听人驱使,听人割宰,此四千年中二十朝未有之奇变。"

民族的危机和被侵略、奴役的耻辱,促使各阶层的人们重新审视引以为自豪的传统文化、封建体制和社会现实。梁启超说:"吾国四千余年大梦之唤醒,实自甲午战败割台湾偿二百兆以后始也。我皇上赫然发愤,排众议,冒疑难,以实行变法自强之策,实自失胶州、旅顺、大连湾、威海卫之后始也。"这一时期,出现了具有近代意义的"民族"的概念,中国人的心态也发生了变化,从原先充满了高高在上的优越感,变为要在世界民族之林占有一席之地,避免亡国灭种的危险。面对日益深重的民族危机,1895年,严复写下了《救亡决论》一文,吹响了"救亡"的号角,促使中国人猛醒。

甲午中日战争促进了中华民族民族意识的觉醒,增强了中华民族的凝聚力,唤起了人们对国家民族的使命感。1894年11月,孙中山在檀香山创立革命团体兴中会时,喊出了"振兴中华"的口号。从此,中国社会各阶级的先进分子在"救亡"和"振兴中华"的旗帜下,前仆后继探索救国救民的道路,展开了一幅波澜壮阔的历史画卷。

本章小结

中国是一个具有悠久历史和灿烂文化的文明古国,但是到鸦片战争前夕,封建社会已经日益衰落,成为西方列强侵略扩张的目标。资本—帝国主义侵略使中国逐步变为半殖民地半封建社会。1840 年开始的第一次鸦片战争和《南京条约》等一系列不平等条约的签订,使中国开始沦为半殖民地半封建社会;1856 年开始的第二次鸦片战争和《天津条约》《北京条约》等第二批不平等条约的签订,加快了中国向半殖民地半封建社会的演变;甲午中日战争和《马关条约》的签订,使中国社会半殖民地化进一步加深;1900 年的八国联军的侵华战争和次年签订的《辛丑条约》,标志着中国半殖民地半封建社会完全形成。随着中国社会性质发生的根本性变化,中国社会的主要矛盾也发生了变化,中国逐步进入了反帝反封建的资产阶级民主革命的新时期。在资本—帝国主义侵略中国的同时,中国人民开始了抵御外敌入侵、争取民族独立的斗争。反侵略战争的失败促使中国人思考、探索,认识到腐败的社会制度是导致失败的根本原因。从睁眼看世界到发出"救亡""振兴中华"的呐喊,标志着中华民族民族意识的觉醒。近代中国的仁人志士正是怀着这样强烈的爱国情感,不怕挫折,前仆后继,去探索挽救民族危亡、振兴中华的道路。从此,中国历史翻开新的篇章。

复习思考题

1. 为什么说鸦片战争是中国近代史的起点?
2. 近代中国的主要矛盾、社会性质是什么?
3. 如何理解近代中国的两大历史任务及其相互关系?
4. 试述近代中国反侵略战争失败的原因及教训。

推荐阅读

1. 马克思:《英人在华的残暴行动》,1857 年 3 月。
2. 毛泽东:《中国革命和中国共产党》,1939 年 12 月。
3. 孙中山:《檀香山兴中会章程》,1894 年 11 月 24 日。
4. 陈旭麓:《近代中国社会的新陈代谢》,上海人民出版社 1992 年版。
5. 胡绳:《从鸦片战争到五四运动》,人民出版社 1981 年版。
6. 许涤新、吴承明:《中国资本主义发展史》,人民出版社 1990 年版。
7. 严中平:《中国近代经济史》,人民出版社 1989 年版。

第二章
近代中国探索国家出路的斗争

学习目标

　　1. 了解太平天国农民运动的进程,领会《天朝田亩制度》和《资政新篇》的内容,认识其历史意义以及失败的原因和教训。

　　2. 了解洋务运动的兴办,把握洋务运动的历史作用以及失败的原因。

　　3. 了解戊戌维新运动的兴起,掌握戊戌维新运动的历史意义以及失败的原因和教训。

▌历史线索图

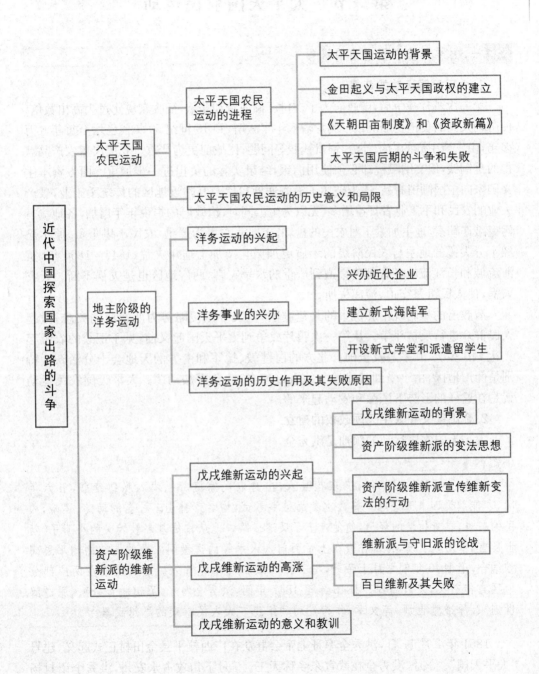

第一节　太平天国农民运动

>>> **一、太平天国农民运动的进程**

1. 太平天国运动的背景

第一次鸦片战争后,清政府为了支付巨额战费和赔款,征收赋税比过去高出数倍,使劳动人民的负担更加沉重。鸦片输入年年激增,到 19 世纪 50 年代已增至每年 6 万多箱,由它所引起的白银外流、银贵钱贱等问题,比战前更为严重。农民出售农产品获得的是铜钱,但交纳赋税却必须使用白银,结果实际的负担进一步加重。西方资本主义国家向中国倾销商品,逐步破坏了沿海通商口岸及其附近地区的传统手工业,破产失业的农民和手工业者日益增多,无以为生。同时,清政府的捐税年年增加,各地贪官污吏敲诈勒索,地主加紧了对农民的盘剥,土地兼并更为严重,农民不堪重负,原本已经十分尖锐的地主与农民阶级的矛盾更加激化。加上连年灾荒,1846—1850 年,黄河流域和长江流域各省都连续遭到严重的水旱灾害,两广地区也是灾祸不断。天灾人祸,使人民饥寒交迫,流离失所。

清政府的黑暗统治和沉重的封建剥削,以及外国侵略势力所造成的灾难,激起人民群众进行反抗斗争。从第一次鸦片战争到太平天国起义前,见于记载的农民起义达 110 多次,几乎遍及全国。北方的白莲教、捻军和南方的天地会十分活跃。特别是两广地区,由于受到鸦片战争的直接冲击,社会更加动荡。太平天国农民运动就是在这样的形势下酝酿和发动起来的。

2. 金田起义和太平天国政权的建立

太平天国农民运动的领袖是洪秀全。

小资料

洪秀全(1814—1864),广东花县人,出身农民家庭。七岁入私塾读书,五六年间,即能熟诵四书五经等。曾数次参加科举考试,均名落孙山。社会的动荡、黑暗,人民的苦难,自身坎坷的经历,使他走上了反清道路。他从宣传基督教教义的小册子《劝世良言》中得到启发,将基督教在上帝面前人人平等的说教同农民的传统的均平思想相结合,于 1843 年创立拜上帝教,冯云山和洪仁玕率先加入。随后他们在两广部分地区宣传教义,发展组织。1845 年至 1847 年间,洪秀全写了《原道救世歌》《原道醒世训》《原道觉世训》等文章,作为发动和组织广大人民群众的思想武器。

1851 年 1 月 11 日,洪秀全率拜上帝会群众在广西桂平县金田村正式起义,建号"太平天国"。3 月,洪秀全在武宣东乡称天王。9 月下旬攻占永安州,洪秀全诏封杨秀清为东王、萧朝贵为西王、冯云山为南王、韦昌辉为北王、石达开为翼王,并规定所封各王俱受东王节制。1852年4月，太平军从永安突围，北进桂林，攻克全州，冯云山阵亡。随后太平军进入湖南。9月，久攻长沙不克，萧朝贵牺牲。1853年1月，太平军攻克武昌，全军号称50万，随后分水陆两路，沿江东下，连克九江、安庆、芜湖。3月19日，占领南京。洪秀全宣布改南京为天京，定为首都。至此，正式建立起一个与清政府相对峙的农民政权。

太平军所进行的战争，是一次反对清政府腐朽统治和地主阶级压迫、剥削的正义战争。太平军在进军的征途中，坚决镇压和打击官僚、豪绅、地主，焚烧衙门、粮册、田契、借券等，有力地冲击了封建统治秩序。太平军纪律严明，受到群众的欢迎和拥护。因此，太平天国起义得到了迅速的发展。

太平天国定都天京后，为了巩固和发展胜利成果，进行了北伐和西征。1853年5月，林凤祥、李开芳率军2万余人北伐。北伐军出江苏，过安徽，进河南，渡黄河，入山西，直捣直隶，逼近天津，由于孤军远征，终于失败。洪秀全为了控制长江中游，确保天京安全，又派兵西征。1853年5月，赖汉英、胡以晃、曾天养率军溯长江西上，攻占了安徽、江西、湖南、湖北的广大地区。在湖南境内，在石达开指挥下，多次打败曾国藩组织的以地主团练为骨干的湘军。1856年上半年，太平军又在天京外围展开了激烈的破围战，先后击破了江北大营和江南大营，在军事上达到全盛。

3.《天朝田亩制度》和《资政新篇》

《天朝田亩制度》颁布于1853年定都天京之时。它是以解决土地问题为中心，包括社会组织、军事、文化教育诸方面的太平天国的纲领性文献。

《天朝田亩制度》是最能体现太平天国社会理想和这次农民起义特色的纲领性文件。它的基本内容是根据"凡天下田，天下人同耕"的原则，把每亩土地按每年产量的多少，分为上、中、下三级九等，然后好田坏田互相搭配，好坏各一半，按人口平均分配。凡16岁以上的男女，每人得到一份同等数量的土地，15岁以下的减半。

《天朝田亩制度》规定，以25家为基层单位，称为"两"，设"两司马"主持。每5家设"伍长"一人。每家出1人当兵为伍卒，"有警则首领统之为兵，杀敌捕贼，无事则首领督之为农"。每个基层单位，建立一个"国库"，"凡当收成时，两司马督伍长除足其25家每人所食可接新谷外，余则归国库，凡麦、豆、苎麻、布帛、鸡、犬各物及银钱亦然"。各家遇有婚丧嫁娶和生育等事，按规定到"国库"领取费用；鳏寡孤独残废等丧失劳动能力的人，也由"国库"开支抚养。

《天朝田亩制度》实际上是一个以解决土地问题为中心的比较完整的社会改革方案。太平天国的领导们希望通过施行这样的方案，建立"有田同耕，有饭同食，有衣同穿，有钱同使，无处不均匀，无人不饱暖"的理想社会。所以，《天朝田亩制度》的主张，从根本上否定了封建社会的基础，即封建地主的土地所有制，表现了广大农民要求平均分配土地的强烈愿望，是对以往农民战争中"均贫富""等贵贱"和"均平""均田"

思想的超越和发展。不过,它并没有超出农民小生产者的狭隘眼界。它所描绘的理想天国,仍然是闭塞的自给自足的自然经济,是小农业和家庭手工业相结合的传统生活方式,是一个没有商品交换的和绝对平均的社会。这种社会理想,具有不切实际的空想的性质。因此,它是无法实现的。

《资政新篇》是太平天国后期颁布的社会发展方案。1859 年洪仁玕总理政事后,经洪秀全批准,太平天国颁布了另一个纲领性的文件——《资政新篇》,其主要内容是:政治方面,主张"权归于一",禁止朋党之弊,反对结党营私,拥兵自重。申明广开言路,沟通上下,革新政治;经济方面,主张效仿西方,准允私人投资,兴办近代工矿交通、金融事业,开矿山,办工厂,修铁路,造轮船,设邮局,兴银行,并奖励创造发明;文化和社会生活方面,主张办学校,建医院,设立社会福利机构,发展救济事业,禁食鸦片,废庙观,倡科学,改革社会陋俗;外交方面,主张中外自由通商,开展文化交流,平等往来,但不准外国人干涉中国内政。

图 2-1 《资政新篇》

小资料

洪仁玕(1822—1864),广东花县人,洪秀全族弟,太平天国后期重要领导人。金田起义时,他在广东没有参加。后去广西找洪秀全,道阻折回。1853 年到香港,在外国传教士处读书,开始接触西方资本主义文化,对西方资本主义国家的政治经济状况和自然科学知识有较多了解。1858 年,他离开香港,历经艰辛,于次年 4 月抵达天京。洪秀全封他为干王,总理朝政。1864 年,天京失陷后,拥幼天王辗转浙、皖、赣数省。后被俘,就义于南昌。

《资政新篇》是一个具有鲜明资本主义色彩的方案。洪秀全看到后,几乎逐条加以批示,对其中绝大部分条款都表示赞同,并下令镂刻颁行。尽管《资政新篇》提出的方案还不完备,且当时也不完全具备实现的条件,实践上也未付诸实施,却为近代中国探索国家出路提供了可贵的思路。

4. 太平天国后期的斗争和失败

太平天国起义者们要想建立一个以"天王"为首的农民政权。但是,在以农业和家庭手工业相结合的分散的小生产的基础上,虽然可以建立暂时的劳动者的政权,但它最终还是会向封建专制政权演变的。

太平军的胜利和辉煌使太平天国的领导人开始骄傲自满,革命的进取精神、与群众同甘共苦的作风大为减色,而封建特权和等级思想却日益膨胀。定都天京后,君臣之间、官兵之间等级森严,从称呼、服饰到仪卫等也都有明确的规定,不准逾越。这些情况表明,太平天国的领导者企图借助封建的等级制度,来保证他们的权威和巩固天国的秩序。同时,他们热衷于个人的权势和地位,贪图享乐的思想普遍滋长。这造成各个将领之间矛盾重重,钩心斗角,争权夺利,这样,一场内乱不可避免地爆发了。

正值太平天国全盛之时,1856年8月,太平天国领导集团内部却发生了严重的内讧。东王杨秀清居功自傲,假托"天父下凡"逼洪秀全封他为"万岁",洪秀全密诏在江西、湖北前线的北王韦昌辉、翼王石达开回京护驾。韦昌辉率精兵赶回天京,包围东王府,杀死杨秀清全家老小及部属2万多人,独揽军政大权。石达开抵京后,斥责韦昌辉滥杀无辜,韦昌辉又动杀机,石达开连夜出城逃离天京,但全家却惨遭不幸。11月,石达开在安庆起兵讨韦。洪秀全依靠亲信力量,在天京军民支持下,诛杀韦昌辉及其心腹200余人,结束了这场长达三个月的内乱。

天京变乱后,洪秀全召石达开回京"提理政务",但洪秀全对石达开心存顾忌,另封其长兄洪仁发为安王、洪仁达为福王,以牵制石达开。1857年6月,石达开负气从天京出走,随即率十多万精兵转战西南,于1863年5月在四川大渡河畔全军覆没。天京变乱和石达开出走,大大削弱了太平军的力量,更使人心涣散,实际上成为太平天国由盛而衰的转折点。清军乘机反扑,攻占了长江中下游许多地方,重建江南、江北大营,围困天京。洪秀全为了挽救颓势,提拔陈玉成、李秀成等青年将领,加上从香港辗转抵京的洪仁玕,重建了太平天国后期领导核心。1858年8月,陈玉成、李秀成会集各路将领,在安徽枞阳召开军事会议。各路大军协同作战,一举攻破浦口,歼敌万余,再次击溃江北大营。11月,在安徽三河镇全歼湘军精锐6 000余人,迫使清军从安庆撤围,稳定了天京上游的局势。

但太平军将士的英勇征战,仍未能阻止太平天国形势的逆转。到1864年5月,天京周围的苏州、常州、杭州等相继丢失,天京成了孤城。这时,天京城内无粮草,外无援兵,形势日益危急。李秀成提出"让城别走",另辟根据地的主张,被洪秀全拒绝。1864年6月1日,洪秀全病逝。7月19日,湘军攻破天京,太平天国农民运动最终在清王朝与外国侵略势力的联合进攻下失败。

>>> 二、太平天国农民运动的历史意义和局限

1. 太平天国农民运动的意义

太平天国农民运动虽然失败了,但是它在近代中国历史上写下了光辉篇章,具有重大意义。

太平天国农民运动沉重打击了清王朝的统治,严重动摇了几千年来封建制度的经济基础和上层建筑。太平天国虽然仍属旧式农民起义,但是它持续14年,纵横18省,攻克600多个城镇,比较巩固地控制过鄂、赣、皖、苏、浙五省大部分地区,所建立的政权屹立十九年。其时间之长、影响范围之大,是以往任何一次农民起义所不能

比拟的。太平天国在其统治区对地主阶级进行沉重打击,大量田册地契被毁灭,佃农实际上获得了对所得耕地的所有权。太平天国还冲击了孔子和儒家经典的正统权威,在一定程度上削弱了封建统治的精神支柱。

太平天国农民运动英勇地抗击了外国侵略者,捍卫了民族尊严,使西方列强迅速殖民地化中国的企图受到严重挫折。太平天国拒绝承认不平等条约,严禁鸦片贸易,并且与英法军队以及由外国军官组织和指挥的"常胜军""常捷军"进行英勇斗争。这说明,农民阶级不仅是近代中国反封建的主力军,也是反对外来侵略、捍卫民族独立的忠诚卫士。同时,它和其他亚洲国家的民族解放运动汇合在一起,形成了亚洲民族解放运动的高潮,冲击了西方殖民主义者在亚洲的统治。

太平天国农民运动对近代中国出路进行了可贵的探索。《天朝田亩制度》反映了农民获得土地建立美好社会的理想,把旧式农民战争推向了一个新高潮,成为中国农民运动的一个里程碑。《资政新篇》则是中国近代历史上第一个比较系统的发展资本主义的方案,这反映了太平天国某些领导人在后期试图通过向外国学习来寻求出路的一种努力,符合时代发展的潮流。

太平天国农民运动为中国反帝反封建的民主革命的全面展开做了必要的酝酿和准备。中国资产阶级领导的旧民主主义革命就是在太平天国革命精神的鼓舞下发生和发展起来了。伟大的民主革命先行者孙中山先生曾自称"洪秀全第二",以太平天国的继承者自居,并以此感到光荣和自豪。可以说,洪秀全领导的太平天国运动曾经在相当大的程度上吸引了中国资产阶级革命派,他们把自己从事的革命运动看做是对太平天国事业的继承,并从中得到很多启示。

2. 太平天国农民运动失败的原因和教训

太平天国的失败,从客观上说,是由于敌人力量的强大,清朝封建势力和外国侵略势力相勾结,大大超过了农民革命派的力量。从主观上说:一是由于农民阶级自身的局限性。农民阶级不是新的生产方式的代表者,它不可能彻底摧毁封建制度,建立一个全新的社会制度;农民小生产者的地位导致他们没有先进理论的指导,不能制定正确的纲领、政策和斗争策略;分散的个体生产方式使他们无法制止和克服领导集团自身腐败现象的滋长,也无法长期保持领导集团的团结。二是由于战略上的失误。偏师北伐,孤军深入,犯了兵家之大忌。

太平天国对传统文化和儒学的排斥,直接阻碍了地主阶级知识分子的加入。太平天国起义爆发时,中国社会处于封建社会末期,占统治地位的仍是以儒家思想为代表的传统思想文化。洪秀全一开始就只拜上帝,不拜偶像,用砸孔子牌位、捣毁神佛偶像等方式公开向孔子的权威性发出挑战。但是,以儒家学说为核心的中国传统文化,两千年经久不衰,毕竟有其适合社会发展的精华所在。太平天国对儒学的排斥是以一个西方的上帝来代替的,这就必然使一部分中国人尤其是大多数知识分子对太平天国产生一种离心力,甚至仇恨。而曾国藩正是利用了人们的这种心理,以捍卫"名教"为号召,把很多地主阶级知识分子吸引到自己队伍中来,壮大了自己的力量。

太平天国是利用宗教来发动农民起义的,但它所宣传的观念、道理,所进行的思想教育、纪律规定,根本上都不是对世界的科学解释。到太平天国后期,宗教的消极作用越来越大,很难使人能真正完全地长久地信服。天京变乱发生在"天父"的"儿子"身上,特别是"天父代言人"杨秀清被杀,就使人们对这种宗教由信仰逐渐变成怀疑。越到后来,洪秀全的宗教迷信思想越严重,一切信天不信人,一度将"太平天国"国号改为"上帝天国",希望以此来挽救危局,改变形势,显然收效甚微,不能解决任何问题,"上帝"最终没能拯救太平天国。

太平天国起义及其失败表明,在半殖民地半封建的中国,农民是民主革命的主力军。但它自身不能担负起领导反帝反封建斗争取得胜利的重任,单纯的农民战争不可能完成争取民族独立和人民解放的历史任务。

第二节　地主阶级的洋务运动

>>> 一、洋务运动的兴起

1. 背景

两次鸦片战争的严重失败,又有太平天国、捻军等农民起义,使清朝统治者处于风雨飘摇的困境,中国面临"数千年来未有之变局"。面对内忧外患的形势,清朝统治集团中部分成员有了一定危机感,他们亲眼看到了西方侵略者的船坚炮利,看到了中国在武器装备和科学技术方面大大落后于西方,从而预感到一种潜在的长远威胁。他们清醒地意识到,无论是挽救民族危亡,还是维持自身统治,都不能再固守陈腐的"祖宗之法",唯一的办法就是向西方学习,引进先进的生产方式和先进技术,来维护清朝的统治。因此,当第二次鸦片战争刚一结束,曾国藩就提出:"此次款议虽成,中国岂可一日忘备?……目前资夷力以助剿济运,得纾一时之忧,将来师夷智以造炮制船,尤可期永远之利。"1861年8月,他又强调购买外洋船炮为"今日救时之第一要务",并且提出"轮船之速,洋炮之远,在英法则夸其独有,在中华则罕于所见"。从而主张在购买之后,"访募覃思之士,智巧之匠,始而演之,继而试造,不过一二年,火轮船必为中外官民通行之物,可以剿发逆,可以勤远略"。他的这个主张得到了恭亲王奕䜣的赞赏,认为是"深思远虑之论"。可以说,洋务运动是国内阶级矛盾激化、中外关系发生新的变化,世界资本主义潮流冲击加剧的结果。作为地主阶级自觉发起的一场自强求富、自救发展的洋务运动,它体现了清政府应对历史变局的一种明智选择。

洋务最初称为夷务,是泛指与西方资本主义国家有关的一切事务,诸如外交、通商、传教以及输入武器、机器和科学技术等。洋务运动中所兴办的"洋务",则专指引进枪炮、科技,兴办近代企业、新式学堂、新式海军等学习西方的运动。从事上述活动的官员被称为"洋务派",主要有奕䜣、曾国藩、李鸿章、左宗棠、张之洞等。另外,还包括一些洋务思想家和企业家。

2. 目的和性质

洋务派兴办洋务事业的目的,一是镇压太平天国,维持清朝的统治;二是加强海防、边防,以图自强。1862 年,李鸿章率领淮军到达上海与英、法侵略军和华尔的"常胜军"向太平军进攻时,亲眼看到外国军队的"落地开花炸弹",赞不绝口,视为"神技"。他在给曾国藩的信中表示"深以中国军器远逊外洋为耻",对此他感到忧虑,愤愤而言,"外国利器强兵,百倍中国,内则狃处辇毂之下,外则布满江海之间。""外国猖獗至此,不亟亟焉求富强,中国将何以自立耶?"奕䜣是清朝中央统治集团中最先倡导洋务的首领,他处理"内乱"和"外患"时的方针是:"就今日之势论之,发捻交乘,心腹之害也。俄国壤地相接,有蚕食上国之志,肘腋之患也。英国志在通商,暴虐无人理,不为限制,则无以自主,肢体之患也。故灭发捻为先,治俄次之,治英又次之。"这充分反映清朝统治阶级内部一部分人搞洋务运动的目的,首先在于镇压人民反抗,其次在于应对列强的侵略,从根本上说是维护、巩固清王朝的统治。

因此,洋务运动是清朝封建统治阶级中的洋务派为了维护清朝的封建统治而进行的一场自救改革运动。

3. 指导思想

洋务派用以指导其洋务活动的思想是很复杂的,但最基本的、最核心的可以归结为"中学为体,西学为用",简称为"中体西用",即以中国封建制度作为根本,利用西方"长技",为维护和巩固这一制度服务。

这一思想最早出自 1861 年冯桂芬的《校邠庐抗议》中的"以中国之伦常名教为原本,辅以诸国富强之术"。此后,洋务派在不同场合发表了多种表述"中体西用"的思想。甲午中日战争以后,"中学为体,西学为用"成为一种"流行语","张之洞最乐道之,而举国以为至言"。1898 年 5 月,张之洞在《劝学篇》中进一步申明"中体西用"的思想。在洋务派看来,中国的封建制度是尽善尽美的,不能改变这个根本。要学习利用的是西方的"火器",是西方先进的军事装备和机器生产。李鸿章就曾明确说过,"中国文武制度,事事远出西人之上,独火器万不能及"。洋务派把所谓"自强"的希望寄托在仿造西洋船炮、创办军事工业上。后来,又从"求富"着眼扩大到效仿西方举办铁路、电报、制造、开矿、纺织等事业上。但洋务运动不是要把封建的中国改造成资本主义的中国,而是企图借用西方资本主义的盔甲以保护清朝封建主义。

为什么洋务派会提出"中学为体,西学为用"的思想呢? 首先,是受洋务派,尤其是前期洋务派的价值观念及其对西方的认识水准所制约;其次,是为了减轻来自顽固派的压力,出于策略上的考虑。相对于顽固派恪守"祖宗成法",认为西方的一切都是"奇技淫巧",洋务派提出"中学为体,西学为用",主张在器物层面向西方学习,在某种程度上具有一定的进步作用,同时又有以封建思想为主、维护封建体制的局限性。

>>> **二、洋务事业的兴办**

从 19 世纪 60 年代到 90 年代,洋务派兴办的洋务事业主要有三个方面:

1. 兴办近代企业

洋务派在"自强"的口号下,首先创办军用工业,从 1861 年曾国藩在安庆设立内军械所为起点,在长达 30 多年的时间里,创办了 20 多个军工局厂。规模比较大的有:1865 年,曾国藩支持、李鸿章在上海创办的江南制造总局,制造枪炮、弹药和轮船,是当时国内最大的兵工厂;1865 年,李鸿章在南京设立金陵制造局,主要生产大炮和弹药;1866 年,左宗棠设立福州船政局,这是当时最大的船舶修造厂,用以制造和修理水师武器装备,并附设有船政学堂;1867 年,崇厚建立了天津机器局,后由李鸿章接办并加以扩充;1890 年,张之洞在汉阳建立湖北枪炮厂。

这些军用企业,完全采取官办的方式。它们需要的资金由政府提供,采用封建衙门式的管理,产品不计成本,经营不管盈亏,产品不进入市场而由政府直接调拨。它们不是资本主义性质的企业,但是中国最早出现的近代机器工业。

19 世纪 70 年代至 90 年代,洋务派为解决军事工业资金、燃料、运输等方面的困难,同时,也为了"稍分洋商之利",以"求富"为口号,着手兴办民用工业达 20 多个。其中规模比较大的有轮船招商局、开平煤矿、汉阳铁厂和湖北织布局等。这些民用企业包括了交通运输、矿产、冶炼、轻工业和机器修造等各方面。这些企业多半采用官办或官督商办的形式,仍然带有浓厚的封建性,但已采用资本主义的生产技术和方法,产品主要销售于市场,经营目的是获取利润,基本上是资本主义性质的企业。

2. 建立新式海陆军

从 19 世纪 60 年代开始,清政府先后在上海、北京、天津、广州、福州等地,聘用外国教官,购买洋枪、洋炮,训练新式陆军。湘军和淮军也是用洋枪装备的军队。

整顿海防,筹建新式海军,是洋务运动的又一项重要内容。1874 年,日本派兵侵略我国台湾,清政府深为震惊,开始筹办水师。先后建立福建水师、南洋水师、北洋水师三支海军,以北洋水师实力最为雄厚。1888 年,北洋舰队正式成军,拥有军舰 25 艘,官兵 4 000 多人,由淮军将领丁汝昌任海军提督。与此同时,旅顺口和威海卫两个海军基地竣工,整个北洋海防体系的建设宣告完成。李鸿章得意地说:北洋海军"声势已壮……入可以驻守辽渤，出可以援应他处，辅以各炮台陆军驻守，良足拱卫京畿"。

3. 开设新式学堂和派遣留学生

为了适应洋务运动的需要，洋务派创办了新式学堂，大致分为三类。一是翻译学堂。1862年，京师同文馆成立，陆续开设英文馆、俄文馆、德文馆和东文（日文）馆。毕业生大多任清政府译员、外交官员和其他洋务机构官员。另外，洋务派还创办上海广方言馆等。二是军事学堂，主要有：福建船政学堂、天津水师学堂、广东水陆师学堂等，用以培养海军人才。三是工艺学堂，如福州船政局附设船政学堂、上海江南制造总局附设机器学堂、天津电报学堂、天津西医学堂等，培养电报、铁路、矿务、西医等专门人才。

据统计，从19世纪60年代至90年代的30多年间，洋务派共创办新式学堂24所，其中，培养各种外语人才的有7所；培养工程、兵器制造、轮船驾驶等人才的有11所；培养电报、通信人才的有3所；培养陆军、矿务、军医人才的各有1所。这些新式学堂打破了旧式教育和科举制度一统天下的局面，培养了一批近代科技军事人才和知识分子，并且在文化教育方面起到开通风气的作用。

在创办新式学堂的同时，清政府还派遣留美、留欧学生。在中国近代首位留美学生容闳的积极推动下，从1872年至1875年，清政府每年派遣30名幼童赴美留学，前后4次共120人，这是近代中国最早的官派留学生。原定学习期限15年，由于清廷内部顽固派势力阻挠以及美国的排华风潮，1881年，清政府中断留学计划，分三批将幼童全部撤回。虽然留美幼童多数尚未学成，但或多或少都受到西方先进科技

图 2-2 部分留美幼童合影

的熏陶，相当一些人撤回时已进入美国高等院校学习，因此，他们的回国，在很大程度上依然填补了近代中国走向现代化的人才空缺，因此大多被政府任用，在近代中国的军事科技、地质矿冶、铁路建设等多项科技事业的起步发展中，作出了很大的贡献。

中国最早的留欧学生是清政府为培养海防人才而派遣的。自1877年开始，福州船政学堂派出近百人，分批赴欧洲各国学习轮船驾驶和制造技术，回国后担任各级海军将领。

>>> 三、洋务运动的历史作用及其失败原因

1. 洋务运动的历史作用

洋务运动引进了西方国家的近代生产方式,第一批近代企业在中国出现了。洋务派在国家面临内忧外患情况下,以"自强""求富"为目的学习西方,通过所掌握的国家权力集中力量优先发展军事工业,同时发展若干民用企业。从主观上讲,洋务派的根本目的是维护封建统治,但他们并不像顽固派那样故步自封,而是主张采用西方先进技术,创办近代企业,对近代中国的发展起到了一定的推动作用,成为中国近代化过程中的一个重要环节。

洋务运动在客观上对本国封建经济起到一定的解体作用,促进了中国近代工业和民族资本主义的发展。洋务派兴办的一系列带有资本主义性质的近代工矿、交通企业,吸引了私人兴办近代企业,因而,它刺激了中国早期民族资本主义的产生和发展,对民族资本主义的兴起起了诱导作用。在洋务派所办的近代工矿企业中,还锻炼出一批精通近代科学技术的工程人员,为中国民族资本主义的产生准备了一定的条件。

洋务运动中民用企业的兴办,对外国经济势力的扩张也起到一定的抵制作用。如1872年李鸿章创办的轮船招商局,三年多时间,使外轮损失1 300多万两白银,美国旗昌行因此被轮船招商局兼并。中国资本能挫败洋商,这在当时曾被视为"创见之事"。

洋务运动促进了中国近代教育的发展。洋务运动开办了一批新式学堂,派出了最早的官派留学生,培养出一批中国最早的科技人才,翻译了一批西学书籍,给当时的中国带来了新的知识,打开了人们的眼界。

洋务运动促进了社会风气和价值观念的变化。伴随着资本主义生产方式的出现,传统的"重本抑末"、"重义轻利"、商为"四本"之末等观念都受到冲击,社会风气和价值观念开始变化,工商业者的地位上升。一些科举出身的官僚和士大夫,不但开始重视工商业,而且亲自在官督商办或商办企业任职。西方的各种技术和器物不再被当做"奇技淫巧"受到排斥,而是被视为模仿、学习的对象。这一切,都有利于资本主义经济的发展,也有利于社会风气的改变。

2. 洋务运动的失败原因及其教训

洋务运动最终并没有使中国走上富强的道路。甲午中日战争中,洋务派经营多年的北洋水师全军覆没,宣告了洋务运动的失败。洋务运动失败的原因主要有:

(1)洋务运动具有封建性。洋务运动的指导思想是"中学为体,西学为用",即以封建伦理纲常为指导,在维护封建的上层建筑、经济基础的条件下,发展一些近代工业和技术,以达到维护封建统治的目的。洋务派中的多数人本身就是大官僚大地

主,这就决定了他们在本质上同清王朝整个统治集团是一致的,他们不愿变革封建政治制度和意识形态,不愿改变旧的生产关系,这从根本上制约了洋务运动进一步发展,决定了其失败命运。洋务运动的封建性还表现为封建家长制,洋务派把自己经手所办的企业视为自己的私产,不允许他人插手。1865年,李鸿章受命由江南北上镇压捻军,就特向朝廷声明,所办军火厂是淮军"命运关系,诚不敢轻以托付"。另外,洋务派在兴办洋务的过程中,总是受到顽固势力的阻挠和制约。

小资料

洋务派和顽固派的斗争,在洋务运动开始的最初几年,还未表面化。到了19世纪60年代后期,两派的斗争开始激化。斗争是由1867年关于同文馆是否招收科甲正途人员学习天文算学的争论引起的。1866年末,奕䜣等人认为西方国家的近代科学技术"无一不自天文、算学中来",为了适应洋务事业的需要,他建议在同文馆内添设天文算学馆,招收翰林、进士、举人、贡生及科举正途出身五品以下京外各官入馆学习,并拟订章程六条,希望朝廷早日批准施行。张盛藻、倭仁等人上折反对,随后,候补知州杨廷熙更把同文馆视为"不祥之物",把"久旱不雨"、"阴霾蔽天"、"大风昼晦"、疫病流行等自然灾害,都归罪于设立同文馆,而奕䜣也被顽固者送了个"鬼子六"的绰号。奕䜣等不肯示弱,对倭仁等人的论点进行了有力的驳斥。经过激烈的争论,倭仁虽然由于对洋务一窍不通,不得不撤销原议,但天文算学馆的报名应试者也大为减少。

——李侃等:《中国近代史》(第四版)中华书局2000年版,第78-79页

(2)洋务企业经营上具有垄断性。洋务派主观上并不希望中国出现资本主义,只是为了维护封建统治才兴办工业,甚至在其创办民用工业的时候,一再表示不允许私人创办同类企业,对资本主义的产生起到一定的阻碍作用。各类洋务企业不论是官办、官督商办还是官商合办都被官府控制,受官府保护,因此,经营上造成了洋务企业垄断了一切,没有竞争。李鸿章设立上海机器织布局时,为垄断棉织业,他奏准10年之内只准华商附股搭办,不准另行设局。甚至还规定全国纱机40万锭子,布机5 000张,10年内不许续添。更有甚者,洋务派开办基隆煤矿后竟将周围已办的12所煤矿全部关闭。洋务企业在经营上的这种封建垄断性,不仅阻碍了中国民族资本主义的发展,而且也损害了自身的发展。没有竞争,不计成本,不讲利润,企业管理人员薪俸与企业经营无关等,不但使洋务企业缺乏生命力,而且往往越办越差。

(3)洋务运动对外国帝国主义具有依赖性。在半殖民地半封建社会的历史条件下,帝国主义不希望中国通过兴办洋务富强起来。因此,在表面上扶植、支持洋务的同时,又不断采取政治的、经济的、外交的、军事的手段进行控制。虽然洋务派中也有希图通过办洋务摆脱对列强事事仰仗的主观愿望,但身为洋务派的封建官僚内在

的腐朽本质,决定了他们没有能力摆脱对列强的依赖。洋务派办的军工厂,都用高薪聘请洋匠。在采掘工业、金属冶炼工业、钢铁工业及一般机械制造业毫无基础的情况下,要搞军事工业,也只能是一切向洋人购买。这不但表现在全部机器买自列强,而且原材料及许多产品的许多零件也都要向列强买。因此,也就出现了"中国制造之银,倍于外洋购船之价"等现象。建立在一切依靠列强基础上的洋务活动,不可能使中国真正拥有独立富强所需的力量,更何况列强也并不希望中国富强。

(4)洋务企业的管理具有腐朽性。洋务运动是洋务派领导下在封建专制体制框架内运行的,这就决定了本应具有资本主义色彩的洋务运动,却很少见到资本主义色彩。相反的是,封建衙门中的各种恶习却充斥到洋务企业中,使这些企业到处都充满腐败的行为。因人设事、安插亲信、无功受禄、贪污中饱,无一不有。一个不大的厂就有诸如总办、专办、帮办、座办、会办、华洋监督、监工等官职人员。而这些人对企业管理大都一窍不通。很多洋务官员既不懂生产技术,又不懂经营管理,造成企业的巨大浪费。他们精通的是挥霍、贪污、浪费。上海机器织布局主管官员挥霍,未开工就先折 30% 资本。开工后又因管理不善失火,致使设备、厂房付之一炬。依靠这类企业求国家之富强,无异于缘木求鱼。

小资料

在对冶炼工业毫无经验,也缺乏知识的情况下,张之洞办铁厂,不免有不少舛误。他还不知道什么地方有煤矿,什么地方有铁矿,就贸然决定在广东建立钢铁厂。幸而他调任到湖北,厂子设在汉阳,在不远的大冶找到了铁矿,条件比广州好多了。他向英国订购炼钢炉,人家告诉他,要先化验铁砂,才能决定用什么样的炼钢炉,他答复说:"中国之大,何处无煤铁佳矿,但照英国所有者购办一份可也。"结果,买来的三座炼钢炉中的两座酸性转炉,不适合于后来汉阳铁厂所用的含磷较多的大冶铁矿,影响了所产钢轨的质量。汉阳铁厂开工时,铁矿来源虽然有了,炼焦煤却尚无着落,仍在到处找寻。在湖北境内找到了两处可用的煤,但储量很少,又没有机器开采。由于煤供应不上,生产时常陷于停顿,以致只好高价购买北方开平煤矿的煤和外国进口的焦煤。

——胡绳:《从鸦片战争到五四运动》(上),人民出版社 1981 年版,第 326-327 页

腐朽社会制度造成洋务企业的这些特点,不但使洋务企业自身发展缺乏活力,最终走向破产,而且也严重束缚了中国民族资本主义的发展,使中国在求富之路上障碍重重,积几十年努力不得其果,这是洋务运动破产的根本原因,也是中国"自强""求富"不得其果的症结所在。

洋务运动的失败说明,在不触动封建专制统治、没有摆脱列强控制的前提下,试图通过局部的枝节改革,达到自强求富的目的,是不可能的。只有推翻封建专制制度,摆脱列强对中国的侵略,中国才能实现真正的繁荣和富强。

第三节　资产阶级维新派的维新运动

1. 戊戌维新运动的背景

甲午中日战争以后,中国空前的民族危机,促使先进的中国人要求救亡图存,维新变法。由于《马关条约》允许外国在中国开办工厂,列强加紧对中国进行资本输出,投资设厂,筑路开矿,控制中国经济命脉。它们还在中国划分势力范围,掀起瓜分中国的狂潮,中国面临瓜分豆剖的危险,民族危机日益严重。

甲午中日战争后,中国民族资本主义初步发展,为变法维新运动提供了经济基础。当时,有些爱国的民族企业和工商界人士,痛感战败之辱,发出了"实业救国"的呼声,提出自办铁路,自开矿山,设立工厂以"抵制洋商洋厂"。同时,清政府只好放松对投资兴办新式企业的限制,允许民间设厂。正是在这种情况下,在甲午战争后的一段时间里,出现了不少民办的纺织、缫丝、面粉、印刷等轻工业和采煤为主的工矿业。据不完全统计,1895—1898 年,新创办的商办厂矿企业有 58 家,资本总额达 1 200 多万元。官办和官商合办的企业,合计只有 8 家,资本总额不过 400 多万元。商办企业的投资额几乎相当于官办、官商合办企业投资额的三倍。①

中国民族资本主义企业的出现,是中国社会经济生活发生重要变化的标志。这样,中国出现了一个新兴阶级——民族资产阶级。中国民族资本主义企业在发展过程中,既受到外国资本主义的压迫打击,又受到本国封建主义的压制与摧残,举步维艰,困难重重。新兴民族资产阶级迫切要求摆脱外国资本主义和本国封建主义的压迫和束缚,为中国发展资本主义提供条件。

站在救亡图存前列的,正是代表民族资产阶级的知识分子群体。他们认识到,要救国,只有维新,要维新,只有学外国。他们不仅要求学习西方的科学技术,而且要求学习西方资本主义的政治制度和思想文化,把向西方学习推进到一个新的高度。这样,资产阶级改良思想迅速传播开来,逐步形成变法维新思潮,并发展成一场政治运动。

2. 资产阶级维新派的变法思想

资产阶级维新派的代表人物是康有为、梁启超、严复、谭嗣同等。

---

① 转引自李侃、李时岳、李德征等:《中国近代史》(第四版),中华书局 2000 年版,第 134 页。

小资料

康有为(1858—1927),广东南海人,后人因此尊称他为"康南海"或"南海先生",字广厦,号长素,出身官僚地主家庭,自幼受非常严格的儒家思想教育。在"西学东渐"的年代,青年康有为博览群书,开始了向西方寻找救国救民真理的艰苦历程。从1888年至1898年,康有为先后七次上书,设计了一个以君主立宪为主体的救国方案。在其影响下,光绪皇帝于1898年6月11日宣布正式变法。"百日维新"失败后,康有为开始了长达16年的海外流亡生涯。然而,由于未能随历史潮流前行,康有为在海外组织保皇会,并在1917年直接参与"张勋复辟"的丑剧,写下一生中的最大败笔。1927年3月21日,康有为病逝于青岛。

图2-3 康有为

1888年,康有为到北京参加会试,利用这个机会,他写了一封5 000字的上皇帝书,这就是有名的《上清帝第一书》,提出"变成法、通下情、慎左右",主张维新变法,这打破了清朝不准布衣上书的先例,在北京引起了很大反响。但这次上书被清廷大臣扣压,光绪皇帝没有看到,而康有为的名字却传遍北京城。1891年,康有为回到广州,开办"万木草堂"讲学,培养变法骨干力量。梁启超就是他当时最为得意的学生。

小资料

梁启超(1873—1929),广东新会人,字卓如,号任公,又号饮冰室主人。11岁中秀才,17岁中举人,被誉为"神童"。后从师于康有为,成为资产阶级改良运动的宣传家。戊戌变法前,与康有为一起联合各省举人发动"公车上书"运动,此后先后领导北京和上海的强学会,又与黄遵宪一起办《时务报》,任长沙时务学堂的主讲,并著《变法通议》,为变法做宣传。戊戌变法失败后,与康有为一起流亡日本,政治思想上逐渐走向保守。在日期间,先后创办《清议报》和《新民丛报》,鼓吹改良,反对革命。同时也大量介绍西方社会政治学说,在当时的知识分子中

图2-4 梁启超

影响很大。民国初年支持袁世凯,出任司法总长。袁世凯称帝的野心日益暴露,梁启超反对袁世凯称帝,与蔡锷策划武力反袁。袁世凯死后,梁启超出任段祺瑞北洋政府财政总长兼盐务总署督办。1917年11月,段祺瑞内阁被迫下台,梁启超也随之辞职,从此退出政坛。晚年在清华大学任教。1929年1月病逝。

在讲学期间,康有为写了两部著作:《新学伪经考》、《孔子改制考》,为戊戌变法奠定了理论基础。

《新学伪经考》刊行于 1891 年,这是一部利用曲折形式,否定"祖宗立法不可变"的宣言书。当时朝野上下"祖宗立法,莫敢言变"的风气很盛,不少人大喊大叫要"恪守祖训""祖宗之法不可变"。康有为在这部著作中,采用釜底抽薪的办法,来回击那些顽固派,他说:被人们奉为经典的,如《古文尚书》《逸礼》《左氏春秋》等,根本不是孔子的真经,而是东汉刘歆为了帮助王莽篡权而捏造出来的。在这本书中,康有为的考证并不科学。康有为采取这样的手段,在当时那种对经书迷信至深,甚至连头也不敢摇的风气下,它确实打开了人们的眼界,解放了人们的思想。

《孔子改制考》写于 1892 年,刊行于 1898 年,主要内容是从资产阶级改良主义的政治要求出发,附会公羊学派的学说,称历史发展趋势分为"据乱""升平"和"太平"三世,分别是指君主专制时代、君主立宪时代、民主共和时代,并将孔子称为古代主张"改制"的"圣人"。这部书不仅符合了社会历史不断进步的理论,而且借孔子的地位来论证变法的合法性。康有为这样做是为了减小变法的阻力。

康有为的这两部著作,在当时产生了广泛的影响。梁启超曾把《新学伪经考》比做"思想界之大飓风",把《孔子改制考》视为"火山喷发"。可见,这两部著作在当时震动之大,顽固派大肆攻击,要求对这两部著作实行查禁、毁版。清政府果真照办不误。

康有为的这两部著作,对变法起到积极动员作用,但也反映出民族资产阶级的软弱性和妥协性。

真正为维新思想提供理论依据的,还是严复介绍到中国来的进化论学说。

小资料

严复(1854—1921),字又陵,号几道,福建侯官人。1877年,被派往英国学习海军,1879 年回国后,任福州船政学堂教习,次年调任天津北洋水师学堂总教习。严复在英国留学期间,广泛地接触到西方近代自然科学和社会科学,努力向西方寻求救国真理,深感西方资本主义制度远远优越于中国的封建制度。回国后,积极倡导西学的启蒙教育,完成了著名的《天演论》的翻译工作。该书出版后,轰动一时,在社会上产生了巨大影响。戊戌变法失败后,严复把精力全部转移到翻译著作与兴

图 2-5　严复

办教育上来,先后出任安徽高等学堂监督、复旦公学和北京大学等校校长,以教育救国为己任。严复晚年专心从事译著工作,思想趋向保守。辛亥革命后,他一度党附袁世凯,卷入洪宪帝制,为世人诟病。1921 年 10 月 27 日,严复在家乡逝世。

甲午中日战争后,严复把西方的一些社会政治学说介绍到中国,其中尤以《天演论》影响最大。《天演论》原名《进化与伦理》,是英国生物学家赫胥黎的论文集。严复选译了部分导言和讲稿的前半部分,并以《天演论》为书名。严复翻译此书不尽依

原文,而是有选择地意译,甚或借题发挥。在《天演论》中,严复以"物竞天择""适者生存"的生物进化理论,阐发其救亡图存的观点,认为实行变法,就会"自强保种",符合"天演"和进化;否则就要亡国灭种,为"天演"所淘汰。严复主张"物竞天择,适者生存",是为了强调中华民族需要自强,否则五千年的文明将毁于一旦,如印度般沦为殖民地。这对于当时处在迷惘中的中国资产阶级阵营无疑是一针强心剂,激励了几代人的革命斗志,对近代思想起到了启蒙作用。《天演论》奠定了严复在中国近代思想界的地位,康有为、梁启超等都称赞严复是精通西学的第一人。

3. 资产阶级维新派宣传维新变法的行动

经过几年的思想理论准备,又有了一批维新志士作为骨干力量,资产阶级维新派采取一系列行动宣传维新变法主张。

首先,向皇帝上书。康有为多次向光绪帝上书,其中最著名的是"公车上书"。1895年《马关条约》签订后,康有为与正在北京参加科举考试的举人,联合向光绪帝上书,这是《上清帝第二书》,提出"拒和、迁都、变法"主张,"公车上书"使维新思潮转化为政治运动,康有为成为变法领袖。

其次,创办报刊。1895年8月,康有为在北京创办《万国公报》双日刊,不久改名为《中外纪闻》,由梁启超等人撰稿,宣传西学,鼓吹变法,在北京的一部分官员和士大夫中,产生了不小的影响。另外,影响较大的还有梁启超在上海创办并任主笔的《时务报》,湖南的《湘报》和严复主办的天津《国闻报》等。

再次,著书立说。除了前面介绍的《新学伪经考》、《孔子改制考》、《天演论》外,还有梁启超在《时务报》发表的《变法通议》、《论中国积弱由于防弊》、《论君政民政相嬗之理》、《说群》等重要文章,他的文章见解新颖,文字生动,通俗易懂,深深地打动了读者,因而深受读者欢迎。几个月之间,行销一万七千多份,开中国有报纸以来最高纪录。有人说,维新派的议论得以盛行,始于《时务报》。梁启超也"名重一时",人们将他与康有为并称"康梁"。另外,还有谭嗣同的《仁学》,在这部著作中,谭嗣同相当深刻地批判了封建制度和封建的伦理观念,大胆提出要"冲决君主之网罗""冲决伦常之网罗",痛切揭露维护封建统治秩序的纲常名教的虚伪性。同时,谭嗣同表现了追求资产阶级平等、自由的精神,他已经在一定程度上超出了改良的范围,而带有民主革命的思想色彩。

最后,办学会,设学堂。1895年创立"强学会"。光绪老师翁同龢、湖广总督张之洞、两江总督刘坤一捐款资助,在天津小站练兵的新建陆军督办袁世凯也加入了。各地办粤学会、闽学会、关学会、农学会、不缠足会、戒烟会等。重要的学堂有康有为主持的广州万木草堂、梁启超任中文总教习的长沙时务学堂。

>>> 二、戊戌维新运动的高涨

1. 维新派与守旧派的论战

正当维新派为变法维新进行宣传和活动时,封建守旧派和反对改变封建政治制度的洋务派,利用自己的地位和权力,对维新思想发动攻击,斥之为"异端邪说",指责康有为、梁启超等维新派人士是"名教罪人""士林败类"。于是,维新派与守旧派之间展开了一场激烈论战。论战主要围绕以下三个问题展开:

(1)要不要变法。针对维新派要求变法的主张,顽固势力坚持"祖宗之法不能变",宣称祖宗之法是古圣先王留下来的治国之道,只能恪守,不能改变,否则就是违背天理,祸乱国家。洋务派官僚张之洞也在《劝学篇》一书中反复强调封建的纲常伦理不可变。而维新派则根据西方资产阶级进化论的观点,对这种观点进行了反驳,他们指出事物的进化是自然界和人类社会发展的必然法则,世间的万事万物"无时不变,无事不变",因此"祖宗之法"也不可永远不变。维新派在批驳顽固派的时候,把变法与救亡直接联系起来,认为中国积弊已深,又面临被列强瓜分的严重危机,要挽救危亡,必须维新变法。

(2)要不要兴民权、设议院,实行君主立宪。维新派变法主张的一个基本内容,就是要改封建专制制度为君主立宪制度。实行君主立宪,就是要学习和效仿西方资本主义的议会制度,使维新派得以参与政权,因此,他们曾提出过开议院的主张,也有人提出过兴民权的意见。而这些正是顽固势力所不能容忍的。他们认为"民权之说无一益而有百害","民权之说一倡,愚民必喜,乱民必作,纪纲不行,大乱四起"。维新派则运用西方资产阶级政治学说,对封建君主专制制度作了批判。谭嗣同指出:"君末也,民本也。"严复甚至认为,国家是"民之公产",王侯将相不过是"通国之公仆隶",而专制帝王则是"窃国者耳"。君是由民共举出来的,民既可以共举君,也可以共废君。这就从根本上否定了"君权神授"和君主"受命于天"的封建说教,为维新变法、实行君主立宪提出了理论根据。

(3)要不要废八股、改科举和兴西学。维新派强调要改革封建的教育制度。他们认为要变法维新,挽救民族危亡,就必须废除科举,兴办学校,指出:"变法之本,在育人才,人才之兴,在开学校,学校之立,在变科举。"顽固派则攻击维新派兴办学校的主张是"名为培才,实则丧才","且贻人心风俗无穷之忧",认为尊孔读经、八股取士的教育制度不可改变。维新派针锋相对地指出,旧的教育制度和科举制度是统治者"牢笼天下"的愚民政策。严复大声疾呼,"民智者,富强之原""欲开民智非讲西学不可""救亡之道在此,自强之谋亦在此"。

维新派与守旧派的这场论战,实质上是资产阶级思想与封建主义思想在中国的第一次正面交锋。这场争论,比较集中地反映了近代中国在文化思想领域中学和西学、新学与旧学之争。通过论战，西方资产阶级社会政治学说在中国得到进一步的传播，进一步开阔了新型知识分子的眼界，解放了思想，也开始改变了社会风气。

但是，在这场论战中也暴露了维新派的弱点。他们只求改良，不求革命，不敢触动封建制度的根本；他们将劳动人民排斥在外；他们也没有完全清除自己思想中的封建因素。

2. 百日维新及其失败

正在维新运动日趋高涨之时，1897年11月，德国出兵强占胶州湾。康有为在上海闻讯后，急速赶赴北京，并于12月第五次向光绪皇帝上书。在上书中，康有为分析了当时国际和国内形势，指出民族危机的严重性和维新变法的紧迫性。1898年1月29日，康有为第六次上书，即《应诏统筹全局折》，请求光绪皇帝厉行变法，指出"变则能全，不变则亡，全变则强，小变仍亡"。1898年4月，康有为、梁启超在北京组织"保国会"，提出救亡图存主张，推动维新运动发展。

变法与反变法，不但在维新派和顽固派之间，从始至终进行着激烈的斗争，而且也同朝廷内部帝后两党的斗争密切相关。1898年春夏之交，支持变法的帝党与反对变法的后党之间争夺统治权的斗争日趋激烈。光绪皇帝为了加快变法，推行新政，于6月11日颁布了《定国是诏》，宣布变法。从此日开始，到9月21日慈禧太后发动反动政变，共103天，史称"百日维新"。

新政的主要内容有：

政治方面，改革行政机构，裁汰冗员，澄清吏治，提倡廉政；提倡向皇帝上书言事；准许旗人自谋生计，取消他们享受国家供养的特权等。

经济方面，保护、奖励农工商业和交通采矿业，中央设立农工商总局与铁路矿务总局，各省设立商务局；提倡开办实业；注重农业发展，提倡西法垦殖，建立新式农场；广办邮政，修筑铁路；开办商学、商报，设立商会等各组织；改革财政，编制国家预算等。

军事方面，裁减旧式绿营兵，改练新式陆军；采用西洋兵制，练习洋操、洋枪等。

文化教育方面，创建京师大学堂，各省书院改为高等学堂，在各地设立中、小学堂；提倡西学，废除八股，改试策论，开经济特科；设立译书局，翻译外国书籍，派人出国留学；奖励译著，创办报刊，允许自由组织学会等。

这些变法措施，对于传播西方文化科学，发展中国民族资本主义起了很大的促进作用，也给开明绅士和民族资产阶级提供了参与政治的机会，因此，戊戌维新是一场资产阶级性质的改良运动，但同时也有着很大的局限性。在经济上，要求为资本主义发展开辟道路，却不敢触动封建土地所有制；在政治上，虽对封建官僚制度作了一定的改革，但是对作为君主立宪制基础的议院、宪法却避而不提。维新派还对帝国主义抱有幻想。这些都说明维新变法是不彻底的，有极大的妥协性，而且也没有坚实的支持力量。

对光绪皇帝的一系列关于变法和新政的诏谕,除了湖南巡抚陈宝箴能认真执行外,其他各省督抚则观望敷衍,甚至抵制。因此,光绪皇帝关于变法的许多诏谕,大多成了一纸空文。而慈禧太后集团,从新政一开始,就加紧布置,准备反扑。《定国是诏》颁布后四天,6月15日,慈禧太后迫使光绪皇帝下令免去翁同龢的军机大臣和一切职务,驱逐回籍。就在同一天,慈禧太后又迫使光绪皇帝下令,授任新职的二品以上大臣,须到皇太后面前谢恩。同日,慈禧太后又强迫光绪皇帝任命她的亲信荣禄署直隶总督,不久即实授,并加文渊阁大学士衔。慈禧太后通过这三道诏令,控制了人事任免和京津地区的军政大权,为发动政变做了准备。9月21日凌晨,慈禧太后经过周密布置,先将光绪皇帝囚禁在中南海的瀛台,重新"训政",继而大肆搜捕维新派。康有为、梁启超被迫逃往日本。谭嗣同拒绝了出走日本的劝告,表示:"各国变法,无不从流血而成,今中国未闻有因变法而流血者,此国之所以不昌也。有之,请自嗣同始!"9月28日,谭嗣同、杨锐、林旭、刘光第、康广仁、杨深秀等六人被杀,史称"戊戌六君子"。其他维新派人士和参与新政及倾向变法的官员,或被囚禁,或被罢黜,或被放逐。政变之后,除京师大学堂被保留下来之外,其余各种新政措施全被取消。戊戌变法宣告失败。

>>> 三、戊戌维新运动的意义和教训

1. 戊戌维新运动的意义

(1)戊戌变法是一场颇具规模的爱国救亡运动。这场运动是 19 世纪末民族危机的产物,是中华民族和帝国主义矛盾激化的表现。以康有为为代表的资产阶级维新派挺身而出,呼吁变法救亡,力图使中国免受帝国主义的欺凌,维护民族独立,具有明显的救亡特点和爱国性质。维新派提出了近代意义上的民族主义和爱国主义的概念,强调国家为国民所有,促进了民族的觉醒,唤起了广大民众的民族意识,鼓舞着人们的斗志。

(2)戊戌变法是一场资产阶级性质的政治改革运动。它抨击旧的封建制度,推动中国走向资本主义,实为新兴资产阶级对封建专制主义的第一次政治冲击。维新变法颁布的保护和鼓励民族企业发展的政策,激发了人民"实业救国"的热情,形成民族企业的第一次投资高潮,为近代民族资本企业和近代文化教育事业的发展创造了有利的条件。变法失败后,不少维新人士看到改良在中国走不通,转而选择革命道路,为革命的兴起打下基础。

(3)戊戌变法是一场思想启蒙运动。变法期间,维新派通过办报刊、学会和学堂,大量地传播了西方的近代自然科学和社会科学知识,对长期统治中国的封建专制思想和封建文化进行了批判和斗争,用民权、平等思想批判了"三纲五常",用民主

论大胆地否定"君权神授""君主神圣",打破了封建文化独占文化阵地的局面,推动了人们的思想解放,对社会产生了很大的影响。

2. 戊戌维新运动失败的原因和教训

戊戌维新运动失败,客观上是由于新旧力量对比悬殊。维新派没有找到能够真正打破封建旧势力的力量,而且脱离广大人民群众,反而依靠没有实权的皇帝和少数封建官僚,甚至寄希望于帝国主义的支持,最终在顽固派的镇压下失败。

这场运动失败的主要原因是维新派代表的民族资产阶级具有软弱性和妥协性的局限。表现为:

首先,缺乏彻底的反封建勇气。维新派虽然同封建势力有矛盾,但是不敢摧毁封建势力,不想推翻现有的政权和制度,希望通过和平的、自上而下的改革实现变法图强,把希望寄托在没有实权的光绪皇帝身上,在理论指导上,打出孔子的招牌进行变法,虽然具有减小改革阻力的策略意义,但也暴露了维新派的软弱无力。

其次,缺乏彻底的反帝勇气,对帝国主义抱有幻想。维新派虽然同帝国主义有矛盾,但缺乏彻底反抗帝国主义的勇气,认为不必正面反对帝国主义,通过资本主义改革,使中国富强起来,就能免于帝国主义的侵略,甚至寄希望于英美的支持。

再次,缺乏广大群众的支持和军队的支持。维新派不但脱离人民群众,而且惧怕甚至仇视人民群众。谭嗣同慷慨就义前的高呼,表现了他为改革革新以死相搏、勇往无前的大无畏精神,但也反映了维新派的孤立与无奈。"回天之力"存在于亿万民众之中,这是维新派的志士们所没有认识到的。

昙花一现的维新运动,说明在半殖民地半封建的旧中国,在不触动封建制度及其根基的前提下,企图走自上而下的改良的道路,是根本行不通的。要实现民族独立和国家富强,必须用革命手段,推翻帝国主义和封建主义联合统治的半殖民地半封建制度。越来越多的中国人认识到,中国的前途在于彻底地推翻清王朝的统治,而这只有流血革命才有可能实现。有人就此与维新派决裂,走上反清革命的道路。

本章小结

近代以来,为了挽救民族危亡,中国社会各阶级从各自的阶级立场出发,对国家出路进行了探索,并提出了自己的主张和方案。1851 年,太平天国农民运动爆发,随后颁布《天朝田亩制度》和《资政新篇》两个纲领性文献,对近代中国出路进行了可贵的探索,把农民运动发展到最高峰。从 19 世纪 60 年代到 90 年代,清朝封建统治阶级中的洋务派,在"中学为体,西学为用"思想指导下,兴办近代企业,建立新式海陆军,开设新式学堂和派遣留学生,兴起了轰轰烈烈的洋务运动。随着民族资本主义发展,新兴资产阶级登上政治舞台,以康有为为代表的资产阶级维新派,主张发展资本主义,用君主立宪制取代君主专制制度,提出在各方面学习西方的主张,并促使光绪皇帝在1898年实行戊戌变法。太平天国农民运动、地主阶级洋务派的洋务运动和资产阶级维新派的维新运动,都不同程度地在抵制外国侵略、推动国家近代化等方面,发挥了重要作用,为资产阶级民主革命做了酝酿和准备。但是,运动先后都失败了。早期探索的历史证明:农民群众没有先进阶级的领导,无法克服自身的局限性,不可能引导革命取得胜利;地主阶级洋务派仅学习西方军事科技,不肯改革封建政治制度,不可能使中国独立富强;新兴资产阶级维新派自上而下的改良道路在中国也走不通。中国需要寻找新的出路。

复习思考题

1. 如何认识太平天国农民运动的意义和失败的原因、教训?
2. 如何认识洋务运动的性质和失败的原因、教训?
3. 如何认识戊戌维新运动的意义和失败的原因、教训?

推荐阅读

1. 马克思:《中国革命和欧洲革命》,1853年6月。

2.《天朝田亩制度》,1853年。

3. 康有为:《上清帝第二书》,1895年5月。

4. 梁启超:《变法通议》(节选),1896年。

5. 茅家琦:《太平天国通史》,南京大学出版社1991年版。

6. 夏东元:《洋务运动史》,华东师范大学出版社1992年版。

7. 汤志钧:《戊戌变法史》(修订本),上海社会科学院出版社2003年版。

第三章
辛亥革命与君主专制制度的终结

学习目标

　　1. 了解辛亥革命爆发的历史条件和辛亥革命的发展过程,领会三民主义学说,掌握革命派与保皇派论战的内容。

　　2. 了解辛亥革命爆发的经过,深刻领会辛亥革命给近代中国带来的历史性巨变。

　　3. 了解革命党人挽救民主共和的努力,掌握辛亥革命失败的原因和教训。

历史线索图

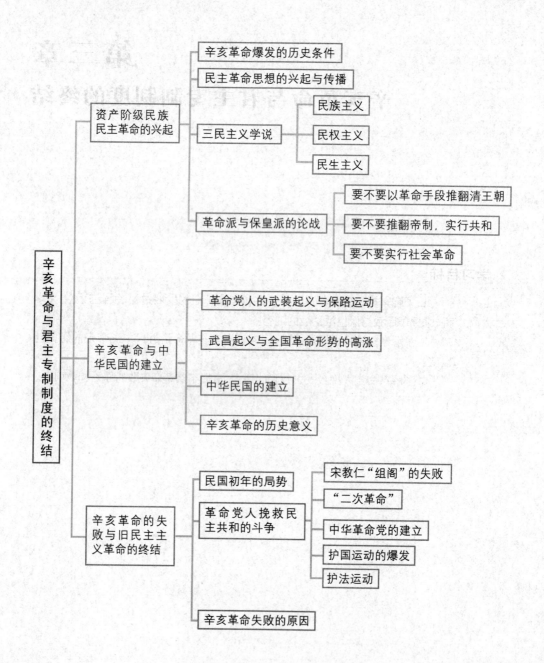

辛亥革命与君主专制制度的终结

- 资产阶级民族民主革命的兴起
  - 辛亥革命爆发的历史条件
  - 民主革命思想的兴起与传播
  - 三民主义学说
    - 民族主义
    - 民权主义
    - 民生主义
  - 革命派与保皇派的论战
    - 要不要以革命手段推翻清王朝
    - 要不要推翻帝制，实行共和
    - 要不要实行社会革命
- 辛亥革命与中华民国的建立
  - 革命党人的武装起义与保路运动
  - 武昌起义与全国革命形势的高涨
  - 中华民国的建立
  - 辛亥革命的历史意义
- 辛亥革命的失败与旧民主主义革命的终结
  - 民国初年的局势
  - 革命党人挽救民主共和的斗争
    - 宋教仁"组阁"的失败
    - "二次革命"
    - 中华革命党的建立
    - 护国运动的爆发
    - 护法运动
  - 辛亥革命失败的原因

第一节　资产阶级民族民主革命的兴起

>>> 一、辛亥革命爆发的历史条件

1. 民族危机空前严重

19 世纪末 20 世纪初,帝国主义对中国的军事侵略日益扩大,政治控制进一步加强。随着帝国主义瓜分中国的高潮,1900 年八国联军发起了侵华战争,迫使清政府与英、法等 11 个国家签订了《辛丑条约》,清政府完全沦为"洋人的朝廷"。1904 年,一场争夺中国权益的日俄战争在中国东北地区爆发,而清政府却宣布"局外中立",甚至把辽河以东的广大区域划为"交战区",经过一年多的混战,日本战胜俄国,俄国将中国东北南部的一切侵略权益转让给日本。与此同时,中国的边疆危机也进一步加深,各帝国主义国家试图利用军事等手段侵略甚至分裂中国广大的边疆地区,1903—1904 年,英国从印度派兵侵略中国西藏地区,迫使西藏地方政府与之签订了《拉萨条约》,西藏门户就此洞开。美国作为新兴的帝国主义国家提出了侵略中国的"门户开放"政策。中国已经完全陷入了半殖民地半封建社会的深渊。

帝国主义对中国进行军事、政治侵略的同时,也日益加紧对中国的经济侵略。据统计,仅仅在 1894 年,外国在华企业投资额已经达到 1.09 亿美元。[1]《马关条约》的签订,是帝国主义对华大肆资本输出的标志,此后的十几年的时间里,各列强在中国建工厂,设银行,修铁路,对中国大肆进行经济侵略。修筑铁路是帝国主义在华投资的重点,沙俄在中国东北修筑了南满铁路,德国在山东修筑了胶济铁路,英德修建了津浦铁路,俄法修建了京汉铁路。帝国主义在华修建铁路,不但垄断了对铁路的所有权和经营管理权,甚至还囊括了对铁路沿线资源的开采权。到 1911 年,帝国主义控制了中国铁路里程的 90% 以上,这既是对中国的资本输出,又有利于加强对中国的军事、政治、经济控制。为方便对华资本输出,帝国主义在中国设立银行也进入一个新阶段,1895—1914 年,各国在中国新设立的银行至少有 13 家,分支机构近百个,遍布中国的重要城市。

小资料

据日本《朝日新闻》报道:"铁路所布,即权利所及。凡其他之权,商权、矿权、交通权,左之右之,操纵于铁路两轨,莫敢谁何。故夫铁道者,犹人之血管机关也,死生存亡系之。有铁路权,即有一切之权;有一切之权,则凡其地官吏,皆我颐之奴,其地

---

[1]　吴承明:《帝国主义在中国的投资》,人民出版社 1955 年版,第 40 页。

之民,皆我刀俎之肉。"

——转引自宓如成编:《中国近代铁路史资料》(第二册),中华书局 1963 年版,第 684 页

2. 清政府加强了对人民群众的掠夺

清朝末年,腐败的清政府为解决严重的财政危机,对民众的掠夺和剥削进一步加深,这使得社会矛盾进一步激化。从中央财政来看,为了满足新政及其他开支,清政府向人民征收的税费不断提高,到 1908 年,其年财政收入已达 2.348 亿两白银,较之 19 世纪 90 年代增长了近两倍,由于地方政府往往隐瞒、截留相当一部分税收,所以全国征税数额与人民实际上缴的数额之间存在着巨大的差距,据梁启超估计,人民实际负担当为财政收入的 3~5 倍。与此同时,对外赔款也转嫁给普通民众,在每年 2 000 万两白银的庚子赔款中,约有 1 800 万两是通过增加赋税所筹,田赋、厘金、盐税都因对外赔款而大幅度提高。腐败政府的搜刮聚敛,贪官污吏的巧取豪夺使得清末的普通大众生活越来越困苦。

3. 人民群众反抗斗争风起云涌

在中外反动势力的压迫下,人民群众无法继续生活下去,开始掀起各种形式的反抗斗争。其中,最具代表性的是士绅领导的收回铁路、矿山利权的斗争。

与此同时,以抗捐抗税为目的的民变波及全国。1910 年,山东莱阳遭受严重霜灾,农民不堪劣绅苛捐杂税和奸商囤积居奇,在曲诗文的率领下揭竿而起,与清军激战两个多月,这是清末十年规模最大的一次民变。上千次的民变斗争沉重打击了晚清政府。由于政府腐败,官吏中饱私囊,再加上自然灾害频繁,广大民众生活日益贫困,在不少地方爆发了"抢米风潮"。1909—1910 年,长沙连续发生严重旱灾,而奸商反而将仅有的粮食运往其他省市,导致米价飞涨,愤怒的饥民自发地起来捣毁米店,发起清末规模最大的抢米风潮,同时将与民众作对的湖南巡抚衙门烧毁。

各地会党也纷纷起义。会党是清代民间秘密存在着的会道门组织,以"反清复明"为宗旨,大刀会、小刀会,以及一些义和团组织都属于会党,1903—1904 年,广西各地会党起义是清末规模较大的起义。

随着中国民族资本主义的发展,中国的工人阶级力量日益壮大。他们最早诞生于 19 世纪四五十年代的外国在华投资企业中,经过半个世纪的成长,他们开始关注自身工作、生活条件,开展了以增加工资为目的的罢工斗争。据统计,20 世纪初的10 年时间里,规模较大的工人罢工达 50 多次。

4. 清末"新政"的推行及破产

面对前所未有的内忧外患局面,清政府再也不能照旧统治下去了,不得不实行"新政",以期苟延残喘。还在八国联军侵华期间,慈禧太后挟光绪皇帝逃亡西安,便

发布"罪己诏"和"改革"谕旨,1901年4月,清政府成立督办政务处,作为推行"新政"的专门机构。随后推行的"新政"措施主要包括:第一,筹饷练兵;第二,振兴商务;第三,育才兴学;第四,改革官制。迫于压力,清政府被迫表示学习西方宪政,1905年12月,清政府派镇国公载泽、山东布政使尚其享、顺天府丞李盛铎、户部侍郎戴鸿慈、湖南巡抚端方等赴欧美12国考察宪政,这就是"五大臣出洋考察"。随后,1906年,清政府宣布"预备仿行立宪",1908年颁布《钦定宪法大纲》。但到1911年设立的责任内阁里,共有13名大臣,满洲贵族就有9人,其中皇族又占7人,这暴露出晚清政府假宪政、真专制的丑恶面孔,使得原来对清政府抱有幻想的社会各阶层的政治态度发生变化,转而同情和支持革命。清末"新政"的失败,标志着由上而下的政治变革已经走到尽头,各种矛盾空前激化,清政府已经无法照旧统治下去了,一场席卷全国的革命斗争已不可避免。

5. 民族资本主义的发展和资产阶级队伍的壮大

随着西方资本主义生产方式的传入,以及其政治、经济、文化思想的影响,中国的大机器工业逐渐发展起来,从洋务运动时期的官办企业、官督商办企业,到20世纪初清末"新政"一系列经济政策、法规的推行,使中国的民族资本主义经济发展起来,并成为一股重要的力量。1904—1908年仅登记在册的近代企业就已经达153家,1900年由马应彪创办的先施公司,1901年由荣宗敬、荣德生兄弟开办的茂新面粉厂,1906年由简照南、简玉阶兄弟创办的南洋兄弟烟草公司,1907年由郭乐、郭泉兄弟创办的永安公司等,都是当时著名的近代企业。它们为中国商办民族资本主义经济的发展提供了经验和借鉴。

随着民族资本主义经济的发展,大批经营近代企业的民族资产阶级力量不断壮大。他们切身体会到封建专制统治对近代企业的剥削与压榨,切身体会到民族资本与外国垄断资本竞争时的无奈与乏力,这促使他们以各种方式支持甚至参与到资产阶级革命运动中来,成为民主革新的重要力量,这是资产阶级革命派形成的阶级基础。

随着民族资本主义的发展,一批向往宪政、锐意革新的资产阶级骨干力量成长起来。一大批接受过西方教育的青年学生是其中的中坚力量。他们有的在国内新式学堂就读,有的出国留学,尤其是19世纪末20世纪初,大批的中国学生赴日本留学,最多时达8 000多人,体现出近代中国人对日本经明治维新由弱而强的仰慕,他们在国外更多地接触到西方的政治思想,对民族危机及世界发展趋势等有了更深刻的理解,具有与封建士大夫完全不同的世界观、价值观。其中不少人在民族危机加深、群众自发斗争高涨的形势下,开始摸索救国救民的新道路,成为资产阶级革命派的骨干力量,在辛亥革命中发挥了重要作用。

>>> 二、民主革命思想的兴起与传播

1. 孙中山与资产阶级革命运动的开端

孙中山（1866—1925），名文，字逸仙，广东香山（今中山）人。他在日本从事革命活动时，化名中山樵，人们遂称之为孙中山。1879年，孙中山和母亲到檀香山，在英、美教会设立的学校学习英语、自然科学与西方社会政治学说的基础知识。在接受西式教育的过程中，他开始产生以西方国家为榜样来改良祖国和拯救同胞的愿望。1892年，他以优异的成绩毕业于香港西医书院。这些求学经历对他资产阶级民主革命思想的形成起了重要作用。

近代民族民主革命是帝国主义侵略与封建专制统治造成的，中国早期资产阶级革命家不是天生的革命者，他们也曾经尝试采取自上而下改革的方式，实现近代中国的独立与富强。1894年，孙中山上书李鸿章，提出"人能尽其才，地能尽其利，物能尽其用，货能畅其流"等改革主张，但是李鸿章拒绝接见，并将孙中山的上书束之高阁。民族危机加深而又变革无望，孙中山遂走上了以革命方法反清的道路。

图 3-1　中国革命先行者——孙中山

1894年11月，孙中山再次到檀香山，联合20余名华侨人士，组织了第一个资产阶级革命团体兴中会。1895年，孙中山于香港成立兴中会总部，兴中会总部章程指出了帝国主义瓜分中国的严重危机，揭露了清政府的反动统治，提出了"驱除鞑虏，恢复中华，创立合众政府"的革命纲领。这表明以孙中山为首的资产阶级革命派已经举起民族民主革命的旗帜，开始探求中国独立富强的新道路。

2. 民主革命思想的传播

随着革命形势的发展以及孙中山和革命派的努力，民主革命思想得到迅速传播，革命影响不断扩大。尤其是新型的知识分子，在西方民主共和思想的影响下，或潜心著作，或创办报纸杂志，吹响了中国近代资产阶级民族民主革命的号角。

首先，一批知识分子著书立说，宣传资产阶级革命思想。为反对康有为的保皇观点，章炳麟于1903年发表了《驳康有为论革命书》，他旁征博引，论证了革命才是"启迪民智，除旧布新"的良药，强调中国人民完全有能力建立民主共和制度。邹容写了《革命军》，以"革命军中马前卒"的名义，热情讴歌革命，阐述在中国进行民主革命的必要性和正义性，号召人民推翻清朝统治，建立"中华共和国"。《革命军》文笔犀利、说理透彻、浅显易懂、充满感情，有利于发动知识水平较低的底层群众，因而传播极广，被评价为"国民教育第一部教科书"。陈天华写了《警世钟》、《猛回头》，痛陈

帝国主义侵略给中国带来的深重灾难,指出美国的"门户开放"是更加阴险的侵略方式,揭露清政府已经成了帝国主义统治中国的工具,必须奋起革命,才能推翻清政府这个"洋人的朝廷"。

小资料

> 我中国今日欲脱离满洲人之羁缚,不可不革命;我中国欲独立,不可不革命;我中国欲与世界列强并雄,不可不革命;我中国欲长存于二十世纪新世界上,不可不革命;我中国欲为地球上名国、地球上主人翁,不可不革命。
>
> ——邹容《革命军》1903 年 5 月

其次,出现了一大批宣传革命思想的期刊译作。进入 20 世纪,一批报刊开始突破封建专制的禁锢,转而同情甚至宣传革命,早在 1901 年,《国民报》就指出中国唯一的出路在革命,随后《游学译编》、《湖北学生界》、《浙江潮》、《江苏》等如雨后春笋般涌现出来,这些报刊立论鲜明、言辞犀利,有利于民主思想的传播。翻译介绍西方民主政治学说和各国民主革命历史,也是宣传革命的重要方式,1903 年前后,卢梭的《民约论》、孟德斯鸠的《万法精理》等陆续出版,先进国家资本主义发展的经验推动了中国人民新的觉醒和奋进。

3. 革命团体和全国性革命政党的建立

到 20 世纪初,随着知识分子的日益觉醒,中国国内出现了很多以知识分子为主体的革命团体。1904 年 2 月,黄兴等在湖南组织成立华兴会;6 月,刘静庵等在湖北成立科学补习所;10 月,蔡元培等在上海组织光复会;另外,还有岳王会、强国会等。

随着民主革命思想的广泛传播,全国革命形势也有了较大发展,革命形势要求革命力量的联合。在孙中山的积极倡议和联络下,1905 年 8 月 20 日,中国同盟会在东京正式成立,选举孙中山为总理,黄兴为执行部庶务。同盟会把原有的兴中会、华兴会、光复会等带有地方性的小团体联合起来,是中国近代第一个资产阶级革命性质的全国性政党,成为全国革命运动的领导核心。中国同盟会确立"驱除鞑虏,恢复中华,创立民国,平均地权"为革命纲领,确定《民报》为机关

图 3-2　《民报》第一号

报。为组织领导中国资产阶级和世界华侨华人的革命斗争,中国同盟会在国内的香港、烟台、上海、重庆、武昌分别设立支部,在国外的檀香山、布鲁塞尔、旧金山、新加坡分别设立支部。同盟会的成立,把中国资产阶级民主革命推到了一个新阶段。

>>> 三、三民主义学说

1905 年 11 月,孙中山在《〈民报〉发刊词》中将十六字纲领归纳为"民族、民权、民

生"三大主义,即"三民主义"。

1. 民族主义

民族主义的基本内容是"驱除鞑虏,恢复中华"。民族主义主要包括三项内容:一是驱逐帝国主义在华侵略势力,二是推翻满清王朝的专制统治,三是提出民族平等的理念。总之,就是要以革命手段,推翻清王朝的统治,建立独立的中国。但民族主义有其局限性,主要是没有正面地提出反对帝国主义侵略,以实现民族真正独立的主张,甚至还幻想列强会支持中国的革命事业。

2. 民权主义

民权主义的基本内容是"建立民国",就是要通过政治革命,推翻封建专制统治,建立资产阶级民主共和国。按照自由、平等、博爱的精神,给国民以充分的"民权",有权选举总统、议员,由议会制定宪法,人人共守。民权主义解决了当时资产阶级民主革命的中心问题,但它却忽略了国体的变革,仅仅是改了政体,即忽略了推翻君主专制制度的阶级基础——整个地主阶级,而且也忽略了广大劳动群众在国家中的地位,因而难以使人民的民主权利得到真正的保证。

3. 民生主义

民生主义在当时指的是"平均地权",也就是孙中山所说的社会革命。孙中山的"平均地权"思想源于美国亨利·乔治的单一地价税主张,认为西方国家民众贫困及诸多社会问题的根源在于土地私有制,孙中山主张核定全国地价,现有土地价格归其所有人,而土地的增值则归国家,为全体国民共享。孙中山的"平均地权"主张认为土地是社会财富的根本,企图通过解决土地问题彻底地解决贫富分化问题。但是,孙中山的"平均地权"主张,没有正面触及封建土地所有制,不能满足广大农民获得土地的要求,在革命中难以激发广大工农群众的斗争热情。

在当时的历史条件下,三民主义理论是一个比较完整的资产阶级民主革命的纲领,初步描绘出中国还不曾有过的资产阶级共和国方案,具有比较完备的资产阶级民主制度、社会制度思想。它曾鼓舞了一大批资产阶级的革命知识分子,为推翻封建帝制,建立、巩固资产阶级民主共和国而英勇不懈地斗争。但是由于中国资产阶级的软弱性和妥协性,它又是一个不彻底的民主革命纲领。它主张民族主义,但没有提出明确的反对帝国主义的口号;它主张民权主义,但又不敢放手依靠广大工农群众;它主张民生主义,但缺乏保证农民获得土地的内容,具有其时代的局限性。

>>> 四、革命派与保皇派的论战

同盟会成立后,民主革命思想的宣传进一步开展起来,而以康有为、梁启超为首的保皇派继续发表文章,制造舆论,反对革命,成为革命宣传的严重障碍。1905—1907年,以孙中山为代表的资产阶级革命派与以康有为、梁启超为代表的保皇派,

以《民报》和《新民丛报》为主要阵地,展开了一场尖锐的思想论战。双方论战主要围绕着三个重大问题:

1. 要不要以革命手段推翻清王朝

革命派热情歌颂了革命在历史发展中的重大作用,指出清朝政府是民族歧视和民族压迫的罪魁祸首,是社会破败、民族危亡的总根源,不推翻清朝政府,就不可能实现真正的独立和民主。针对保皇派关于革命造成流血牺牲、造成经济破败的言论,革命派予以坚决的反对,他们认为革命不免会造成流血牺牲,造成社会的短暂凋敝,但是这不是革命的目的,革命的目的是要最终打倒落后专制的旧制度,建立一个资产阶级的民主共和国。如果不以"阵痛"一举完成革命,广大人民群众在封建专制统治下会遭受更大的痛苦和牺牲。

2. 要不要推翻帝制,实行共和

针对保皇派认为中国"民智未开",中国人"既缺乏政治习惯""又不识团体公益",没有实行民主共和条件的论调,革命派认为,当时的中国数以千万计的民众信奉资产阶级思想理念,而且革命的过程就是开启民智的过程,宣称自由、平等是人的本性,一旦破除禁锢,就会沛然而出,中国人已经具备了管理一个现代国家的能力。革命党人以坚定的革命精神,驳斥了保皇派维护晚清政府的渐进改革言论,对于激励广大民众参加革命起了巨大作用。

3. 要不要实行社会革命

这里的社会革命是指土地制度的变革。保皇派极力维护封建主义的地主土地所有制,认为私有制是自然法则,革命派同情社会中下层群众,认为地主垄断土地是近代工商业发展的一大障碍,是亿万民众疾苦的总根源,是社会生产力发展的最大障碍,驳斥了保皇派的错误论调。

论战的结果以革命派取胜告终。通过论战,扩大了资产阶级政治思想的阵地,促使一批资产阶级、小资产阶级知识分子摆脱了保皇派的影响,走上了革命的道路。但是,革命党人缺乏对帝国主义本质的认识,没有提出彻底的反帝主张,没有深切认识到农民问题的重要性,也没有提出发动农民的方案和设想,这些认识上的局限性为日后的革命埋下了隐患。

第二节　辛亥革命与中华民国的建立

>>> 一、革命党人的武装起义与保路运动

同盟会成立前后,以孙中山为首的资产阶级革命派,积极开展各项革命活动。他们一方面大造革命舆论,与保皇派论战,另一方面发展革命组织,联络会党和新

军,发起前仆后继的武装起义。

1. 资产阶级革命派领导的武装起义

自从 1894 年孙中山在檀香山建立了中国第一个资产阶级革命团体兴中会,以推翻清朝为目标的起义就此起彼伏。1895 年,孙中山策划了生平第一次革命活动,即为广州起义,经过半年准备,原定于当年重阳节(10 月 26 日)起事,因消息泄露而失败,被捕者 70 多人。随后,孙中山又组织领导了 1900 年 10 月的惠州起义。

到 20 世纪初年,随着革命团体的建立,一些革命人士策划了遍布全国各地的起义。1904 年华兴会建立后,黄兴亲自联络洪江会马福益,计划于当年 11 月 16 日慈禧太后生日之际起事,后因计划泄露而失败。光复会的重要人物徐锡麟于 1907 年策划了安庆起义,起义中刺死安徽巡抚恩铭,但起义不幸失败,徐锡麟、秋瑾等被捕牺牲。

各革命团体的起义均以失败告终,有的甚至尚未起事消息已泄露。作为中国资产阶级革命的先行者,孙中山自惠州起义的失败时就已经意识到,作为地方团体的兴中会难以肩负起领导全国革命的重任,于是联络各革命团体,筹建了中国同盟会,随后的很多次起义都是在中国同盟会的统一领导下展开的。主要有:1906 年 12 月的萍浏醴起义,1907 年 5 月的潮州黄冈起义,1907 年 6 月的惠州七女湖起义,1907 年 9 月的钦州防城起义,1907 年 12 月的镇南关起义,1908 年 3 月的钦廉上思起义,1908 年 4 月的云南河口起义,1910 年 2 月的广州起义,1911 年 4 月的黄花岗起义。

黄花岗起义几乎动用了同盟会全部的人力、物力、财力,是同盟会成立以来组织的规模最大的武装起义。1911 年 4 月 23 日,黄兴赶到广州,主持广州起义的领导工作。由于清政府搜捕极严,黄兴在准备尚未就绪、联系尚未周密的情况下,临时决定于 27 日起义。他率领革命志士百余人进攻总督衙门,由于敌我力量对比悬殊,起义遭到惨重失败,多人牺牲和被捕。后来,收敛到 72 具烈士遗骸,将其合葬于广州黄花岗,因此这次起义被称为"黄花岗起义"。

从以上起义可以看出,孙中山的基本战略是夺取两广为根据地,然后挥师北上,长江南北革命党人齐起响应,推翻清朝。但历次起义都失败了,其根本原因是缺乏群众基础,缺乏艰苦奋斗的决心,仅仅依靠当地少数革命党人及会党,依靠海外接济饷械。1908 年 4 月云南河口起义失败后,会党问题被突出地提出来。胡汉民认为会党乃乌合之众,不足为恃,以此为契机,革命党人策动武装起义的重点转向军队,特别是新军,第二次广州起义正是在这样的思想指导下发动的。虽然这些起义都失败了,但动摇了清王朝反动统治的基础,传播了民主革命思想,为革命高潮的到来准备了条件。

2. 保路运动

在革命党人发动武装起义的同时,收回路矿利权的斗争日益激烈。1909—1910

年,广东、湖南、湖北、四川四省人民收回粤汉、川汉铁路。1910 年,英、法、德、美四国银行团逼清政府订立借款修路合同,清政府被迫于 1911 年 4 月,先是宣布铁路干线收归国有,然后按照英、法、德、美四国银行团的意愿,签订了关于借款筑路的合同,这显然是要把已经收回的铁路利权重新出卖给帝国主义国家。这种出卖民族利益的政策,激起全国人民的坚决反对,广东、湖南、湖北、四川的民众发起了声势浩大的保路运动,其中以四川为最烈。

1911 年 6 月,川汉铁路股东在成都组织了保路同志会,各府州县纷纷响应,成立保路分会,8 月,成都罢市,数十州县闻风而动,掀起了罢市斗争。立宪派本来主张将保路运动限制在"文明争路"的范围内,但是四川总督赵尔丰竟然命军警向手无寸铁的成都请愿群众开枪,当场打死 30 多人,造成"成都血案",广大人民忍无可忍,迅速掀起了全川的武装暴动。同盟会员龙鸣剑等联络会党组成保路同志军进攻成都,吴玉章等也在荣县宣布起义。

>>> **二、武昌起义与全国革命形势的高涨**

1. 武昌起义的爆发

武昌是当时中国资产阶级革命派活动的中心之一,早在 1904 年就组织了科学补习所,借补习文化之名发动下层的新军士兵为革命准备力量,随后几经演变,于 1911 年改名文学社。1908 年,于日本东京成立的共进会的骨干孙武、焦达峰等抵达汉口,开始在华中地区活动。共进会与文学社的革命青年以当兵为掩护,在新军当中进行了长期不懈的宣传和组织工作,到武昌起义前夕,参加革命组织的士兵群众达五六千人,占湖北新军总数的三分之一左右。

1911 年,四川愈演愈烈的保路运动是武昌起义爆发的重要条件。早在黄花岗起义爆发后,武昌的共进会、文学社已经与同盟会取得联系,制定了在华中地区起义响应的计划,尤其是在四川保路运动爆发后,清廷命令端方自湖北带兵前往镇压,武昌兵力空虚,为革命党人发动起义提供了极有利的条件。

1911 年 10 月 9 日,孙武在汉口俄租界制造炸弹不慎爆炸,沙俄巡捕闻声赶来,将准备起义的旗帜、符号、文告、标语等全部搜去。湖广总督瑞澂随即下令全城戒严,封锁新军营门,把士兵手中的枪械子弹收缴入库,武昌形势顿时紧张起来。10 月 10 日晚,新军工程第八营的革命党人打响了起义的第一枪,革命士兵积极响应,经过一夜激战,到 10 月 11 日早晨,武昌已经被起义的士兵们完全占领了,11 日、12 日,与武昌比邻的汉阳、汉口也相继光复,武汉三镇的光复为湖北军政府的成立准备了条件。

起义胜利后,革命党人面临的首要任务是建立革命政权。当时孙中山远在海外,黄兴、宋教仁等人也在香港和上海,直接组织这次起义的孙武等人被迫逃亡。起义士兵认定只有较有名望、地位的上层人士才能稳定局势,安抚人心,便将与革命毫无关系的清朝高级军官黎元洪推为军政府的都督。黎元洪掌握大权后,在他的周围渐渐集中了一些旧官僚和立宪派人士,革命派在湖北军政府中的势力受到了严重削弱。

武昌起义胜利后,湖北军政府立即发布了《布告全国电》、《宣布满清罪状檄》等一系列重要文件,严厉声讨清王朝的残暴统治和卖国罪行,宣传民主革命的正义性和必要性,号召全国人民一起推翻清王朝。湖北军政府宣布改专制为共和,废除清朝皇帝年号,还陆续进行了政治经济制度的建设,宣布废除厘金等苛捐杂税,实行司法独立,稳定金融,整顿财政,保护工商业,维护社会秩序,革除社会陋习等政策。湖北军政府基本上是一个资产阶级革命性质的地方政权。

2. 全国革命形势的高涨

武昌起义后,各省相继独立,革命形势迅速发展。1911 年 10 月 22 日,湖南革命党人焦达峰等发动会党和新军进攻长沙,建立湖南军政府。同一天,陕西同盟会会员景梅九等联络会党和新军起义,建立陕西军政府。从 10 月 10 日武昌起义到 11 月下旬,短短一个多月内,全国已有湖北、湖南、陕西、江西、山西、云南、浙江、江苏、贵州、安徽、广西、福建、广东、四川 14 省宣布独立,甚至清朝的一部分士兵也投奔到革命阵营。资产阶级革命派在推动这次革命迅速走向高潮的过程中起了很大的作用。从独立各省来看,各省起义领导者基本为同盟会会员,李根源领导了云南起义,许崇智领导了福建起义。各省军政府大都督也大多为同盟会会员,陈其美为上海军政府大都督,胡汉民为广东军政府大都督,这基本保证了独立各省的革命性质。

面对如此迅猛的革命高潮,资产阶级革命派却没有一个统一的坚强的领导核心,同盟会组织很不健全,缺乏一个彻底反帝反封建的斗争纲领,没有把革命推向前进的统一的革命步骤,所以独立各省出现了不尽相同的情况。在有的省份,革命党人取得起义胜利,但是苦于群龙无首,不得不将政权让与立宪派或者旧官僚,黎元洪就任湖北军政府都督是其中典型的代表。有的省份是旧官僚、立宪派通过暴力或其他手段篡夺了革命政权,在湖南,立宪派唆使新军旧军官发动叛乱,将革命党人焦达峰、陈作新等杀害,推举立宪派谭延闿为都督,这样就形成了立宪派与旧官僚联合掌权的局面。有的省份旧官僚改头换面成为新政权的大都督,沈秉堃原为广西巡抚,在各省独立的革命环境下,随即宣布独立,成为新政权的大都督。有的省份掌权的革命党人很快蜕变为新官僚、新军阀,上海的陈其美,江西的李烈钧都逐渐失去了革命的精神和勇气。还有的省份仅仅是半独立的状态,他们还是倾向于清王朝的,孙宝琦控制的山东就是其一。

大江南北十几个省脱离清政府宣布独立,为新的革命政权的建立奠定了基础,此后,资产阶级革命派为建立一个全国性的资本主义共和国进行了不懈的努力。

>>> 三、中华民国的建立

1. 成立中华民国临时政府

1911年12月25日,孙中山从海外回到上海。孙中山作为中国资产阶级革命的先行者,是公认的革命领袖,12月29日,众望所归的孙中山被推举为临时大总统,临时政府终于建立。1912年1月1日,孙中山在南京正式宣誓就职,改国号为"中华民国",定1912年为民国元年,并成立中华民国临时政府。

南京临时政府内阁由九个重要部门组成,确立了"总长取名,次长取实"的原则。孙中山与黄兴提名多位旧官僚、立宪派人士担任内阁各部总长,陈锦涛、程德全、伍廷芳、黄钟瑛(以上均为旧官僚)分别担任财政总长、内务总长、司法总长、海军总长,张謇、汤寿潜(以上均为立宪派)分别担任实业总长、交通总长。同时,为了保证革命党人对政权的领导,在内阁各部次长中,仅海军次长汤芗铭为旧官僚,其他八位均为革命党人。同盟会员牢牢掌握着各部的次长席位,"次长内阁"的出现保证了南京临时政府的资产阶级革命政权性质。

南京临时政府出台了一系列旨在保护中国民族资产阶级利益的措施。孙中山在就任临时大总统誓词中,已明确提出以"巩固中华民国,图谋民生幸福"为己任。南京临时政府宣布人民享有选举、参政等"公权"和居住、言论、出版、集会、信教等"私权"。南京临时政府颁布了保护工商业的规章,废除了苛捐杂税,奖励华侨在国内投资,它不仅在中央设有实业部,而且要求各省成立实业司。南京临时政府公布了许多除旧布新的各项政令:限期剪辫子、禁止刑讯、严禁鸦片等。南京临时政府提倡以"自由平等博爱为纲"的"公民道德"。以上措施对资产阶级的利益表达了热切的关注,也在一定程度上符合广大人民群众的利益,是近代中国社会大变革的重要开端。

南京临时政府作为中国历史上第一个资产阶级性质的政权,外有帝国主义施压,内有旧官僚、立宪派夺权,还有革命党内部的涣散甚至矛盾,再加之成立仓促,不可避免地带有历史的局限性。第一,革命党人在革命的宣传组织中就暴露出没有彻底反对帝国主义的决心和勇气,在南京临时政府的《中华民国成立孙大总统告友邦人士书》中更是企图通过承认清政府与列强所签订的一系列不平等条约和清政府所欠一切外债,来换取列强对新生的中华民国和南京临时政府的承认。第二,南京临时政府热衷于保护民族资产阶级的政治、经济利益,而对革命主力军农民的利益却视而不见,甚至在保护私有财产的借口下维护封建地主、官僚的土地、财产,这些措施不但不能起到动员群众积极革命的作用,反而遭到民众对新生政权的反对。

2. 颁布《中华民国临时约法》

武昌起义爆发后,起义各省代表在武昌集会,于1911年12月通过《中华民国临时政府组织大纲》。1912 年 1 月 28 日临时参议院在南京正式成立,各省参议员到会者 42 人,革命派占四分之三以上,会议推举同盟会会员林森为参议院议长。临时参议院制定了一系列重要法案,其中最重要的是 1912 年 3 月公布的《中华民国临时约法》。《中华民国临时约法》是中国历史上第一部资产阶级民主宪法,是辛亥革命最重要的成果之一。

《中华民国临时约法》规定,"中华民国之主权,属于国民全体",而"以参议院、临时大总统、国务员、法院行使其统治权"。增设国务总理,作为政府首脑。内阁辅佐临时大总统,为行政机关,行使行政权;增设法院,行使司法权;参议院为立法机关,行使立法权,参议院还有弹劾大总统和国务员的权力。中华民国国民一律平等,享有人身、财产、集会、结社、出版、言论等自由,享有请愿、陈述、考试、选举与被选举等民主权利。

《中华民国临时约法》以根本大法的形式废除了两千年来的封建君主专制制度,确认了资产阶级共和国的政治制度。《中华民国临时约法》虽然具有其进步性,但是内容非常简单,从起草到通过仅仅一个多月的时间,虽然提到了资本主义政治的大体框架,但是没有进行与之相配套的完善的制度建设。

>>> 四、辛亥革命的历史意义

辛亥革命是资产阶级领导的以反对君主专制制度、建立资产阶级共和国为目的的革命,是一次比较完全意义上的资产阶级革命。辛亥革命是中国人民救亡图存、振兴中华历程的一个里程碑,它使中国发生了历史性的巨变,具有伟大的历史意义。

(1)辛亥革命推翻了中国两千多年的封建专制制度,打倒了帝国主义在中国的代理人——清王朝的统治,沉重打击了中外反动势力,使中国反动统治者失去了政治优势。辛亥革命的阶段性胜利再次表现出了中国人民反抗侵略、英勇不屈的革命精神,帝国主义和封建势力在中国再也不能建立起比较稳定的统治了,从而为中国人民斗争的进一步发展开辟了道路。

(2)辛亥革命建立了中国历史上第一个资产阶级共和国,使民主共和的观念开始深入人心。1912 年 1 月 1 日,中华民国建立,中国历史翻开新的一页,当袁世凯、张勋先后复辟帝制时,都受到社会舆论的强烈谴责和人民群众的坚决反对。孙中山讲"敢有帝制自为者,天下共击之",经过革命党人的大力宣传与呼吁,终于为全中国人民所认同。

(3)辛亥革命给人们带来一次思想上的解放。自古以来,神圣不可侵犯的君主权威被打破,辛亥革命激发了人民的爱国热情和民族觉醒,打开了思想进步的闸门。辛亥革命既是一场政治革命,同时又是一场声势浩大、前所未有的思想解放运动。辛亥革命使广大民众突破了封建纲常伦理的束缚,正是这场前所未有的革命激发了人民的爱国热情和民族觉醒。

（4）辛亥革命促使社会经济、思想习惯和社会风俗等方面发生了新的积极变化。南京临时政府成立后，设立实业部，先后颁布了一系列有利于工商业发展的政策和措施，推动了民族资本主义经济的发展。革命政府还提倡社会新风，扫除旧时代的"风俗之害"。这些变化不仅改变了社会风气，也有助于人们的精神解放。辛亥革命本身就是一次著名的移风易俗的风俗改良活动，革命党人宣传男子"剪辫"，压在人们头顶，象征清朝封建统治的发辫之苦遂去。革命党人宣传女子"放足"，极大地提高了女性的劳动能力和社会地位……辛亥革命之后一系列措施使人们耳目一新，许多残害人性的愚风劣俗一去不回了。

（5）辛亥革命不仅在一定程度上打击了帝国主义的侵略势力，而且推动了亚洲各国民族解放运动的高涨，在世界民族解放运动史上占有重要的地位。19世纪末20世纪初，帝国主义争夺亚洲的斗争十分激烈，亚洲成了当时世界民族独立运动风暴最激烈的地区。从1896—1898年菲律宾人民的民族独立战争，到1905—1908年印度反对英国殖民者的斗争，再到1912—1913年印度尼西亚反对荷兰殖民者的斗争，中国的辛亥革命与亚洲各国的反侵略斗争连成一片，相互促进，沉重打击了帝国主义势力。

第三节　辛亥革命的失败与旧民主主义革命的终结

>>> 一、民国初年的局势

1. 袁世凯篡夺革命果实

武昌起义后，袁世凯很快取得了清政府的军政大权，依靠其强大的北洋军和帝国主义的支持，向南方革命党人施加压力。而投机革命的立宪派、旧官僚也从革命阵营内部向革命党人施加压力，表示"非袁莫属"，甚至攻击孙中山不了解中国国情，缺乏管理国家的经验。面对内外压力，面对日益严重的财政危机，孙中山不得不表示将临时大总统职位让给袁世凯，而以清帝退位、袁世凯拥护共和为条件。

有了孙中山的承诺，袁世凯加紧向清帝"逼宫"。1912年2月12日，清帝被迫接受《优待条例》退位；次日，袁世凯通电赞成"共和"；2月15日，临时参议院选举袁世凯为临时大总统。孙中山在辞去临时大总统时，为了防范袁世凯专制独裁，提出了建都南京、新总统到南京宣誓就职和遵守《中华民国临时约法》三项条件，并派蔡元培等为专使北上，催促袁世凯南下就职。

袁世凯表面同意孙中山所提任职条件，实则不肯离开北京老巢，于是密令北洋军在北京、天津、保定等地制造暴乱。孙中山被迫再次退让,同意袁世凯在北京就职。1912 年 3 月 11 日,袁世凯在北京就任临时大总统;4 月 1 日,孙中山正式解除临时大总统职务;次日,临时参议院决议将临时政府迁往北京,袁世凯获得了实质的控制权力。至此,袁世凯在内外反动势力的支持下,窃取了辛亥革命胜利果实,民主共和的南京临时政府仅仅不到三个月便夭折了。

辛亥革命是近代中国具有伟大意义的资产阶级民主革命,它的地位和功绩不可磨灭。但是,袁世凯窃取革命胜利果实后,中国仍然处在帝国主义列强的压迫之下,反帝反封建的民族民主革命的根本任务还没有完成,中国社会性质没有改变,依然是半殖民地半封建社会,中国人民依然处于水深火热之中。

2. 北洋军阀的封建专制统治

袁世凯窃取辛亥革命胜利果实后,在中国开始了北洋军阀的专制统治。他们代表了中国地主阶级和买办资产阶级的利益,对辛亥革命的民主共和成果进行了全面的反攻倒算。

首先,为其专制独裁统治披上合法外衣。袁世凯当上临时大总统,正值资本主义民主思想高涨的 1912 年,因此他没有在一夜之间背弃南京临时政府颁布的一系列革命政策,而是做好了长期反攻倒算的准备,在北京依然保留着国民党占据多数席位的国会,其目的是要利用国会选举他当正式大总统。1913 年 10 月 6 日,国会召开总统选举会,袁世凯命令军警"保卫"国会,派便衣军警千余人,自称"公民团",在会场外严密包围,所有入场的议员,不准自由离去,从早晨 8 点到晚上 8 点,饥肠辘辘的议员连续投票三次,终于选举袁世凯为正式大总统。袁世凯当上正式大总统后,很快就炮制出所谓《中华民国约法》以取代《中华民国临时约法》,《中华民国约法》改责任内阁制为总统制,扩大了大总统的权力。在袁世凯的压力下,参政院又修改了《总统选举法》,其中规定总统可以连选连任,总统继任人由现任总统推荐等。这时民国的"总统"职位实际上已经成为袁氏家族的家传职位,民国只剩下一块招牌了。

其次,加紧复辟帝制的活动。袁世凯的终身总统并没有满足其权力野心,反而是利令智昏,梦想称帝。帝国主义则希望袁世凯能够加强对国内的控制,以便通过他来扩大它们在华的侵略势力,于是怂恿袁世凯称帝。二者一拍即合。1915 年 8 月,袁世凯的宪法顾问美国人古德诺发表题为《共和与君主论》的文章,认为中国用君主制比共和制更合适。紧接着袁世凯授意各地爪牙组织了请愿团,在全国掀起了请愿实行君主制的"劝进"运动。12 月 12 日,袁世凯发表文告,接受"劝进",正式称"中华帝国皇帝",并改第二年为"中华帝国洪宪元年"。袁世凯的称帝遭到全国人民的一致反对,随即爆发了全国范围的护国运动,1916 年 3 月 22 日,众叛亲离的袁世凯被迫取消帝制。

袁世凯死后，张勋又上演了一出复辟帝制的闹剧。1916 年 9 月 21 日，江苏等九省代表集会徐州，成立所谓"省区联合会"，推举张勋为领袖，遂成为张勋复辟帝制的基础。与此同时，各帝国主义国家为了在中国获取更多的权益，也怂恿支持张勋复辟帝制的活动。1917 年，为中国参加一战问题，黎元洪控制的总统府与段祺瑞控制的国务院发生矛盾，即为"府院之争"，黎元洪遂借此解除了段祺瑞的总理职务。同年 6 月，张勋以调停府院矛盾为名率辫子军入京。7 月 1 日，张勋将溥仪抬出来宣布复辟帝制，即为"丁巳复辟"。张勋复辟后，段祺瑞在天津组织"讨逆军"，7 月 12 日，讨逆军攻入北京，张勋复辟仅 12 天就失败了。

剥夺了民众的政治权利与自由。1912 年 3 月 1 颁布的《中华民国临时约法》规定：中华民国主权属于国民全体；中华民国人民一律平等；享有人身、居住、财产、言论、出版、集会等自由。袁世凯上台后，为加强其专制独裁统治，将南京临时政府和《中华民国临时约法》赋予人民的各项政治权利完全剥夺。1912 年，全国宣传新思想的杂志期刊有近 400 家，而随着袁世凯各地爪牙的恐吓、打砸、暗杀，到 1913 年底仅余 100 多家，1913 年也被称为"癸丑报灾"。袁世凯的倒行逆施使全国人民在政治上重新陷入黑暗中。

出卖国家权益，投靠帝国主义。北洋军阀统治者为了维护其反动专制统治，不惜出卖国家权益，以取得帝国主义的支持。1913 年，孙中山号召武力讨袁。为了筹集反革命战争经费，袁世凯授意国务总理赵秉钧与英、法、德、日、俄五国银行团签订了 2 500 万英镑的善后大借款，以盐税、海关税等作抵押，扣除回扣等各种扣款，实得 760 万英镑，而本息却高达 6 789 万英镑。1915 年，袁世凯为了得到日本对其复辟帝制的支持，接受了日本提出的旨在变中国为其独占殖民地的"二十一条"，将中国东北、山东等地的广大权益出卖给日本人。据统计，袁世凯当政期间，对外签订的不平等条约有 100 多个。段祺瑞上台后依然投靠日本帝国主义，寺内正毅任日本首相的两年间，对华各项借款总额达 3.86 亿日元。从"二十一条"到段祺瑞的对日借款，日本在中国攫取了大量的政治、经济特权，中国面临着被日本帝国主义独占为殖民地的严重危险。

进行尊孔复古活动。袁世凯上台后，为了配合他的封建专制统治，在文化领域也进行了一系列的反攻倒算，掀起了尊孔复古活动。1913 年 10 月公布的宪法草案规定："国民教育要以孔子之道为修身大本。"1914 年，为了配合其复辟帝制的宣传，进一步大造尊孔舆论。1914 年 9 月 25 日，袁世凯发布《祭孔令》，明令于孔子诞辰之日，中央和各地方必须举行祭孔典礼，三日后，他便在大批军警的保护下抵达孔庙举行祭孔典礼。袁世凯的尊孔复古活动使封建的遗老遗少们非常兴奋，从 1912 年起，各地纷纷成立各种名目的尊孔复古组织，其中影响最大的是康有为的孔教会，主张定"孔教为国教"，他办杂志，写文章，连篇累牍地攻击共和，鼓吹孔教。与此同时，袁世凯也逐渐恢复了其他的封建礼仪活动。袁世凯颁布《祀天典礼令》，并于 1914 年 12 月 23 日在北京天坛举行祭天典礼，袁世凯顶礼膜拜，一切仪礼完全模仿封建帝王。

尊孔复古的闹剧也延伸到教育界，1912 年 9 月 13 日，教育部公布以每年 10 月 7 日为孔子诞辰纪念日，全国各学校届时举行纪念会。1915 年 1 月，袁世凯颁布《颁定教育要旨》，规定"爱国，尚武，崇实，法孔孟，重自治，戒怠争，戒躁进"作为要旨。同年 2 月，袁世凯又颁布了《特定教育纲要》，明确提出"各学校均应崇奉古贤以为师法，宜尊孔子以端其基，尚孔孟以致其用"，要求各"中小学校均加读经一科"，正式在中小学恢复读经。袁世凯的尊孔复古活动是辛亥革命以来中国思想界的严重倒退，袁世凯试图通过思想控制来达到稳定其专制独裁统治的目的，势必会遭到中国先进人士的激烈反对。

>>> 二、革命党人挽救民主共和的斗争

1. 宋教仁"组阁"的失败

袁世凯就任临时大总统后，革命党人内部也发生了分化，其中宋教仁主张积极从事民主政治的建设，通过全国民主选举产生国会，实行"责任内阁制"，以保障宪法贯彻执行。1912 年 8 月，在征得孙中山、黄兴的同意后，宋教仁以同盟会为基础，联合统一共和党等几个小党派，组成国民党。随着唐绍仪内阁的倒台，1912 年 12 月到 1913 年 2 月，第一届国会选举在全国范围内进行，宋教仁领导的国民党在参、众两院获得了压倒多数的席位。为了实现把中国建成一个自由、平等、民主的资产阶级共和国的抱负，宋教仁从湖南到长江流域各省宣传共和，发表政见。1913 年 3 月 20 日，宋教仁在

图 3-3　宋教仁

上海演讲完毕，准备北上入京组阁，不幸在上海火车站遭到袁世凯派遣的暴徒的枪击，伤重逝世。宋教仁组阁的失败说明在北洋军阀以军事为基础的专制统治下，和平、合法的斗争是不可能取得胜利的。

2. "二次革命"

孙中山起初也一度受到袁世凯的蒙骗，宋教仁遇刺逝世使孙中山终于认清了袁世凯的真面目，遂主张武力讨袁。1913 年 6 月，袁世凯借口江西、广东、安徽等省反对善后大借款不服从中央的命令，下令免去各省革命党都督的职务，并派兵南下发动反革命内战。7 月 12 日，李烈钧在江西湖口誓师讨袁，随后江苏、广东、安徽等省也相继独立，这就是"二次革命"。由于北洋军阀在军事上占据绝对优势，而革命党

人力、物力、财力匮乏,内部矛盾重重,"二次革命"只坚持两个月就失败了。纵观"二次革命"的两个月,革命党内部出现了很大的分化,有的害怕革命斗争影响了自身既得利益,有的坚持议会斗争,这表明其革命性已经大大削弱了。

3. 中华革命党的建立

"二次革命"失败后,孙中山逃亡日本。他深刻总结了"二次革命"失败的原因和教训,认识到革命党人心涣散,于是决心重新组织革命政党。1914 年 7 月 8 日,孙中山在日本东京正式成立中华革命党。为保证中华革命党的组织性和革命性,孙中山制定了非常严格的入党手续:入党者严格填写誓词,按手印,并宣誓向孙中山个人效忠,甚至把党员分为"首义""协助""一般"三等。中华革命党在组织上强调党的集中统一,对纯洁党的组织、改变组织涣散,有一定积极作用,但是其组织形式沿用了封建落后的结盟形式,带有严重的封建宗派性,以致不少老同盟会员不愿参加。

4. 护国运动的爆发

1915 年底,袁世凯公然复辟帝制,使得一些对其抱有幻想的人看清了他破坏共和、复辟帝制的野心。孙中山发布讨袁宣言,随后全国掀起了声势浩大的反袁斗争。1915 年 12 月 25 日,蔡锷宣布云南独立,组成讨袁的"护国军",随后贵州、四川、广西、广东、浙江等省也宣布独立。护国军在湖南战场取得决定性胜利,迫使袁世凯取消帝

图 3-4　孙中山庆祝取消帝制

制。护国运动是一次民主共和反对封建帝制的胜利,在护国运动中,各派各系均以维护民国、恢复共和相号召。

5. 护法运动

张勋复辟闹剧之后,段祺瑞重任国务总理,把持中央政府大权,重新上台的段祺瑞,拒绝恢复《临时约法》和国会。1917 年 7 月中旬,孙中山抵广州,举起"护法"旗帜,随后成立护法军政府,孙中山被选为大元帅。在护法运动中,孙中山没有军队,不得不依靠与皖系军阀有矛盾的西南军阀。西南军阀则企图利用孙中山的威望对抗北洋军阀以避免被其吞并,同时也想扩大地盘、扩张势力,但是又不愿与北洋军阀彻底决裂,以便日后相互勾结。正当护法军政府北伐之际,西南军阀内部矛盾日益尖锐起来,桂系军阀将广东视为"征服地",还同直系军阀相勾结排挤孙中山。1918 年 5 月 4 日,桂系、滇系军阀操纵非常国会通过了《修正军政府组织法案》,孙中山被迫辞去大元帅职务,护法运动宣告失败。护法运动失败后,孙中山终于认识到军阀"南与北如一丘之貉"。孙中山掀起的护法运动反对北洋军阀反动统治,维护《临时约法》的尊严,有其进步意义。但是,护法运动没有反映广大人民群众对生存的迫切要求,没有提出中国最需要、最基本的反帝反封建问题,因而它不能动员民众。孙中

山没有建立一个坚强的革命政党,也没有可靠的革命武装,只能以一派军阀反对另一派军阀。护法运动的失败,标志着中国民族资产阶级领导的旧民主主义革命的终结,中国民族资产阶级再也不能领导革命前进了。

>>> 三、辛亥革命失败的原因

1. 从客观上来讲,反革命力量远远大于革命力量

(1)袁世凯于武昌起义前,就已形成了自己的政治和军事势力,控制着清朝贵族和汉族官僚,并以其政治手腕得到帝国主义欣赏,以袁世凯为首的封建军阀势力控制着清政府名下的一切军政大权,使其具备了与南方革命党人对抗的条件。袁世凯当时虽然仅有六镇兵力,但是训练有素、战斗力强,而且具有对军队的绝对领导权和指挥权。同时,袁世凯对北洋军具有绝对的控制力,所有将领均无条件听从袁的指挥、调遣。相比之下,南方革命党人虽然在军队数量上要超过袁军(黄兴留守南京时,据说统兵"十万"),但在军队内部,派系林立,矛盾激烈,严重影响了战斗力。

(2)武昌起义爆发后,英、美、德、日、俄、法、奥等帝国主义国家驻远东的舰队纷纷驶向汉口,他们以保护其侨民为借口,实则是向革命党人示威。面对中国革命与反革命的内战,帝国主义国家无一例外地站到了反动的清政府与袁世凯一边。他们几乎一致认为援助现存的晚清政府有利于维护其在华的特殊权益,因此对于清政府欲由日本急购炮弹 30 万发,枪弹 6 400 万粒,步枪 1.6 万支的动议,日本政府决定予以援助。这样就使得反动军队在武器装备上要远远胜过革命队伍。武昌起义爆发后,帝国主义利用中国的动荡局面,逐渐获取了中国海关关税的保管权和支配权,这就使得南方革命政权面临着严重的财政收支困难,而以袁世凯为首的反动势力却得到帝国主义源源不断的贷款。

(3)混入革命政权的立宪派、旧官僚也是反对民主共和的重要力量。立宪派原本是倾向于宪政的重要力量,但是他们又对革命带来的社会动荡有着天生的恐惧,害怕革命会危及他们的既得利益,也害怕革命会造成帝国主义进一步的侵略甚至瓜分中国。尤其是在革命党人不能迅速战胜封建主义的情况下,立宪派的妥协倾向日渐占了上风,再加之袁世凯极力塑造其改革的良好形象,这使得立宪派逐渐走向反革命阵营。面对严峻的财政困难,民国初年各省的革命党人及临时政府在不同程度上都曾采取过"厉行征发"的强力手段来解决一些紧迫的财政问题,这种做法必然会触动拥有很强经济实力的立宪派的利益。旧官僚是封建顽固势力的代表,他们虽然出于自保而进入革命阵营,但在本质上是反对革命,反对民主共和的,武昌起义后,他们就在革命阵营内部向革命者施加压力,希望可以与袁世凯达成妥协。

2. 从主观上来讲,资产阶级革命派本身具有局限性

(1)不能提出彻底的反帝反封建的革命纲领。从主观来看,辛亥革命最大的局限性是没有提出彻底的反帝反封建的革命纲领,在革命过程中,革命党人虽然提出了"排满""反清"等口号,而且他们的思想也在不断进步,但是他们没有认识到帝国主义是近代中国最大的敌人,清末政府已经成为各帝国主义国家侵略、控制中国的工具,只有真正推翻帝国主义在华统治,才能从根本上推翻中国腐朽的反动政府,而革命党人却不敢提出明确的反帝口号,甚至幻想通过妥协退让,通过承认帝国主义在中国的侵略权益来换取他们对中国革命的承认和支持。革命党人也没有深刻认识到中国封建势力是中国人民的真正敌人,而清朝政府不过是中国封建主义的代言人。革命派反对清政府,却对汉族地主、官僚抱有幻想,有不少旧官僚、旧军官混入了革命队伍,甚至拥有较高的政治地位,表现出革命派对封建势力的妥协倾向。

(2)不能建立坚强的革命政党,缺乏斗争到底的决心和勇气。中国革命的历史证明,面对强大、凶残的反动势力,坚强的革命政党是取得斗争胜利的重要保证。中国同盟会是以兴中会、华兴会为基础建立起来的,后来又有光复会等革命团体加入,这就比较容易造成派系复杂、组织松散的局面,容易形成各种小团体主义。有的主张"革命军起,革命党消",有的自立山头,不服从同盟会中央的统一领导。在辛亥革命胜利果实被袁世凯篡夺后,有的醉心于实业,有的主张进行议会斗争,还有的已经丧失了革命的精神,蜕变为新官僚、新军阀。虽然孙中山在"二次革命"失败后就意识到了革命党的组织问题,但是他始终没有找到一个好的解决办法。中国的民族资产阶级产生发展于半殖民地半封建的中国,他们很多人是由旧时的官僚、地主转变而来,与封建势力、帝国主义势力有着千丝万缕的联系,这就导致他们缺乏斗争到底以至革命胜利的决心和勇气,一旦出现挫折与失败,就会充斥着妥协甚至投降气氛。

(3)不能充分发动和依靠广大民众作为革命的主力军。中国的反动力量非常强大,单靠某个阶级是无法完成革命重任的,必须充分发动和依靠广大民众尤其是农民才有可能取得全国政权。革命派虽然也曾经发动各地会党,联络下层新军,但是他们从来没有把发动广大民众上升到革命战略的高度,他们仅仅将民众作为资产阶级革命的工具,而从没有领导农民进行反封建的斗争,从没有真正关注底层民众的政治、经济利益。在推翻清朝政府后,面对农民阶级自发的反封建斗争,革命派反而害怕斗争会危及革命政权,遂派兵镇压。混入革命阵营的旧官僚、立宪派,他们更是对民众有着天生的恐惧,想尽一切办法破坏人民群众的反封建斗争。由于没有广大民众作为革命主力军,资产阶级革命派单枪匹马的斗争只能以失败结束。

资产阶级革命派的局限性,根源于中国民族资产阶级的软弱性和妥协性。辛亥革命的失败表明,资产阶级共和国方案不能救中国,民族资产阶级不能领导革命取得胜利。中国革命需要进行新的探索,走新的道路。

本章小结

19世纪末20世纪初的中国面临着内忧外患的复杂局势。帝国主义加强了对中国的政治、经济控制,清政府已经成为"洋人的朝廷"。与此同时,中国民族资本主义迎来了一个大发展的新阶段,中国民族资产阶级队伍不断壮大,以孙中山为代表的资产阶级革命派登上了近代中国的政治舞台,开始了比较完全意义上的资产阶级民主革命。辛亥革命是中国反帝反封建斗争的伟大实践,从1894年孙中山建立兴中会到1905年中国同盟会成立,革命团体和革命政党掀起了全国范围的革命宣传活动,发起了前仆后继的武装起义,终于结束了延续两千多年的封建帝制,建立了资产阶级共和国,引起近代中国的历史性巨变,留下了不可磨灭的历史功绩。辛亥革命最终以失败结束,留给我们很多思考。中国是多个帝国主义国家共同控制的半殖民地国家,中国的封建势力控制着国家政治、经济命脉,在反动势力异常强大的近代中国,任何阶级、阶层单枪匹马的斗争都不可能取得胜利。中国的资产阶级革命派追求民族独立而又不敢直接反帝,追求建立民国而又不能关注底层劳动人民的政治、经济权利,追求民主共和而又不屑发动最广大的农民,其失败是必然的。辛亥革命从成功到失败,给当时的先进中国人提供了深刻的经验教训,中国的民族民主革命必将翻开新的篇章。

复习思考题

1. 试述辛亥革命爆发的历史条件。
2. 简述革命派与保皇派论战的内容。
3. 为什么说孙中山领导的辛亥革命引起了近代中国的历史性巨大变化?
4. 革命党人为挽救民主共和进行了哪些斗争?
5. 试述辛亥革命失败原因和经验教训。

推荐阅读

1. 列宁:《中国的民主主义和民粹主义》,1912年7月。
2. 毛泽东:《纪念孙中山先生》,1956年11月12日。
3. 江泽民:《在纪念辛亥革命九十周年大会上的讲话》,2001年10月9日。
4. 胡锦涛:《在孙中山先生诞辰一百四十周年纪念大会上的讲话》,2006年11月12日。
5.《中华民国临时约法》,1912年3月。
6. 吴玉章:《论辛亥革命》,人民出版社1972年版。
7. 孙中山:《三民主义》,岳麓书社2000年版。
8. 孙占元:《孙中山与辛亥革命》,山东人民出版社1991年版。
9. 胡绳武、金冲及:《从辛亥革命到五四运动》,湖北人民出版社1983年版。

第四章
中国共产党的诞生和中国革命的新局面

学习目标

　　1. 了解新文化运动的发展过程,掌握新文化运动的意义及局限性,理解五四运动的历史意义,理解五四运动是中国新民主主义革命的开端。

　　2. 了解中国共产党是马克思主义与中国工人运动结合的产物,深刻体会中国共产党的成立是"开天辟地的大事变"。了解中国共产党成立后,中国革命呈现出的新面貌。

　　3. 了解国共合作与国民革命兴起及其失败过程,掌握国民革命的意义、失败原因和教训。

历史线索图

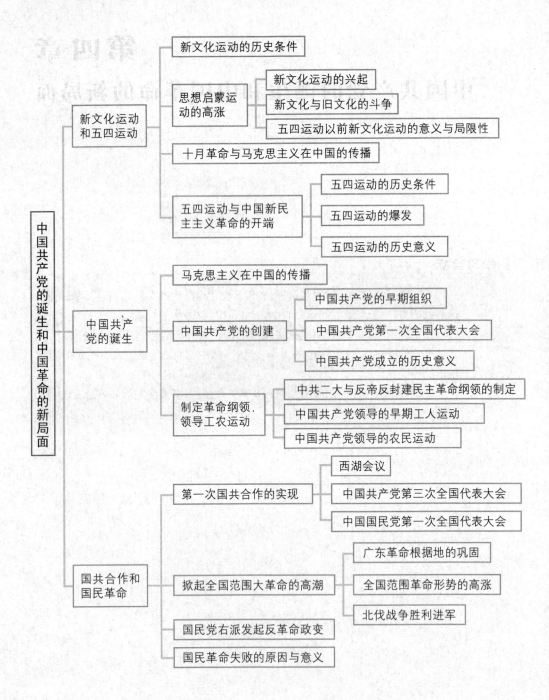

新文化运动的历史条件

思想启蒙运动的高涨
— 新文化运动的兴起
— 新文化与旧文化的斗争
— 五四运动以前新文化运动的意义与局限性

新文化运动和五四运动
十月革命与马克思主义在中国的传播

五四运动与中国新民主主义革命的开端
— 五四运动的历史条件
— 五四运动的爆发
— 五四运动的历史意义

马克思主义在中国的传播

中国共产党的诞生
中国共产党的创建
— 中国共产党的早期组织
— 中国共产党第一次全国代表大会
— 中国共产党成立的历史意义

制定革命纲领，领导工农运动
— 中共二大与反帝反封建民主革命纲领的制定
— 中国共产党领导的早期工人运动
— 中国共产党领导的农民运动

中国共产党的诞生和中国革命的新局面

第一次国共合作的实现
— 西湖会议
— 中国共产党第三次全国代表大会
— 中国国民党第一次全国代表大会

国共合作和国民革命
掀起全国范围大革命的高潮
— 广东革命根据地的巩固
— 全国范围革命形势的高涨
— 北伐战争胜利进军

国民党右派发起反革命政变

国民革命失败的原因与意义

第一节　新文化运动和五四运动

>>> 一、新文化运动的历史条件

1.北洋军阀的黑暗统治

袁世凯窃取辛亥革命胜利果实后,在政治、经济、文化等领域进行了全面的反攻倒算,使中国又一次陷入黑暗的封建军阀统治。袁世凯上台后,颁布《中华民国约法》,修改《大总统选举法》,剥夺了人民的各项权利与自由。北洋军阀竭力维护帝国主义、地主阶级和买办资产阶级的利益,他们兼并土地,操纵、垄断财政金融和工矿运输,与帝国主义勾结起来控制了中国经济命脉。封建军阀还掀起尊孔复古逆流,阻碍人们接触新思想,成为思想解放的严重障碍。

北洋军阀形式上的统一为中国带来军阀混战的内祸,北洋军阀各派系为控制北京中央政权不断发生战争,其他各地方军阀为了保存自己、扩大地盘不断进行军事、政治上的合纵连横。军阀的专制统治和混乱纷争给中国人民带来严重灾难,使经济遭到严重破坏。

2.中国民族资本主义的进一步发展

随着辛亥革命的开展及南京临时政府的建立,中国的民族资产阶级日益成为近代中国社会的重要力量。辛亥革命推翻了封建专制统治,为中国资本主义的发展扫除了一些制度上的束缚和障碍。辛亥革命提高了资产阶级的社会地位,激发了他们投资近代企业的热情。南京临时政府奖励发展工商实业的方针政策,为民族资本主义的发展提供了有利的环境。

第一次世界大战的爆发为中国资本主义的发展提供了有利的外部条件。第一次世界大战期间,各帝国主义国家忙于战争,放松了对中国的经济侵略,这首先表现为对华资本输出和商品输出的下降,从而改善了中国民族工业发展的国内市场环境。其次,战争也使得交战各国对各种战略物资需求上升,这样,一些投资小、见利快的纺织业、面粉业等轻工业迅速发展起来,荣宗敬、荣德生投资面粉业,被誉为"面粉大王"。在国外需求的刺激下,一些有实力的实业家开始投资近代工矿企业,中国的民族重工业也有了较大发展。1917 年,在上海成立了和兴钢铁公司,1919 年,扬子机器公司在汉口设立炼铁厂,中国投资煤矿的机器采煤量由 1913 年的 54 万多吨增长到 312 万多吨。

>>> 二、思想启蒙运动的高涨

1.新文化运动的兴起

近代以来,面对国家危亡的困局,中国先进分子不断探求救国真理。19 世纪中

71

期之后的半个世纪是向西方学习技术的年代,从林则徐"睁眼看世界",到魏源"师夷长技以制夷",再到洋务运动的"中学为体,西学为用",先进中国人深刻感受并学习了西方的"船坚炮利"。19世纪末20世纪初是学习西方资本主义制度的20年,从维新变法到辛亥革命,从君主立宪到民主共和,对民主、自由的认识不断深化。随着袁世凯窃取革命胜利果实,中国先进分子开始从深层次的国民性角度研究中国落后问题,从而掀起一场新的思想解放潮流。

1915年9月,陈独秀在上海创办《青年杂志》(《青年杂志》自1916年第二卷第一号起改名为《新青年》),举起了新文化运动的大旗。他在创刊号上发表《敬告青年》一文,提出了民主和科学的口号,要求青年大胆解放思想,敢于怀疑那些从来被认为是天经地义的陈腐观念,以求实进取的精神奋起自救。陈独秀还向青年提出六项希望,即"自主的而非奴隶的""进步的而非保守的""进取的而非退隐的""世界的而非锁国的""实利的而非虚文的""科学的而非想象的"。《青年杂志》诞生于袁世凯复辟帝制的前夜,它如一盏指路明灯,给当时处于彷徨的知识分子照亮了前进的方向。

图4-1 《青年杂志》第一卷第一号

1916年12月26日,蔡元培出任北京大学校长。蔡元培在北京大学推行"兼容并包"的办学宗旨,为了扩大新思想的舆论阵地,他聘请先进的知识分子到北京大学执教。在此背景下,新文化运动领袖陈独秀于1917年到北京大学执教,并担任文科学长,《新青年》编辑部也迁到北京。北京大学齐集了李大钊、胡适、钱玄同、梁漱溟等知识分子,他们思想先进、文笔尖锐、充满民主精神,逐渐成为《新青年》编辑部的主要撰稿人。一方面是"兼容并包"的北京大学,一方面是人才荟萃的《新青年》编辑部,二者日益成为新文化运动的两大主要阵地。

2. 新文化与旧文化的斗争

新文化运动提倡民主,反对专制;提倡科学,反对愚昧和迷信。民主指的是资产阶级民主政治和民主思想。从19世纪末开始的资产阶级民主运动因袁世凯的反攻倒算而失败,民主共和仅剩一块招牌。新文化运动领袖们大张旗鼓地宣传资产阶级民主思想,反对日益严重的北洋军阀封建专制,他们从改造国民性的角度,指出要实现真正的民主政治,必须依靠大多数国民民主思想的提高。科学主要是指自然科学和看待事物的科学观点和态度。20世纪前期正值科学救国思潮激荡全国的时代,中国的青年学生或就读于新式学堂,或出国留学,他们学习自然科学以期实业报国。新文化运动领袖也举起了科学的大旗,他们不但大力宣传科学知识,而且将科学思想进一步发展,主张用科学的方法和科学的态度看待社会现象和社会问题,由此才能坚持真理。由于反动封建统治代言人试图用鬼神迷信向新思想进攻,新文化运动也发表了一系列驳斥鬼神迷信的文章,成为科学宣传的重要组成部分。新文化运动致力于拥护"德先生"(民主)和"赛先生"(科学),1919年1月15日,《新青年》第六卷第一号就明确宣告:"我们现在认定只有这两位先生,可以救治中国政治上、道德上、学术上、思想上的一切黑暗。"

新文化运动提倡新道德,反对旧道德。旧道德主要指以"三纲五常"为中心的儒家伦理学说。反对旧道德即反对封建礼教,新文化运动先进知识分子以《新青年》为主要阵地,相继发表一系列文章,与旧道德展开斗争。陈独秀反复论证了封建礼教与民主政治势不两立,尊孔违反思想自由、宗教信仰自由的原则。李大钊在1916—1917年相继发表了《孔子与宪法》、《自然的伦理观与孔子》等反对尊孔的论文。他指出:孔子是数千年来封建帝王实行专制统治的护符,儒教对人们思想的束缚比专制帝王加于肉体上的淫威更其严重。通过反对旧道德的斗争,在广大知识分子中间日益树立起全新的道德观,他们追求男女平等,追求个性解放,中华民族的生机与活力日益恢复。

新文化运动的另一个重要内容是文学革命。新文化运动的倡导者们提倡新文学,反对旧文学,提倡白话文,反对文言文。1917年1月,胡适发表《文学改良刍议》,提出"八不主义"。1917年2月,陈独秀发表了《文学革命论》,更是高举起文学革命的大旗,要求文学不仅在形式上,而且在内容上进行一次革命,即主张文学变革的三大主义:推倒雕琢的阿谀的贵族文学,建设平易的抒情的国民文学;推倒陈腐的铺张的古典文学,建设新鲜的立诚的写实文学;推倒迂晦的艰涩的山林文学,建设明了的通俗的社会文学。新文学较之旧文学具有更广泛的群众基础,它深入社会生活,充满感情,充满战斗精神,不但有利于提高民众文化素质,更有利于民主、科学等思想的传播。新文化运动积极倡导白话文,1918年后,新文化界开始比较普遍地使用白话文,鲁迅的《狂人日记》、《孔乙己》、《药》等白话小说,树起了新文学的典范。《新青年》从第四卷第一号起改用白话文,采取新式标点符号,另外,一些新体诗也开始在《新青年》上出现。

3. 五四运动以前新文化运动的意义与局限性

新文化运动发生在北洋军阀封建专制统治的黑暗年代,极大地促进了近代中国人民的思想解放。第一,新文化运动是近代以来思想启蒙的继承和发展,它以改造国民性为出发点,批判继承了近代以来学习西方技术、制度等重要思想,不失时机地提出民主与科学的口号,使近百年思想解放潮流向纵深发展。第二,新文化运动宣传了民主与科学,第一次将技术学习与制度学习完整结合起来,在新文化运动的宣传与呼吁下,人们从更深层次角度理解了北洋军阀的黑暗统治,开始确立全新的"科学救国"思想。第三,新文化运动是中国近代各种思想的交锋碰撞,这一时期,无政府主义、实验主义、基尔特社会主义(工会主义)等大行其道,在思想的交锋论战中,中国先进知识分子的思想觉悟、认知能力、思辨能力进一步提高,为马克思主义的传播奠定了基础。

新文化运动仍然具有其不可避免的时代局限性。新文化运动的倡导者忽视同广大群众相结合,使文化运动局限在知识分子的圈子里。新文化运动没有普及到工农群众中去,没有同广大人民对军阀统治的不满和反抗结合起来,这就限制了它的实际效果。新文化运动的某些领导人物在思想方法上是形式主义的,他们对中国文化遗产不加分析地一笔抹杀,甚至要"废灭汉文"、采用世界语,而对西方资产阶级文化非常崇拜,这种绝对化态度不利于新思想的传播。

>>> 三、十月革命与马克思主义在中国的传播

19世纪40年代,马克思主义产生于西欧,此后,在无产阶级运动实践中不断丰富、发展和完善。1917年,俄国十月革命将社会主义理想变为现实,为世界人民的解放事业开辟了广阔的道路。俄国十月革命一声炮响,给中国送来了马克思列宁主义,尤其是1919年3月,列宁领导的共产国际诞生,它积极帮助各国筹建共产主义组织,给中国带来深远影响。

(1)俄国十月革命削弱了国际帝国主义力量,直接减轻了中国人民的反帝压力。十月革命推翻了反动的沙俄政府,打败了国际帝国主义的围剿,在帝国主义链条上打开了一个缺口。俄国十月革命给中国人民带来了反帝反封建正义事业必然胜利的新的信心和勇气,推动了中国革命事业的发展。

(2)俄国十月革命由工人、士兵发起并取得胜利,建立起无产阶级专政的国家制度,为中国革命提供了新的道路。列宁论证了无产阶级专政是阶级社会中民主的最高类型,是代表多数人利益的民主。中国普通人民群众长期以来遭受反动统治者的剥削和压迫,蕴藏着巨大的战斗精神和革命精神。十月革命的胜利使中国人民在纷繁复杂的社会思潮中选择马列主义作为自己学习的范例,大声疾呼"工人之国"早日到来,推动了中国新民主主义革命的开展。

(3)俄国十月革命后,苏俄政府以新的平等的姿态对待中国,对中国影响巨大。近代以来,中国在国际社会深受欺凌,使得中国对于世界"大同"的理想日益深化。俄国十月革命不但在其本国国内实现了民主、平等、自由,更是单方面放弃了在世界上的一切不平等特权,为建立国际平等的新秩序提供了先例,这给予中国人民巨大鼓舞。

(4)俄国十月革命为落后国家建立先进制度提供了范例。列宁对马克思主义进行了发展,他论证了在一个被帝国主义国家包围的无产阶级专政的国家里,只要这

个国家不被周围资本主义国家的武装干涉所扼杀,就可能建成完全的社会主义社会,论证了在一个经济文化落后的国家也可以建成完全的社会主义。近代以来,中国人民向西方学习均以失败告终,十月革命给中国人民一种建设国家的新思路,推动了中国人民新的探索。

(5)俄国十月革命给中国带来新的政党组织理念。列宁认为,如果党内没有铁的纪律,无产阶级专政所担负的镇压剥削者以及把阶级社会改造为社会主义社会的任务就不能实现。孙中山在革命的历次失败中认识到政党组织的重要性,俄国十月革命的胜利,使其对俄国布尔什维克政党的强大战斗力感触颇深,1918年夏,孙中山致电苏俄政府和列宁,庆贺他们的成功,并"希望中俄两国革命党团结一致,共同奋斗"。

十月革命的胜利,显示了马克思列宁主义的伟大力量,中国人民开始从各种角度宣传十月革命。革命爆发后的第三天,上海《民国日报》就在要闻专栏内,以《突如其来之俄国大政变》为题,报道了"彼得格勒成军与劳动社会已推倒克伦斯基政府"的消息。孙中山也在《民国日报》1918年元旦新年贺词中提到"吾人对于此近邻的大改革,不胜其希望也"。在中国大地最先举起马克思主义旗帜的是李大钊。1918年,李大钊先后发表了《法俄革命之比较观》、《庶民的胜利》、《布尔什维主义的胜利》等文章,对俄国十月革命作了详细介绍,指出了十月革命的伟大历史意义——十月革命是"劳工主义的胜利",是20世纪世界不可阻挡的潮流。1919年9月、11月,李大钊发表了《我的马克思主义观》,对马克思的唯物史观、剩余价值学说和阶级理论作了比较系统的介绍,在他的推动下,马克思主义在中国得到广泛传播。这样,李大钊成为中国第一个马克思主义者。

小资料▏

　　民主主义劳工主义既然占了胜利,今后世界的人人都成了庶民,也就都成了工人。我们对于这等世界的新潮流,应该有几个觉悟:第一,须知一个新命的诞生,必经一番苦痛,必冒许多危险。有了母亲诞孕的劳苦痛楚,才能有儿子的生命。这新纪元的创造,也是一样的艰难。这等艰难,是进化途中所必须经过的,不要恐怕,不要逃避的。第二,须知这种潮流,是只能迎,不可拒的。我们应该准备怎么能适应这个潮流,不可抵抗这个潮流。人类的历史,是共同心理表现的记录。一个人心的变动,是全世界人心变动的征兆。一个事件的发生,是世界风云发生的先兆……第三,须知此次平和会议中,断不许持"大……主义"的阴谋政治家在那里发言,断不许有带"大……主义"臭味,或伏"大……主义"根蒂的条件成立……第四,须知今后的世界,变成劳工的世界。我们应该用此潮流为使一切人人变成工人的机会,不该用此潮流为使一切人人变成强盗的机会。

　　　　　　——李大钊《庶民的胜利》(原载1918年10月15日《新青年》第五卷第五号)

>>> 四、五四运动与中国新民主主义革命的开端

1. 五四运动的历史条件

五四运动是中国近代史上划时代的大事件,是在 20 世纪新的社会历史条件下发生的。

(1)中国民族资本主义的发展为五四运动奠定了坚实的经济基础和阶级基础。第一次世界大战期间,中国民族工业出现了短暂的春天,促进资本主义进一步发展,新的物质条件促进了新的社会思潮的诞生。随着民族资本主义的发展,中国的无产阶级队伍不断壮大,到五四运动前夕,近代中国产业工人已达 200 多万,他们深受剥削和压迫,反抗精神强烈,他们主要集中在上海、广州、天津、汉口等工业发达城市,便于形成战斗力。

(2)发端于 1915 年的新文化运动促进了中国人民新的觉醒,为五四运动提供了坚实的思想基础。经过新文化运动的宣传和呼吁,中国人民尤其是城市产业工人的民族意识进一步发展,思想觉悟进一步提高,成为五四运动的骨干力量。

(3)俄国十月革命的胜利对五四运动起到了重要的推动作用。俄国十月革命开辟了世界无产阶级革命的新时代,对中国无产阶级影响深远,它促使中国的先进分子开辟中国的新民主主义革命道路。

(4)北洋军阀的反动统治,引起阶级矛盾的激化。北洋军阀统治的近十年间,实行独裁专制统治,压迫、剥削人民,使得阶级矛盾一触即发。

(5)巴黎和会中国外交的失败是五四运动的导火线。第一次世界大战结束后,战胜国英、美、法、日、意五个帝国主义强国召集世界有关国家在巴黎召开和平会议,以图重新瓜分世界。1919 年 1 月 18 日,巴黎和会召开,中国派出陆征祥、顾维钧、王正廷等五位代表出席会议。中国代表提出废除外国在华势力范围,撤退外国在华驻军,取消"二十一条",收回战败德国在华一切特权等正义、合理要求。但是大会将中国等同战败国对待,不但无视中国代表的正义诉求,反而决定将德国在山东的一切权益转交给日本。中国赴法勤工俭学的青年学生及其他有识之士全程跟踪巴黎和会,及时地将中国外交失败的消息传回国内,激起了全国人民的强烈愤怒。

2. 五四运动的爆发

1919 年 5 月 3 日晚,北京各大学、中学学生代表齐集北京大学举行大会,大家情绪激昂,号召奋起救国,最后作出了第二天齐集天安门示威的决定。

1919 年 5 月 4 日,北京十几所学校的 3 000 多名学生代表冲破军警阻挠,云集天安门,举行示威游行,他们打出"还我青岛"、"收回山东权利""拒绝在和约上签字""废除二十一条""抵制日货""外争国权,内惩国贼"等口号,并且要求惩办亲日派卖国贼曹汝霖、陆宗舆、章宗祥。游行队伍想进入东交民巷向各国使馆表示抗

议,由于受到使馆巡捕的阻拦,便转向曹汝霖的住宅赵家楼。学生们没有找到曹汝霖,一时气愤就放火烧了赵家楼,并且痛殴正在曹宅的章宗祥。5月4日的北京学生运动如一声惊雷,立即震动了全国。天津、济南、上海、武汉、长沙、南京、杭州、开封等地学生相继举行罢课,并进行游行示威、演讲、抵制日货等活动。以上是五四运动的第一阶段,运动以北京为中心,主力军是青年学生。

学生的示威游行遭到反动政府严厉镇压,1919年6月3日,北洋军阀政府出动军警逮捕上千名进步学生。"六三"大逮捕,激起全国人民更大的愤怒。工人阶级首先行动起来,举行了政治大罢工,声援学生的爱国运动。五四运动的中心也由北京转移到上海。

6月5日,上海两万多工人开始举行大规模的罢工,揭开了五四工人罢工的序幕。6月10日,沪东工人不顾租界武装巡捕的阻挠破坏,举行万人大示威,上海工人罢工达到最高潮。从上海开始的罢课、罢工、罢市运动,迅速扩展到全国22个省的150多个城市,成为有广大的无产阶级、小资产阶级、民族资产阶级和其他爱国人士参加的全国范围的革命运动。中国人民空前规模的斗争,给帝国主义和封建军阀的统治造成巨大的威胁。

在全国人民的强大压力下,北洋政府终于被迫在6月10日免去曹汝霖、陆宗舆、章宗祥三个卖国贼的职务,释放全部被捕学生。此后,全国人民又展开了拒签和约的斗争。6月28日为和约签字之日,在巴黎的华侨工人和留法学生包围了中国代表住所,不准他们前往签字。国内也纷纷发表拒签和约通电,警告出席巴黎和会的中国代表"如违民意,当与曹、章、陆同论"。在全国人民的压力下,中国代表被迫拒绝在和约上签字。至此,五四爱国运动的直接斗争目标实现了,斗争获得了一定的胜利。

小资料 ▌

　　二十年前的五四运动,表现中国反帝反封建的资产阶级民主革命已经发展到了一个新阶段。五四运动成为文化革新运动,不过是中国反帝反封建的资产阶级民主革命的一种表现形式。由于那个时期新的社会力量的生长和发展,使中国反帝反封建的资产阶级民主革命出现一个壮大了的阵营,这就是中国的工人阶级、学生群众和新兴的民族资产阶级所组成的阵营。而在"五四"时期,英勇地出现于运动先头的则有数十万的学生。这是五四运动比较辛亥革命进了一步的地方。

　　　　　　　　　　　　——毛泽东《纪念五四运动二十周年》(原载《解放》1939年5月1日)

3. 五四运动的历史意义

五四运动是中国新民主主义革命的开端,在中国近代史上影响深远,具有伟大的历史意义。

(1)五四运动表现了反帝反封建的彻底性。五四运动将中国人民的民族意识提高到一个新的阶段。五四运动以前,或盲目排外或不敢彻底反帝反封建,五四时期的学生、工人及先进的中国知识分子深刻认识到帝国主义与中国反动政府相互勾结,联合剥削、压迫中国人民的丑陋面目,从 5 月 4 日学生运动开始到 6 月 28 日拒签和约斗争的胜利,中国人民同中外反动势力进行了不屈不挠的斗争,体现了前所未有的反帝反封建的彻底性。

(2)五四运动是一次真正的群众运动。旧民主主义革命的局限性之一就是没有认识到广大人民群众的革命精神和战斗精神,不能广泛地动员和组织群众。而五四运动本身就是一场群众性的革命运动,先进知识分子和青年学生引领斗争方向,工人阶级发挥了主力军作用,并形成了包括工人阶级、小资产阶级和民族资产阶级在内的具有广泛群众基础的爱国运动,五四运动的胜利,是中国革命群众众志斗争的胜利。

(3)五四运动促进了马克思主义在中国的传播及其与中国工人运动的结合。中国早期的马克思主义知识分子既从俄国十月革命的胜利得到启发,又在五四运动中认识到工人阶级的伟大力量,他们开始在工人群众中开展宣传、组织工作,中国的马克思主义运动开始与工人运动相结合。

五四运动后,中国革命逐渐成为世界无产阶级革命的重要组成部分,中国开始了马克思主义指导下的新民主主义革命的伟大历史征程。

第二节　中国共产党的诞生

>>> 一、马克思主义在中国的传播

1. 早期马克思主义者重视马克思主义经典理论的学习、研究

马克思列宁主义一传入中国,便显示了强大的战斗力,中国的早期马克思主义者虽然接触马列主义较晚,始于 1917 年的俄国十月革命,但是他们坚持学习研究经典论著,自己也著书立说,把握了它的精髓与实质。

早期马克思主义者翻译马克思列宁主义经典理论著作,以供中国知识分子学习。1919—1920 年翻译出版或介绍马列主义的书籍有马克思、恩格斯的《共产党宣言》(陈望道译),河上肇的《资本论入门》,柯卡普的《社会主义史》,恩格斯的《社会主义从空想到科学的发展》,列宁的《国家与革命》、《商品生产的性质》、《马克思传》、《科学的社会主义》等。尤其是蔡和森留学法国,直接把马克思主义经典著作译成中文,供人们阅读。这些书籍推动了中国青年对马克思主义的了解,如毛泽东就是在读了《共产党宣言》、考茨基的《阶级斗争》和柯卡普的《社会主义史》后,而坚定了自己的马克思主义信仰。

小资料

共产党人不屑于隐瞒自己的观点和意图。他们公开宣布：他们的目的只有用暴力推翻全部现存的社会制度才能达到。让统治阶级在共产主义革命面前发抖吧。无产者在这个革命中失去的只是锁链。他们获得的将是整个世界。

——马克思、恩格斯《共产党宣言》(1848年2月)

早期马克思主义者著书立说，发表文章，建立团体，对马克思主义从学习了解走向研究理解。《新青年》出版了马克思主义研究专号，李大钊再次发表了《我的马克思主义观》，另外杨匏安的《马克思主义》(又称《科学的社会主义》)影响也很大。当时研究马克思主义成为中国知识界的一个潮流，《每周评论》、《国民》、《申报》、《大公报》、《民国日报》、《觉悟》、《星期评论》等报刊都不断发表介绍、宣传、研究马克思主义的文章。早期马克思主义者还建立了不少团体，以加强研究、宣传马克思主义的组织力量，马克思主义研究会、马克思学说研究会、新民学会、互助社、觉悟社等都开始组织进步青年学习和研究马列主义。

2. 早期马克思主义者重视同非马克思主义思想的斗争

十月革命前后，各种社会思潮传入中国，像无政府主义、基尔特社会主义(工会主义)、工读主义、实用主义，等等，马克思主义就是在同非马克思主义思想的不断斗争中发展起来的，著名的有三次论战。

第一次是关于"问题与主义"的论战。1919年，马克思主义者同胡适等资产阶级改良派围绕"问题与主义"展开交锋。李大钊发表《再论问题与主义》对胡适一点一滴改良的思想进行了全面批判，认为中国社会问题必须有一个根本的解决，才有把一个一个的具体问题都解决了的希望。"问题与主义"之争的意义在于李大钊提出了科学社会主义理论必须同中国革命实际相结合的原则，划清了革命与改良的界限。

第二次是关于社会主义的论战。张东荪、梁启超等认为中国经济落后，缺少真正的工人阶级，救中国只能是依靠绅商阶层来振兴实业，发展资本主义。陈独秀、李大钊等分别发表《社会主义批评》、《中国的社会主义与世界的资本主义》等进行反驳，他们从历史的、现实的角度分析论证了资本主义道路在中国是行不通的，中国的出路在社会主义。

第三次是同无政府主义的论战。黄凌霜、区声白等以抽象的人性论为理论基础，他们不承认资产阶级的强权，也不承认无产阶级的强权，他们设想了一个"绝对自由"的无政府主义社会。马克思主义者批判了无政府主义"绝对自由"的思想，指出无产阶级就是要用"强权"推翻资产阶级专政，建立和巩固无产阶级专政，维护广大人民群众的利益。

3. 早期马克思主义者重视马克思主义思想与中国工农群众的结合

五四运动使中国知识分子看到了工人阶级的巨大力量,他们开始走与工农群众结合的道路,不少先进知识分子穿起工人的服装,学习工人的语言,从事工人的劳动,与广大工人同吃、同住、同劳动,与工人阶级打成一片。

早期马克思主义者在工人集中的地方建立工人补习学校,为马克思主义的传播提供了知识基础。影响比较大的有邓中夏主持成立的长辛店劳动补习学校,以及李启汉在沪西小沙渡开办的上海第一工人补习学校,另外,各种各样的识字班遍及全国。这不仅使早期的马克思主义者的思想得到进一步改造,也提高了工人群众的知识水平、阶级觉悟和组织程度。

早期马克思主义者为工人创办了贴近工作、生活的报纸杂志。1920 年 8 月,上海共产主义小组出版了工人刊物《劳动界》,它用浅显的语言、生动的事实,号召工人组织起来,效法俄国革命的榜样,打倒旧的社会制度,建立由工农劳动者自己当家做主的社会。11 月,北京共产主义小组创办了《劳动音》,它反映当时工人的悲惨生活,报道工人的罢工斗争,强调"促进国内劳动同胞的团结"。另外,还有《工人月刊》《劳动者》《劳动与妇女》《济南劳动月刊》等。

成立工会组织是早期马克思主义者最基本的组织活动。1920 年 11 月,上海机器工会正式成立,出版了刊物《机器工人》,上海机器工会会员有 370 多人,是共产党组织领导下的中国工人阶级的第一个工会。随后,上海印刷工会、长辛店工人俱乐部、广州理发工人工会、武汉人力车工人工会相继成立。早期马克思主义者以工会为依托,组织了不少罢工斗争,既提高了工人的工资待遇和工作条件,又提高了马克思主义者的威信。

4. 早期马克思主义者重视马克思主义思想与中国实际的结合

中国早期知识分子在学习研究马克思主义的过程中,也不是全盘接受,而是重视与中国实际的结合,其著名代表是李大钊。李大钊在《我的马克思主义观》中不但对马克思主义进行了积极的评价,也道出了自己的异议。李大钊认为马克思主义是一个时代的产物,必须跟每一个国家的实际情况结合起来,他说"一个学说最初成立的时候,每每陷于夸张过大",因此,李大钊选择马克思主义之初,就自觉意识到运用马克思主义要因时、因地、因事的不同发生变化,他说"我们批评或采用一个人的学说,不要忘了他的时代环境和我们的时代环境"。在这种情况下,李大钊对中国的很多问题,如工人、农民、妇女等问题,都有深入的探讨和独到的见解。

>>> **二、中国共产党的创建**

1. 中国共产党的早期组织

随着马克思主义在中国的传播及其同中国工人运动的初步结合,建立新型的工人阶级革命政党的任务被提上了日程。1920年2月,陈独秀离京赴沪之际,与李大钊关于筹建无产阶级政党深入交换意见,相约在上海、北京建立中国无产阶级早期组织,即为"南陈北李,相约建党"。中国共产党早期组织的建立也得到了共产国际的大力帮助。1920年4月,共产国际代表维经斯基等来华,对中国共产党的创建起着巨大的指导作用。

1920年8月,上海共产党组织正式成立,这是中国第一个共产主义组织。参加者有陈独秀、李汉俊、李达、陈望道等,陈独秀担任书记,确定党的名称为中国共产党。它成立后随即呼吁各地马克思主义分子组织支部,成为党成立的联络中心。上海共产党组织的建立,标志着早期马克思主义者在中国大地高擎共产主义的大旗。1920年秋至1921年春,李大钊、张国焘等在北京,董必武、陈潭秋、包惠僧等在武汉,毛泽东、何叔衡等在长沙,王尽美、邓恩铭等在济南,谭平山、谭植棠等在广州先后成立共产党早期组织。与此同时,赴日本、法国留学的中国先进分子,也建立了党的早期组织。

2. 中国共产党第一次全国代表大会

由于各地共产主义组织做了卓有成效的工作,马克思主义同工人运动逐步结合起来,马克思主义同中国革命实际初步结合起来。这些为中国共产党的建立准备了条件。

1921年7月23日,中国共产党第一次全国代表大会在上海法租界望志路树德里3号举行。参加会议的有国内外7个早期共产主义组织的代表,他们是:李达、李汉俊(上海)、张国焘、刘仁静(北京)、毛泽东、何叔衡(长沙)、董必武、陈潭秋(武汉)、王尽美、邓恩铭(济南)、陈公博(广州)、周佛海(旅日),包惠僧受当时在广州的陈独秀派遣参加了会议,共产国际代表马林和尼科尔斯基也列席了会议。由于会议遭到暗探的注意和法国巡捕的干扰搜查,最后一天转移到浙江嘉兴南湖的一艘游船上继续举行。

中共一大听取各地共产党组织活动的报告。起草并讨论党的纲领和工作计划。大会通过了中国共产党的纲领。大会规定党要以无产阶级的革命军队推翻资产阶级专政,消灭阶级差别,废除私有制,联合共产国际。大会规定了吸收党员的条件和党的纪律,经党员介绍,凡承认党的纲领和政策,愿意忠于党的人,可以接收为党员。

大会还通过了《关于当前实际工作的决议》,确定党成立后的中心任务是组织工会,开办工人夜校,"灌输阶级斗争的精神",提高工人的觉悟,领导工人运动。大会选举产生了由陈独秀、张国焘、李达组成的党的领导机构——中央局,以陈独秀为书记。党的一大正式宣告了中国共产党的成立。

3. 中国共产党成立的历史意义

中国共产党的成立是开天辟地的大事件,具有划时代的意义。中国共产党与以往任何政党不同,它以最先进的思想武器——马克思列宁主义——为行动指南,以实现社会主义、共产主义为奋斗目标,进行反帝反封建的斗争。它接受的是马克思主义完整的科学世界观和社会革命论,是在革命时代发展了的列宁主义,是同资产阶级的各种伪社会主义思想划清了界限的科学社会主义。

中国共产党是马克思主义的革命政党,是中国工人阶级的先锋队。中国工人阶级深受三座大山重压,具有坚强的革命性。中国共产党适应了中国近代以来社会的进步和民族民主革命发展的需要,深深根植于中国民族民主革命的土壤之中,不仅代表着工人阶级的利益,而且代表着整个中华民族的利益。中国共产党的成立,使中国革命有了新的坚强领导核心,给灾难深重的中国人民带来希望。"自从有了中国共产党,中国革命的面目就焕然一新了。"

>>> 三、制定革命纲领,领导工农运动

中国共产党一经成立,中国革命就出现了前所未有的新面貌。

1. 中共二大与反帝反封建民主革命纲领的制定

第一次世界大战结束后,帝国主义国家加紧了对华侵略。凡尔赛—华盛顿体系形成后,列强极力扩大在华势力范围,加强在经济上、政治上对中国的掠夺和控制。中国的民族工业深受挤压,中国社会经济进一步半殖民地化。北洋政府和地方军阀日益成为列强操纵中国的工具,各派军阀连年混战,造成民生凋敝。尖锐复杂的斗争形势和严酷的现实,迫切要求中国共产党指明中国的出路。但由于历史条件所限,中共一大对中国革命的性质和具体任务缺乏深刻认识,未能制定出适合中国实际的民主革命纲领。

1922 年 7 月 16 日到 23 日,中国共产党在上海召开了第二次全国代表大会。出席大会的代表共 12 人,代表全国党员 195 人。大会通过对中国社会经济政治状况的分析,明确地指出,中国社会仍是半殖民地半封建社会,革命的性质是民主主义革命,革命的对象是帝国主义和封建军阀,革命的动力是工人阶级、农民阶级、小资产阶级和民族资产阶级。

大会通过了党的纲领,党的最高纲领是实现社会主义、共产主义。党的最低纲领是打倒军阀,推翻国际帝国主义的压迫,统一中国为真正民主共和国。这是在半殖民地半封建社会的条件下,走向社会主义、共产主义不可逾越的一个阶段。中国共产党在民主革命阶段的纲领是把马克思主义普遍真理与中国革命实际相结合的民主纲领,是中国近代史上第一次明确提出反帝反封建的纲领。

大会通过了关于建立民主联合战线,加入共产国际等决议,还通过了党的第一个章程。大会选出中央执行委员会,由陈独秀、张国焘、蔡和森、高君宇、邓中夏 5 名委员和 3 名候补委员组成。中央委员会推选陈独秀为委员长。

中共二大充分分析了中国革命所处的历史阶段,进一步明确了中国革命的对象,有利于将一切革命力量团结到党的周围,对中国革命的发展极具指导意义。

2. 中国共产党领导的早期工人运动

中国共产党作为中国工人阶级先锋队组织,成立后就积极领导工人运动,从1922年1月到1923年2月,中国工人运动出现了第一次高潮,这期间全国罢工180多次,参与人数达30万以上。

香港海员罢工是这次高潮的起点,是中国工人阶级第一次直接同帝国主义势力进行的有组织的较量。1922年1月,共产党人苏兆征等领导6 000多名香港海员,为要求增加工资而举行罢工。长达56天的大罢工迫使港英当局接受了工人提高工资的要求。此后,工人运动迅速发展起来。

安源路矿工人大罢工是毛泽东、刘少奇、李立三等亲自领导的一次著名罢工。1922年五一国际劳动节,安源路矿工人俱乐部宣告成立,为了要求路矿当局承认俱乐部有代表工人的权利,同意增加工人工资,从9月14日开始罢工。安源路矿工人斗争3天,路矿当局被迫承认工人所提的大部分条件,罢工以胜利结束。

1922年10月23日,开滦矿工为增加工资和要求承认工人俱乐部等举行罢工。在中国劳动组合书记部特派员彭礼和等的指挥下,矿工组织了纠察队维护罢工秩序,与前来镇压的军警展开斗争,虽然被打伤50多人,但是依然坚持20多天,在矿局适当提高工人工资后结束。

1923年2月4日爆发的京汉铁路工人大罢工,使第一次工人运动高潮达到顶点。2月7日,军阀吴佩孚调动军警在京汉铁路沿线血腥镇压罢工工人,京汉铁路总工会江岸分会委员长、共产党员林祥谦,京汉铁路总工会与湖北省工团联合会法律顾问、共产党员施洋等先后被杀害,酿成"二七惨案"。"二七惨案"发生后,全国工人运动暂时转入低潮。

图4-2 "二七惨案"纪念塔

第一次工人运动高潮是中国共产党成立后领导的第一次无产阶级斗争活动,工人罢工范围广、规模大、参加的人数多、持续的时间长,罢工从早期的经济斗争发展到政治斗争,体现了中国工人运动的巨大发展。第一次工人运动高潮的最终失败也使中国共产党和工人阶级认识到:中国革命的敌人是很强大的,必须建立广泛的革命统一战线,必须建立革命的武装力量,才能取得斗争的胜利。

3. 中国共产党领导的农民运动

中国共产党人领导的农民运动,最早发生于浙江萧山县。1921年9月,沈定一在此组织了中国近代第一个农民协会。1922年5月,彭湃在家乡海丰从事农民运动。1923年元旦成立海丰农总会,会员达10万;同年6月,又在陆丰、归善两县成立农会,三县农会会员一时多达20万人。以海丰、陆丰为中心的粤东农民运动规模和影响都很大,为后来广东革命根据地的发展和巩固创造了有利条件。

中国共产党关注工农力量,领导工农运动,这是其他政治派别没有也不可能采取的革命方法。共产党人在斗争中展现并进一步锻炼了其组织、领导能力,为大革命的高潮准备了条件。

第三节　国共合作和国民革命

>>> 一、第一次国共合作的实现

第一次国共合作是在国共两党及共产国际共同努力下逐渐建立起来的。1917年俄国十月革命的胜利使孙中山非常兴奋,他满腔热情地向社会主义苏俄寻求中国革命的新道路,并于1918年与苏俄政府建立了联系。1921年7月,中国共产党建立后,共产国际也非常关注孙中山和国民党,日益认识到中国国民党是中国比较民主的、比较革命的政党,遂开始促成国共合作。

1. 西湖会议

1921年12月,共产国际代表马林到广西桂林会见了孙中山,这次会见最终达成了党内合作,共产党员以个人身份加入国民党的合作意向。随后,该合作意向作为共产国际指示下达到中国共产党。1922年8月,中国共产党中央在杭州召开西湖特别会议,会议尊重共产国际与马林的建议,作出了共产党员以个人身份加入国民党的原则性决定。西湖会议后,李大钊在孙中山的亲自主持下最先加入国民党。

2. 中国共产党第三次全国代表大会

西湖会议以及李大钊最先加入中国国民党为中国革命提供了一个全新的思路,但是由于当时全党的工作重心依然放在独立领导的工农运动上,国共合作并没有完全展开。直到1923年2月7日,京汉铁路大罢工遭到反动军阀吴佩孚的血腥镇压,第一次工人运动由高涨转入低潮。二七惨案提供了重要的经验教训,它使中共进一步认识到"工人阶级独立斗争是不能得到胜利的",在产业工人人数较少的中国,无产阶级要战胜强大的国内外反动势力,必须同其他民主党派建立革命统一战线,中国共产党开始更积极地与孙中山领导的国民党进行合作,因而加快了统一战线工作的步伐。为了统一全党思想,妥善解决国共合作诸问题,1923年6月,中国共产党在广州召开了第三次全国代表大会,会议分析了中国当时社会现状,承认国民党的革命性,就国共合作的具体方针、办法作出正式规定,同时规定中国共产党必须保持政治上、思想上和组织上的独立性。

3. 中国国民党第一次全国代表大会

为实现国共合作的民主革命,孙中山在苏俄及中国共产党的帮助下对国民党进行了改组。经过长时间筹备,1924年1月,中国国民党第一次全国代表大会在孙中山的主持下在广州召开,国民党一大冲破国民党右派的重重阻挠和破坏,取得了重大成果。

大会最重要的成果是通过了《中国国民党全国代表大会宣言》。宣言重新解释了孙中山的三民主义,使之增添了新的内容。民族主义突出强调了反帝的内容,主张"中国民族自求解放""免除帝国主义之侵略",民族主义还史无前例地提出了境内各民族一律平等的主张,较之"五族共和"思想有了重大进步。民权主义开始关注底层劳动人民的权利,认为各项政治、经济权利应为全国国民所有,而不是为少数人所私有,主张实行直接的、普遍的、革命的民权。民生主义则在"平均地权"的基础上增加了"节制资本"的主张,开始真正关注普通工农群众的生存问题,正如孙中山所说,民生主义就是社会主义,就是共产主义。新三民主义关注社会矛盾,关注民生,这同中国共产党在民主革命阶段的纲领基本一致,同时也体现了联俄、联共、扶助农工的精神,成为国共合作的政治基础。

大会选举出中国国民党中央执行委员会。共产党员李大钊、谭平山、毛泽东、林祖涵、瞿秋白等10人当选为中央执行委员或候补执行委员。会后,在国民党中央党部担任重要职务的共产党员有:组织部长谭平山、农民部长林祖涵、宣传部代理部长毛泽东等。国民党一大实现了对国民党的改组,国民党由一个资产阶级政党转变为代表工人阶级、农民阶级、小资产阶级和民族资产阶级的阶级联盟性质的政党。中国国民党一大的成功召开标志着第一次国共合作正式形成。

>>> 二、掀起全国范围大革命的高潮

1. 广东革命根据地的巩固

历次革命斗争的失败使孙中山意识到创建一支坚强的革命军队的重要性,1924年5月,在中国共产党和苏联的帮助下,国民党创办了中国国民党陆军军官学校,因校址设在广州黄埔,故简称黄埔军校。黄埔军校由蒋介石任校长,廖仲恺任党代表,周恩来任政治部主任。黄埔军校将思想政治教育提高到与军事训练同等重要的地位,建立了党代表制度和政治工作制度,注重培养学生的爱国思想和革命精神。黄埔军校成立后,吸引着大批青年学生前来学习、报国,为中国革命培养了一大批优秀的军政人才,他们成为国民革命军的骨干力量。黄埔军校的成立

图4-3 黄埔军校

为统一广东革命根据地和北伐战争的胜利进军作出了重要贡献。

1924年10月10日,正值广州市民、学生走上街头庆祝"双十节",广州商团发动叛乱,屠杀游行群众。在中国共产党及革命群众的支持下,孙中山迅速消灭叛乱的商团。广东革命政府在镇压了商团叛乱后,得到初步巩固。

陈炯明一直盘踞广东东江一带,与广东革命政府为敌。1924年11月,陈炯明乘孙中山北上之际,在内外反动势力的支持下,向广州发起进攻,妄图恢复他在广东的统治。为保卫革命政权,广东革命政府遂发起了第一次东征。1925年2月初,东征开始,广东革命政府兵分三路,以黄埔军校学生军和许崇智的粤军为主力,编为右路,杨希闵的滇军为左路,刘震寰的桂军为中路。共产党员和青年团员在东征中起到了模范作用,他们作战勇敢,不怕牺牲,再加之东江农民的支持,不到两个月就打垮了陈炯明主力。

东征开始后,杨希闵的滇军、刘震寰的桂军投机革命,故意按兵不动,正值右路军胜利进军之时,他们在广州发动叛乱。东征的右路军奉命调回广州镇压滇军、桂军叛乱,在中国共产党及革命群众的帮助下,广州局势很快稳定下来,不过却又使陈炯明纠集残部重新占领了东江一带,同时勾结广东南部军阀邓本殷对广州形成夹击之势。

1925年7月1日,广州国民政府成立,8月,将所辖部队改编为国民革命军,为了彻底消灭反革命势力,统一广东,广州国民政府于10月1日开始第二次东征,东征军总指挥是蒋介石,东征军很快将陈炯明军阀全部歼灭。在第二次东征的同时,国民革命军又发起南征,征讨广东南部邓本殷军阀,并将其歼灭。至此,广东全省为革命军所统一。

广东革命根据地的统一不仅为革命的更大发展提供了可靠的后方基地,更重要的是,革命的胜利增强了中国人民进行反帝反封建斗争的信心。

2. 全国范围革命形势的高涨

1925年1月,中国共产党在上海召开第四次全国代表大会。大会分析了当时国内的政治形势和社会各阶级的现状,明确提出了无产阶级在民主革命中的领导权问题,并强调无产阶级同盟军的重要性,提出党对各种群众运动领导的必要性和迫切性。

中共四大推动了全国革命高潮的到来。1925年5月14日,上海工人发起反日大罢工,5月15日,上海日本纱厂资本家枪杀工人代表、共产党员顾正红,打伤工人十多人。5月30日,中国共产党领导上海工人、学生举行示威游行,抗议帝国主义的残暴行径,遭到英国巡捕枪击,死伤数十人,造成震惊中外的五卅惨案。惨案发生后,中共中央立即号召工人罢工、学生罢课、商人罢市,形成全国范围的反帝民族运动,这就是五卅运动。斗争持续到8月中旬,日本资本家接受了工人提出的部分条件:酌情增加工资、今后不得无故开除工人、抚恤顾正红家属、赔偿罢工损失、处分凶手等。五卅运动是大革命前的一次演练,它是全国范围内大革命高潮的开端。

五卅运动后,全国亿万人民、海外侨胞、国际工人阶级都以不同的形式支持上海人民的反帝爱国斗争,形成了全国范围的波澜壮阔的反帝爱国运动。1925 年 6 月 19 日,广州、香港两地工人为支援五卅运动举行罢工,工人成立省港罢工委员会,由共产党员苏兆征担任委员长。6 月 23 日,罢工工人和各界群众 10 万余人在广州东校场集会,追悼上海死难同胞,抗议帝国主义暴行,会后举行示威游行。当游行队伍途经沙基路时,突然遭到沙面租界英法军警的机关枪扫射,酿成沙基惨案。这更进一步激起中国人民的民族义愤,到 6 月底,省港罢工人数达 25 万,广州革命政府也照会英、法等国提出抗议,并宣布同英国经济断交,同时封锁出海口。广州、香港工人坚持 16 个月的省港罢工,是当时世界上罢工时间最长的一次,对大革命高潮的形成起到了重要的推动作用。

3. 北伐战争胜利进军

随着广东革命根据地的巩固,以及人民对北洋军阀黑暗统治的痛恨日益加深,进行北伐打倒军阀的时机日渐成熟。1926 年 5 月,国民革命军叶挺独立团作为先遣部队进入湖南与吴佩孚军阀作战,揭开了北伐战争的序幕。7 月 9 日,国民革命军举行誓师典礼,以推翻北洋军阀统治为目标的北伐战争正式开始。

当时,奉系的北洋军阀控制着北京中央政权,并统治着中国大部分地区,包括东北、华北等,是中国最大的反动军阀。直系的吴佩孚军阀控制着华中各省,包括河南、湖北等。孙传芳则盘踞在华东地区,控制着江浙、福建、江西等省。苏联军事顾问分析中国实际情况:三大军阀当中,张作霖虽然占据北京中央政权,但是距离广州较远,吴佩孚在华中地区已经引兵南指湘粤交界地区,孙传芳的意图是静观吴佩孚与国民革命军的战争,坐收渔翁之利,因此吴佩孚军阀就成为国民革命军最直接的敌人。据此,苏联军事顾问帮助国民党制定了正确的战略战术:沿福建、江西一带防御孙传芳军阀,集中主力消灭吴佩孚军阀,然后引兵向东消灭孙传芳军阀,最后北上打败张作霖军阀,并取得全国政权。

北伐战争进展顺利,到 1927 年 3 月,仅仅半年多的时间,国民革命军就控制了大江南北十多个省。北伐战争胜利的原因是多方面的。

首先,北伐战争胜利进军是国共两党通力合作的结果,共产党员与国民党左派互相信任,通力合作,共同推动了革命形势的高涨。共产党帮助国民党缔造了一支忠于革命的武装力量,他们在战斗中不怕牺牲,尤其是国民革命军中的共产党员、青年团员发挥了先锋模范作用,叶挺率独立团在湖北咸宁的汀泗桥和贺胜桥两次战斗中击溃军阀吴佩孚的部队,获"北伐名将"称号。

其次,共产党员在国民党内部进行了出色的思想工作和组织工作。共产党帮助国民党复活了三民主义,帮助国民党建立了坚强的党组织,在国民革命中发挥了重大的领导作用。

再次,工农群众群起响应、大力支援也是北伐顺利进军的重要原因。1927 年 3 月 21 日,周恩来领导、指挥上海工人发动第三次武装起义,占领了上海除租界的全部市区,工人的起义加快了国民革命军在江浙一带的进军步伐。以湖南为中心的农村大革命也迅速发展起来,1926 年 11 月,中共中央成立农民运动委员会,毛泽东担任书记,成为大革命时期农民运动的领导机关。到 1927 年初,农民协会遍及 16 个省,会员近千万。

小资料

北伐战争期间,上海工人阶级为配合北伐军进军,推翻北洋军阀的反动统治,在中国共产党领导下举行了三次武装起义。前两次起义因为准备不足和北伐军配合不力而失败。1927 年 3 月 21 日发动的第三次武装起义,由周恩来担任总指挥,在工人中建立了严密的组织,组成了约 3 000 人的工人纠察队,市民群众也主动帮助纠察队筑街垒、运弹药、送食品。工人武装经过 30 小时的浴血奋战,于 22 日 6 时许攻克了敌人的全部据点,占领了上海除租界外的全部市区,取得第三次工人武装起义的胜利。

最后,北伐战争也得到了冯玉祥在北方的响应。1926 年 9 月 17 日,冯玉祥在内蒙古五原举行誓师典礼,表示遵奉孙中山先生的遗嘱,进行国民革命,实行"三民主义"。冯玉祥在北方的响应,既给了国民革命军以精神上的支持,又在一定程度上牵制了北洋军阀的战斗力量,是北伐军胜利进军的重要条件。

>>> 三、国民党右派发起反革命政变

1. 中山舰事件与整理党务案事件

对于孙中山的联俄、联共政策,国民党内部是有不同意见的。1925 年 3 月,孙中山逝世后,汪精卫成了国民党的领导人,继续执行孙中山的联俄、联共政策,但是其能力、威望的欠缺也使得国民党右派的分共倾向日趋严重。当时蒋介石手握 50 万国民革命军的指挥权,既想得到苏联的援助,通过北伐取得全国政权,又不愿看到共产党的影响日益提高,虽然表示支持汪精卫的联俄、联共政策,但是秘密策划了一系列反共摩擦事件。

1926 年 3 月 18 日晚,蒋介石指使亲信以黄埔军校驻省办事处的名义命令海军局速派两艘军舰到黄埔,时任海军局局长、兼任中山舰舰长的共产党员李之龙接到命令后派出中山、宝璧两舰开赴黄埔,向军校教育长邓演达请示任务,邓却表示不知情,后因为苏联参观团要参观军舰,李之龙在请示后又将中山舰调回。蒋介石以此为借口,指使党徒散步共产党员擅自调动军舰阴谋暴动推翻广东革命政权的谣言,

并秘密逮捕李之龙,解除中山舰武装,派兵包围了共产党机关及党员住宅,甚至国民党左派代表也被扣押了几十人。事件发生后,由于共产国际和陈独秀对蒋妥协,共产党员退出了国民革命军第一军,部分苏联顾问也被迫回国。蒋介石通过中山舰事件实现了一部分篡权阴谋。

小资料

中山舰原名永丰舰,1910年清政府向日本船厂订购,1913年交付返国,被编入北洋政府海军。1915—1916年,永丰舰参加了护国运动,随后它又经历过护法运动、东征平叛、孙中山避难永丰舰、中山舰事件等重大历史事件,于1938年10月武汉保卫战中被日军击沉。

中山舰事件后,蒋介石又策划了整理党务案事件。1926年5月15日,国民党在广州召开二届二中全会。蒋介石在会上提出《整理党务案》。其主要内容是:共产党员在国民党各高级党部的委员比例不得超过1/3;共产党员不得任国民党中央各部部长;共产党须将其加入国民党之党员名单交国民党中央保存;共产国际对中国共产党的指示以及中国共产党对加入国民党的共产党员的指示,均须先交国共两党联席会议讨论通过。对于蒋介石破坏国共合作的图谋,中共中央继续采取妥协退让的方针。会议后,蒋介石担任了国民党中央组织部长、军人部长、军队总司令等重要职务,一些国民党右派分子也趁机取代共产党人充当国民党的部长。

中山舰事件、整理党务案事件使蒋介石篡夺了党权、政权和军权,为其后来的反革命政变提供了有利条件。

2. 四一二反革命政变与七一五反革命政变

随着北伐军攻占上海,1927年3月26日,蒋介石到达上海。蒋介石手握军权,不甘心屈居汪精卫之下,遂开始策划反革命政变以获取内外反动力量的支持。从4月2日起,蒋介石、李济深、李宗仁等多次召开秘密会议,商议"清党"问题,而此时的陈独秀麻痹大意,甚至与汪精卫发表《联合宣言》为蒋介石的反共活动辟谣。4月11日,蒋介石发出"清党"命令,当天下午派遣大批反革命军队布防上海。4月12日凌晨,冒充工人的青帮流氓向工人纠察队发起进攻,反动军队则以调解工人内讧为名收缴了工人纠察队的武器。随后,手无寸铁的共产党员和革命群众遭到反动军队的逮捕、屠杀,上海一片白色恐怖,著名共产党员汪寿华、赵世炎、陈延年等被杀害。这就是四一二反革命政变。之后,广东、广西、江苏等省市也发生了反共、反人民、反革命的政变。

由于全国的反革命形势,以左派面目出现的汪精卫也逐渐投向右派。1927年5月8日,武汉国民政府发布不准集会、游行的命令,22日又下令制止湘鄂各地的赤化运动,尤其是反动军官何健发动反革命的马日事变后,加快了武汉国民政府投向右派。6月29日,何健派遣反动军队进驻汉口,准备发动反革命政变。7月15日,汪精卫召开国民党中央常委会扩大会议,讨论"分共"问题,随后在"宁可错杀三千,不能放过一个"的口号中对共产党员和革命群众展开疯狂屠杀,这就是七一五反革命政变。七一五反革命政变标志着国共合作全面破裂,大革命最终失败。

>>> 四、国民革命失败的原因与意义

1. 国民革命失败的原因

大革命失败的原因,从客观方面来讲,是由于帝国主义和封建势力的联合力量大大超过了革命阵营的力量;是由于国民党右派集团发生严重的动摇,背叛革命,统一战线出现剧烈的分化。从主观方面来说,是由于中国共产党还处在幼年时期,对于中国的国情以及马克思列宁主义的理论与中国革命实际的结合方面还没有较深刻的了解,中国共产党的中央领导机关在大革命的后期犯了以陈独秀为代表的右倾机会主义的错误,放弃了无产阶级对于农民群众、城市小资产阶级和民族资产阶级的领导权,尤其是放弃了对武装力量的领导权,使大革命遭到了失败。而陈独秀的错误,则与共产国际对中国革命的错误指导有关。

2. 国民革命的意义

轰轰烈烈的大革命以失败结束,但是其伟大历史意义是不可磨灭的。

(1)国民革命沉重打击了中外反动势力。大革命是在打倒军阀的口号下进行的,革命军队不但扫荡了西南地方军阀,而且消灭了直系的吴佩孚、孙传芳军阀,使当地群众过上了安定的生活。大革命也打击了与军阀相勾结的国际帝国主义,撼动了他们在中国的统治,九江、汉口人民收回英租界是中国反帝斗争的里程碑。

(2)扩大了中国共产党的影响。这一时期,中国共产党进行了轰轰烈烈的革命工作,它宣传了共产党反帝反封建的革命纲领,初步提出了无产阶级领导的、人民大众的、反帝反封建的新民主主义革命的基本思路。经过国民革命,中国共产党在群众中的影响迅速扩大,它开始掌握一部分革命武装,为新的革命斗争准备了条件。

(3)提高了民众的思想觉悟。在大革命期间,中国共产党深入底层群众,宣传帝国主义与封建主义对劳动人民的剥削和压迫,成立了各类工农组织或者武装力量,大大提高了人民群众的思想觉悟和组织程度。

轰轰烈烈的大革命锤炼了革命政党和革命军队,是未来革命胜利的一次伟大演习,为中国土地革命战争的新局面准备了必要的条件。

3. 国民革命失败的教训

大革命的失败说明共产党要领导人民取得革命的胜利,就必须坚持无产阶级对革命的领导权。大革命后期,陈独秀右倾机会主义在统一战线的问题上,强调"一切工作归国民党",对资产阶级采取"一切联合,否认斗争"的右倾政策,放弃无产阶级领导权,牺牲工农利益,这是大革命失败的重要原因。

共产党要领导人民取得革命胜利,还必须建立革命的武装,坚持武装斗争,妥协退让只会断送革命。中国革命的主要形式,只能是武装的革命反对武装的反革命。没有一支党领导下的革命军队,就没有共产党的地位,也就没有革命的胜利。

本章小结

新文化运动是中国近代史上一次重要的思想解放潮流,它以改造国民性为出发点,大声疾呼民主与科学,使人们从封建思想的束缚中解放出来。五四运动不但将中国的新文化运动推向一个新的阶段,开始了学习、宣传、研究马克思主义的阶段,而且表现出中国工人阶级的伟大力量,成为新民主主义革命的开端。五四运动后,随着马克思主义的传播和无产阶级力量的壮大,中国共产党于 1921 年 7 月建立。中国共产党在马克思列宁主义的指导下,制定了彻底的反帝反封建的民主革命纲领,深入底层发动工农群众,制定了前所未有的统一战线政策,将中国的革命斗争推向一个新的发展阶段。1924 年 1 月,国民党一大同意共产党员以个人身份加入国民党,大会通过的宣言重新解释了三民主义,使之成为国共合作的政治基础。国共合作的大革命是中国反帝反封建斗争史上的大事件。以五卅运动为起点,全国掀起反帝反封建的革命浪潮,并且进行了轰轰烈烈的北伐战争,先后摧毁了北洋军阀吴佩孚、孙传芳的主力,使大革命达到最高潮。在这场革命中,中国共产党起着独特的、不可代替的作用。虽然大革命最终失败了,但中国共产党通过自身的努力,扩大了在全国的影响,并且认识到进行土地革命和掌握革命武装的重要性,这些都为革命在失败后,走向土地革命战争的新阶段打下了坚实的基础。

复习思考题

1. 为什么说五四运动是中国新民主主义革命的开端?
2. 中国的先进分子为什么和怎样选择了马克思主义?
3. 为什么说中国共产党的成立是开天辟地的大事变?
4. 中国共产党成立后,中国革命呈现了哪些新面貌?
5. 论述国民大革命失败的原因及其伟大历史意义。

推荐阅读

1. 陈独秀:《敬告青年》,1915 年 12 月。
2. 李大钊:《庶民的胜利》,1918 年 11 月。
3. 马克思、恩格斯:《共产党宣言》,1848 年 2 月。
4. 李大钊:《我的马克思主义观》,1919 年 9 月。
5.《中国共产党第二次全国代表大会宣言》,1922 年 7 月。

6.《中国国民党全国代表大会宣言》，1924年1月。

7.陈万雄:《五四新文化的源流》，三联书店1997年版。

8.林代昭:《马克思主义在中国——从影响的传入到传播》，清华大学出版社1983年版。

第五章
中国革命新道路和抗日救亡运动

学习目标

　　1.认清国民党政权的性质,了解中国共产党人探索中国革命新道路的艰辛历程,领会从中国国情出发,确立党的路线、方针和政策的重要性。

　　2.了解土地革命战争的发展及挫折,掌握遵义会议的重大历史意义,继承和发扬长征精神。

　　3.认识日本发动的侵华战争给中华民族造成的深重灾难,了解抗日救亡运动的兴起和中国军队的局部抗战,认识中国共产党为实现团结抗战所付出的巨大努力。

历史线索图

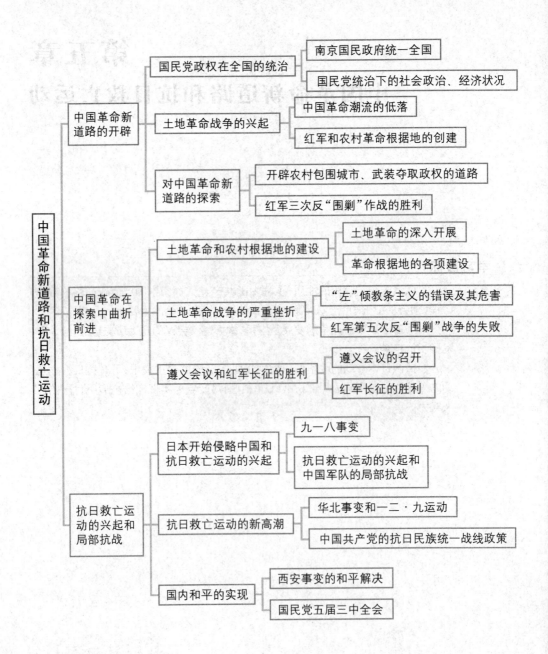

中国革命新道路和抗日救亡运动

中国革命新道路的开辟
- 国民党政权在全国的统治
  - 南京国民政府统一全国
  - 国民党统治下的社会政治、经济状况
- 土地革命战争的兴起
  - 中国革命潮流的低落
  - 红军和农村革命根据地的创建
- 对中国革命新道路的探索
  - 开辟农村包围城市、武装夺取政权的道路
  - 红军三次反"围剿"作战的胜利

中国革命在探索中曲折前进
- 土地革命和农村根据地的建设
  - 土地革命的深入开展
  - 革命根据地的各项建设
- 土地革命战争的严重挫折
  - "左"倾教条主义的错误及其危害
  - 红军第五次反"围剿"战争的失败
- 遵义会议和红军长征的胜利
  - 遵义会议的召开
  - 红军长征的胜利

抗日救亡运动的兴起和局部抗战
- 日本开始侵略中国和抗日救亡运动的兴起
  - 九一八事变
  - 抗日救亡运动的兴起和中国军队的局部抗战
- 抗日救亡运动的新高潮
  - 华北事变和一二·九运动
  - 中国共产党的抗日民族统一战线政策
- 国内和平的实现
  - 西安事变的和平解决
  - 国民党五届三中全会

第一节　中国革命新道路的开辟

>>> 一、国民党政权在全国的统治

1. 南京国民政府统一全国

国民革命失败后,国民党内部出现了分裂,出现蒋介石集团的南京政府、汪精卫集团的武汉政府,还有西山会议派在上海成立的国民党中央党部,其中蒋介石集团、汪精卫集团两派势力最大。各派虽有矛盾,但在反共反人民上是一致的。1928 年 2月,国民党二届四中全会召开后,国民党的统治得到暂时的稳定。4 月,蒋介石打出"完成统一大业"的旗号,发动了对张作霖的"北伐"。6 月 3 日,张作霖放弃华北,退出北京。6 月 4 日凌晨,张作霖在沈阳附近皇姑屯车站被日本关东军预先埋置的炸弹炸死。随后,张作霖之子张学良就任东北三省保安司令,控制东北局势。经过半年多的曲折斗争,张学良力排日本的武力威胁和奉系内部的干扰,于 1928 年 12 月29 日通电宣布"遵守三民主义,服从国民政府,改易旗帜"。其间,西南各省军阀已先后通电拥蒋,新疆、热河也宣布易帜,南京国民政府在全国范围内建立了自己的统治。

2. 国民党统治下的社会政治、经济状况

国民政府的统治依然是地主阶级和买办性的大资产阶级的统治,同北洋军阀的统治没有本质的区别。它对内实行独裁专制,剥夺人民民主权利。1928 年 10 月,国民党中央常务委员会通过"训政纲领",规定:在训政时期,由中国国民党全国代表大会代表国民大会领导国民行使政权;中国国民党应训练国民逐渐行使选举、罢免、创制、复决四种权利;国民党中央执行委员会政治会议执行指导监督国民政府重大国务的施行。1929 年 3 月,国民党第三次全国代表大会宣布国民党要"独负其责",领导国民,扶植中华民国之政权、治权,在必要时可以限制国民的集会、结社、言论、出版等自由权;国民必须服从、拥护国民党,誓行三民主义,接受四权使用之训练,才能享有国民权利。显而易见,国民党的所谓训政,就是要完全剥夺广大人民的民主自由权利,实行由国民党包揽一切的一党专政。

国民党在实行"训政"的同时,还不断强化国家机器以维护其军事独裁统治。国民党建立了庞大的军队,主要用于对共产党领导的红军和根据地的"围剿";制定了名目繁多的治罪法,对人民实行残酷镇压,同时加强地方反动武装,实行保甲法、连坐法,严密控制和监视广大人民。为了消灭异己力量,国民党还建立了两支密布全国的特务组织:国民党中央调查统计局(简称"中统")和国民党军事委员会调查统计局(简称"军统"),其主要任务就是破坏革命运动,绑架或暗杀革命者和异己分子。

国民党政府是在帝国主义的扶植下建立的,从根本上说,国民党统治的建立,并没有使中国摆脱帝国主义的控制,而是为它们进一步深入中国敞开了大门。帝国主义的经济势力在中国不断增强,并且牢牢地掌握了中国的经济命脉。外国资本垄断了中国的重工业、交通运输业,控制了中国的财政、金融以及若干主要的轻工业。

国民党在全国的统治建立后,以蒋、宋、孔、陈四大家族为中心的官僚买办资本开始形成。官僚资本是中国的垄断资本,控制了全国的经济命脉。这个垄断资本和国家政权结合在一起,并且和外国帝国主义、本国地主阶级密切地结合着,成为买办的封建的国家垄断资本。它是国民党政权的经济基础,是近代中国社会经济发展的严重障碍。

小资料

四大家族依靠帝国主义的支持,凭借掌握的中央政权和军事特权,主要通过以下手段逐步垄断了全国的经济命脉。第一,发行经营公债,垄断军火贸易。根据国民政府财政部的报告,从 1927 年到 1933 年,四大家族和其他大银行家经营公债赢利 4.95 亿元。从 1930 年到 1934 年,每年平均进口军火金额达 2 100 万元,回扣最高时达 40％,悉数流入经营者手中。第二,依托"四行二局",进行金融垄断。"四行"是指中央银行、中国银行、交通银行和中国农民银行。"二局"是指中央信托局和邮政储金汇业局。第三,实行"币制改革",发行法币,掠夺人民财富。同时,四大家族还利用其经济、政治势力,逐步垄断全国的商业、工业、农业、交通运输业以至电影、广播、新闻出版等文化事业,并把持全国的进出口贸易,成为近代中国最大的垄断资本。

国民党统治建立后,民族资产阶级曾幻想依靠它来保护本阶级的利益,发展民族工商业。但是,随着帝国主义在华经济势力的不断扩张和官僚买办资本的急剧膨胀,加上政府对民族资本的盘剥,民族工商业逐渐衰退,处境日益艰难。在农村,土地日益集中到少数地主手中,地租剥削愈加深重,农村经济陷入绝境,亿万农民挣扎在死亡线上。

因此,推翻国民党的统治,就成为当时中国革命的主要目标。

>>> 二、土地革命战争的兴起

1. 中国革命潮流的低落

国民革命失败后,中国革命由高潮转入了低潮。这主要表现在:

国内阶级关系发生重大变化,敌我阵营重新组合。国民革命时期曾经是革命旗帜的国民党蜕变为大地主大资产阶级的政党;民族资产阶级退出了革命阵营,附和了国民党;上层小资产阶级发生动摇,脱离了革命。只有工人、农民和贫苦的小资产阶级分子坚持着斗争。从全局上看,反革命力量大大超过了革命力量。

中国共产党遭受了严重的挫折。在国民党的统治下,白色恐怖笼罩全国,大批的共产党员遭到逮捕、屠杀,党的各级组织遭到严重破坏,党的活动被迫转入地下。一批优秀的领导骨干和工农运动领袖,如李大钊、萧楚女、张太雷、向警予、彭湃、蔡和森等先后英勇牺牲。一些在革命高潮时期加入共产党组织的不坚定分子,有的悲观失望,有的消极动摇,有的另组新党,更有一些人叛变,堕落为革命的敌人。全国党员人数由近6万人锐减到1万多人。

工农革命运动受到极大破坏,成千上万的工农群众和革命志士被监禁和屠杀。据中共六大时的不完全统计,全国被杀害的革命群众,从1927年3月到1928年6月约33万人,从1927年到1932年的5年间竟高达100万人以上。工会、农会、妇女协会和学生联合会等革命群众组织被取缔,工人罢工和农民抗租斗争遭到镇压,工农群众在革命高潮时期争得的一些政治经济权利被剥夺殆尽。

2. 红军和农村革命根据地的创建

失败与死亡并没有吓倒、征服共产党人和革命群众,他们坚信革命低潮只是暂时的现象。因为在国民党的统治下,中国社会依然是半殖民地半封建社会,帝国主义和中华民族、封建主义和人民大众之间的矛盾不但没有解决,而且由于国民党的专制独裁统治更加尖锐、激化。革命复兴和发展的社会基础仍然是深厚的,新的革命高潮必然会到来。中国共产党人的主要任务就是要认真总结大革命兴起和失败的经验教训,正确认识中国的国情和敌我双方的情况,探索出一条新的通往胜利的革命道路。对于幼年时期的中国共产党,要完成这一探索,必然会经历一个长期的艰难曲折的过程。

1927年7月中旬,在革命的危急关头,中共中央临时政治局常委作出了三项重大决策:同意李立三、瞿秋白等人的提议,在南昌举行武装起义;组织湘、鄂、粤、赣四省的农民,在秋收时节举行暴动;召集中央会议,决定新形势下党的方针和政策。

1927年8月1日凌晨,在以周恩来为书记的中共前敌委员会和贺龙、叶挺、刘伯承、朱德等领导下,南昌起义爆发。起义军经过五个小时的激战,全歼了盘踞在南昌的敌军,缴枪万余支。8月3日开始,起义军按原定计划先后撤离南昌,南下进军广州。终因敌我力量悬殊,10月初在广东潮汕地区与敌激战数日后失败。余部一支转移到海陆丰地区与当地农民武装汇合,另一支由朱德、陈毅率领转移到湘粤赣边境山区,开展游击斗争。

南昌起义打响了武装反抗国民党反动派的第一枪,体现了中国共产党人前仆后继的革命精神。它成为中国共产党独立领导革命战争、创建人民军队和武装夺取政权的伟大开端,揭开了土地革命战争的序幕,开始了创建红军的新时期。

1927年8月7日,中共中央在汉口召开紧急会议,即八七会议。会议批判了陈独秀的右倾机会主义错误,确定了土地革命和武装反抗国民党反动派的总方针,选举了以瞿秋白为首的中央临时政治局。毛泽东强调指出,共产党必须解决农民的土地问题,取消地主阶级土地所有制,今后党"要非常注意军事,须知政权是由枪杆子中取得的"。八七会议结束了中共中央领导机关所犯的右倾机会主义错误,给正处在思想混乱和悲观涣散中的中国共产党指明了出路,中国革命开始了由大革命失败到土地革命战争兴起的历史性转变。会议的不足之处是对国民革命失败后的低潮形势缺乏正确估计,在反右倾的同时没有注意防止已开始滋长的"左"倾情绪,助长了冒险主义倾向的发展。

八七会议后,毛泽东作为中央特派员赶赴湖南,领导湘赣边秋收起义。9月9日,起义爆发。起义军先后占领了醴陵、浏阳等县城,准备继续攻打长沙。由于敌我力量悬殊,起义受挫。毛泽东在浏阳文家市召开前委会议,改变原定计划,带领部队向敌人统治力量薄弱的农村转移。起义部队沿罗霄山脉向南进发,9月底到达了江西省永新县的三湾村,进行了著名的三湾改编。三湾改编的主要内容是:将原来的一个师缩编为一个团;在部队建立各级共产党组织,支部建在连上,班排设党小组,营、团建立党委,连以上各级设党代表,整个部队处于党的前委领导之下;连以上建立各级士兵委员会,部队内部实行民主主义制度。三湾改编开始确立共产党对军队的领导,奠定了建设新型人民军队的基础。

10月27日,起义部队到达罗霄山脉中段的茨坪,开始了创建井冈山革命根据地的斗争。在中共前敌委员会和毛泽东的领导下,恢复和建立湘赣边界各县共产党的组织;打倒土豪劣绅,分配田地浮财;建立各级工农兵民主政权;加强部队的政治思想教育,制定严格的纪律;帮助边界各县建立赤卫队和暴动队,开展游击战争。井冈山革命根据地的创建具有深远的意义,它是在中国革命转入低潮形势下,把革命的退却和革命的进攻结合起来的典范,它点燃了工农武装割据的星星之火,为共产党领导的其他各地的起义武装树立了榜样,开辟了一条以农村包围城市、武装夺取政权的新道路。

图 5-1 秋收起义

小资料

　　井冈山,位于江西省西南部,地处湘赣两省交界的罗霄山脉中段,方圆270多公里,具有创建农村革命根据地的有利条件:首先,它远离敌人占领的中心城市,国民党统治力量薄弱,并且位于两省交界地区,可以利用军阀之间的矛盾来壮大自身力量。其次,地势险要,易守难攻,又有比较好的群众基础,革命力量可以比较容易地生存下来。再者,当地经济以自给自足的自然经济为主,物产相对比较丰富,可以为根据地提供物质保证。

　　1927年12月11日,张太雷和叶挺、叶剑英等领导发动了广州起义,建立了广州苏维埃政府。但三天后起义遭到失败,张太雷和许多同志壮烈牺牲。从广州撤出的起义部队,一部分前往海陆丰地区,参加当地革命斗争,另一部分转移到广西左右江和湘南地区,同农民武装会合。广州起义是中国共产党在城市夺取政权的一次尝试,它的失败证明,在当时敌强我弱的形势下,以夺取中心城市为目标的道路模式已经不适合中国的国情了,只有深入农村和农民土地革命相结合才是唯一的出路。

　　从八七会议到1928年底,中国共产党在全国各地还先后领导了百余次武装起义,武装斗争的烽火遍及湖南、湖北、江西、广东、河北、陕西等十余省。这些起义大多数都失败了,起义部队后来转移到了农村,开展土地革命和游击战争,为探索适合中国国情的革命道路积累了经验。

>>> 三、对中国革命新道路的探索

1. 开辟农村包围城市、武装夺取政权的道路

　　国民革命的失败使中国共产党人深刻认识到了"枪杆子里面出政权"的道理,确定了武装反抗国民党反动统治的方针。但是武装斗争的主攻方向究竟是指向城市还是指向农村,成为党必须予以正确解决的新问题。

　　受十月革命中心城市起义模式的影响,中国共产党从一开始就把党的工作重心放在城市。国民革命失败后,中共中央继续留在上海,工作重心仍然放在中心城市的暴动上面。但是,党在中心城市的工作恢复和发展十分艰难,付出了沉重代价却收获甚少;以夺取中心城市为目标的起义也很快失败,保留下来的部队逐渐转移到了国民党统治力量薄弱的农村区域,发动农民群众开展土地革命,建立了各级工农民主政权。城市与农村革命形势的鲜明对比,启发了以毛泽东为代表的一批共产党人对中国革命道路问题的思考。

　　八七会议在确定土地革命和武装斗争总方针的同时,提出了整顿队伍、纠正错误,"而找着新的道路"的任务。会后,中共中央在领导各地武装起义的过程中,初步提出了相机占领某个县或几个县,建立革命政权,实行武装割据的思想。临时中央负责人瞿秋白认为,中国革命似乎很难有夺取首都、一击而中的可能。1928年6月

召开的中共六大，其路线基本上是正确的，但是仍然把城市工作放在中心地位，没有认识到中国革命的长期性和复杂性，没有认识到农村在中国革命中所具有的特殊地位。周恩来对此是这样分析的："依据当时的实际情况与理论水平，要求'六大'产生一个以无产阶级为领导、以乡村作中心的思想是不可能的。当时虽然有了农民游击战争，但我们这种经验还不够，还在摸索。"随着革命形势的发展，中国共产党人对农村革命根据地的重要性有了更深刻的认识。1929 年 9 月，由陈毅起草、周恩来审定的中共中央给红四军前委的指示信明确提出，先有农村红军，后有城市政权，这是中国革命的特征，这是中国经济基础的产物。1930 年 5 月，中共中央机关报《红旗》发表名为《子敬来信》的文章，分析了当时的革命形势，指出"若我们依然是将大部分的力用在城市中，实不如用在农村中为好，在农村中一定得的效果更大。若是革命势力占据了广大农村之后，他还是可以联合起来包围城市，封锁城市，用广大的农村革命势力以向城市进攻，必然可以得着胜利"，明确表达了到农村去，以农村为工作重点的思想。

中国革命的新道路是在斗争实践中逐步摸索出来的，凝聚了党和人民的集体智慧。毛泽东是成功地把党的工作重心由城市转入农村，在农村保存、恢复和发展革命力量的主要代表。毛泽东在实践中首先把革命的进攻方向指向农村，建立了全国第一个农村革命根据地——井冈山革命根据地，而且总结根据地斗争的经验，系统地阐述了农村包围城市、武装夺取政权的中国革命新道路理论，对中国革命作出了重大贡献。

在井冈山革命根据地的创建中，物质生活条件异常艰苦，又不断遭受强敌的"会剿"，致使根据地内部产生了悲观思想，一部分红军将士怀疑红色政权能否存在和发展，提出了"红旗到底打得多久"的疑问。为了回答这些事关中国革命前途和道路的问题，从 1928 年 10 月到 1930 年 5 月，毛泽东撰写了一系列著作，对中国革命的一些基本问题作了深刻论述。

1928 年 10 月和 11 月，毛泽东写了《中国的红色政权为什么能够存在?》和《井冈山的斗争》两篇著作，分析了半殖民地半封建中国社会的特点，第一次从理论上分析和论证了中国红色政权发生、发展的原因和条件。毛泽东认为，"一国之内，在四围白色政权的包围中，有一小块或若干小块红色政权的区域长期地存在，这是世界各国从来没有的事。这种奇事的发生，有其独特的原因。而其存在和发展，亦必有相当的条件。"这些原因和条件是：第一，中国是一个政治经济发展极不平衡的半殖民地半封建大国。这一基本国情，是红色政权能够存在和发展的最根本原因。第二，国民革命的政治影响。红色政权首先发生和能够长期存在的地方，一般是国民革命时期工农运动蓬勃兴起的地方，如广东、湖南、湖北、江西等省，这里的群众有较高的政治觉悟和一定的斗争经验。第三，全国革命形势的继续向前发展。国民革命失败后,引起中国革命的基本矛盾一个也没有解决,而且更加尖锐激化。全国革命形势是继续向前发展的,这必将推动红色政权的持续发展。以上是红色政权存在和发展的客观条件。第四,相当力量的正式红军的存在。这是红色政权存在和发展的必要主观条件。如果没有正式的红军,便不能对付国民党军队,更不能造成根据地长期割据发展的局面。第五,共产党的正确领导。共产党组织的坚强有力和各项政策的正确制定执行,是保证红色政权能够长期存在和发展的最重要的主观条件。

在这两篇文章中,毛泽东第一次提出了"工农武装割据"的思想,即在中国共产党领导下,以土地革命为中心内容,以武装斗争为主要形式,以农村革命根据地为战略阵地的三者密切结合的思想。土地革命、武装斗争和根据地建设,既是新民主主义革命的重要内容和主要形式,也是农村包围城市革命道路的重要组成部分。因此,毛泽东强调"工农武装割据"的思想,是共产党和割据地方的工农群众必须充分具备的一个重要的思想。毛泽东阐述的红色政权理论和工农武装割据思想,正确回答了关系着中国革命前途和命运的最基本问题,成为农村包围城市革命道路理论的重要组成部分。

农村革命根据地的发展和扩大,使中国共产党人进一步认识到红色政权在中国革命中的伟大作用和历史地位。1930年1月,毛泽东写了《星星之火,可以燎原》的著名通信。在信中他总结了井冈山和赣南、闽西根据地斗争的实践经验,吸收了其他根据地的有益经验,对中国革命道路问题进一步从理论上进行了分析和概括。毛泽东指出,中国革命和十月革命不同,那种全国范围的、包括一切地方的、先争取群众后建立政权的理论,是不适合中国革命的实情的。中国革命客观上要求通过红色政权的建立和发展来创造红军,使其成为将来大革命的主要工具。红军、游击队和红色区域的建立和发展,是促进全国革命高潮的最重要因素。上述论述实际上否定了照搬外国经验的城市中心论,提出了以乡村为中心的思想。至此,共产党首先在农村建立和发展红色政权,逐步积聚革命力量,待条件成熟时再夺取城市,最后夺取全国政权的中国革命新道路理论基本形成。

1930年5月,毛泽东在《反对本本主义》一文中指出:没有调查,没有发言权,中国革命斗争的胜利要靠中国同志了解中国情况。文章阐明了坚持理论与实际相结合的极端重要性,为农村包围城市革命道路理论奠定了马克思主义哲学基础。

2. 红军三次反"围剿"作战的胜利

中共六大以后,中国共产党领导的土地革命战争日渐发展。到1930年上半年,全国正式红军已发展到13个军,约10万人,先后建立了15块农村革命根据地,分布在江西、福建、湖南、湖北、广东、江苏、河南等10多个省300多个县。

红军和农村根据地的存在和发展,使国民党统治集团感到恐慌。从1930年10月到1931年7月,蒋介石亲自部署,向南方的主要根据地连续发动了三次军事

"围剿"。

1930年10月,蒋介石调集10万军队,以国民党江西省主席鲁涤平为总司令,兵分八路,采取了长驱直入、分进合击的战术,对赣南根据地发动了第一次"围剿"。面对敌强我弱的实际情况,红军采取了诱敌深入的对策,退却到宁都的黄陂、小布地区,把敌军主力诱到龙冈一带。12月30日,红军集中兵力在龙冈全歼敌主力9 000余人,活捉敌前敌总指挥张辉瓒。接着,又乘胜追击,歼敌半个师。这次战役历时5天,歼敌一个半师,红军连获两胜,粉碎了蒋介石的第一次军事"围剿"。

1931年4月,蒋介石纠集20万军队,由何应钦任总司令,采用稳扎稳打、步步为营的战术发动第二次"围剿"。红军在毛泽东、朱德的指挥下,采取了集中兵力、先打弱敌、在运动中各个歼灭敌人的方针,从5月16日到31日,15天横扫700里,从江西南部打到福建西部。红军连打5个胜仗,歼敌3万多人,胜利粉碎了第二次"围剿"。

1931年7月,仅隔一个月后,蒋介石又集结30万军队,亲任总司令坐镇南昌,兵分三路进攻革命根据地,企图一举消灭红军主力。此时,红军兵力只有3万多人,主力又远在福建建宁。对此,红军依然采用了诱敌深入的方针,避敌主力,打其虚弱。红军主力回师赣南后,机动灵活地与敌人周旋,使敌人"肥的拖瘦、瘦的拖死",疲惫不堪。从7月至9月,红军六战五捷,歼敌3万多人,彻底粉碎第三次"围剿"。

第三次反"围剿"战争胜利后,红军转入进攻,使赣南、闽西根据地连成一片,形成了以瑞金为中心的中央革命根据地,辖有21个县,250万人口,面积5万平方公里。与此同时,鄂豫皖、洪湖、湘鄂西等根据地的红军也先后粉碎了国民党军队的多次"围剿",取得了重大胜利。

在井冈山斗争时期,适应当时情况的带着朴素性质的红军游击战争基本原则已经产生出来,那就是"敌进我退,敌驻我扰,敌疲我打,敌退我追"十六字诀。随着红军战争的胜利发展,毛泽东、朱德等总结经验,逐渐形成了红军作战的基本原则。毛泽东分析了中国革命战争的四个主要特点:中国是一个政治经济发展不平衡的半殖民地大国,并且经过了1924—1927年的革命;敌人的强大;红军的弱小;共产党的领导和土地革命。正是这些特点决定了中国革命战争的指导路线及其战略战术的原则。这些原则主要有:

(1)积极防御。积极防御又叫攻势防御,是为了反攻和进攻的防御。任何一本有价值的军事书,任何一个比较聪明的军事家,都是主张积极防御的。

(2)充分准备。在敌人"围剿"开始之前,认真做好反"围剿"的准备,避免陷入被动地位。

(3)集中兵力,造成局部的以多胜少之势,使战略上处于劣势的红军在战役战斗上处于绝对或相对优势,有把握地歼灭敌人。

(4)实行运动战,力求在运动中歼敌。

(5)实行速决战、歼灭战。要避免战役战斗的持久战,每战必须在一两天甚至几小时内迅速结束,力争俘获敌人的大部人员和全部武器装备补充自己。上述这些原则是根据中国革命战争的特点和规律,从红军实际出发制定出来的,是弱小红军战胜强大敌人的有力武器。

小资料

毛泽东不仅是伟大的无产阶级革命家、战略家、理论家,也是杰出的诗人。其诗词创作充满革命豪情且有很高的艺术性,一些名篇佳句更是家喻户晓,誉满海内外。1931年春,在胜利粉碎国民党的第一次"围剿"后,毛泽东欣然写下这篇气势磅礴的革命战歌:

渔家傲·反第一次大"围剿"(1391年春)

万木霜天红烂漫,天兵怒气冲霄汉。

雾满龙冈千嶂暗,齐声唤,前头捉了张辉瓒。

二十万军重入赣,风烟滚滚来天半。

唤起工农千百万,同心干,不周山下红旗乱。

第二节　中国革命在探索中曲折前进

>>> 一、土地革命和农村根据地的建设

1. 土地革命的深入开展

农民土地问题是中国共产党领导的新民主主义革命的一个基本问题。在半殖民地半封建的中国,在社会经济生活中占优势地位的,仍然是封建经济。地主及旧式富农掌握着全国大部分土地,出租给无地和少地的农民耕种,向他们收取地租。沉重的地租剥削以及商业、高利贷资本的盘剥,使农民的生活极端贫困,中国农村经济日益陷入绝境。因此,反对封建主义,进行土地制度的彻底变革,成为中国新民主主义革命的一项基本任务。

1928年12月,毛泽东主持中共湘赣边界特委,总结一年来土地革命的经验,制定了《井冈山土地法》,第一次用法律形式肯定了农民获得土地的神圣权利。这个土地法的缺点是:规定没收一切土地,而不是只没收地主阶级土地,引起了一部分中农特别是富裕中农的不满;规定土地的所有权属于工农民主政府,而不是归农民个人,这也是土地私有观念浓厚的中国农民难以接受的。1929年4月,红四军前委结合赣南地区土地革命的经验,制定了《兴国土地法》,明确规定"没收一切公共土地及地主

阶级的土地",分配给无地少地的农民。这是对《井冈山土地法》的一个原则性的改正。

1929年7月,中共闽西第一次代表大会通过了《土地问题决议案》,在一些具体政策上有了新的发展。决议规定:在土地革命中要依靠贫雇农,团结中农,对中农不没收田地,不使其受任何损失;对富农不过分打击,以争取其中立;区别对待大小地主,给地主以生活出路,酌量分给土地;保护中小商业等。土地分配方法是:以乡为单位,以人口为标准,男女老幼平均分配,在原耕地基础上抽多补少。这些政策得到了广大群众的拥护,闽西根据地的土地革命走向高潮。在很短时间内有50多个区、600多个乡解决了土地问题,80万贫苦农民得到了土地,根据地进一步得到巩固。

1930年6月,红四军前委和闽西特委在福建长汀县南阳召开联席会议,针对土地革命中富农把持肥田、以贫瘠土地让人的做法,规定在分配土地时"应该于'抽多补少'之外还加上'抽肥补瘦'一个原则"。针对农民不拥有土地私有权而不安心耕种的情况,1931年2月,毛泽东写信给江西省苏维埃政府,要求各地各级工农民主政府发布布告,明确规定农民已经分得的田归农民个人私有,别人不得侵犯,可以自主租借买卖。田中出产,除向政府缴纳土地税外,均归农民个人所有。这就进一步解决了农民土地所有权的问题,提高了农民的生产积极性。在领导土地革命斗争的实践中,中国共产党形成了符合中国农村实际的土地革命路线和土地分配方法,这就是:依靠贫雇农,联合中农,限制富农,保护中小工商业者,消灭地主阶级,变封建半封建的土地所有制为农民土地所有制。以乡为单位,按人口平分土地,在原耕地基础上,实行抽多补少、抽肥补瘦。土地革命的开展,解放了农村生产力,极大地调动了农民群众的革命积极性和生产积极性,使红军战争获得了强大的人力、物力资源的保证。

2. 革命根据地的各项建设

随着红军战争的胜利,各革命根据地也获得了很大的发展,相继召开工农兵代表大会,建立了各级工农民主政府(又称苏维埃政府)。

1931年11月,中华苏维埃第一次全国代表大会在江西瑞金的叶坪召开。大会通过了《中华苏维埃共和国宪法大纲》及土地法、劳动法、经济政策等重要法律和决议,选举产生了中央执行委员会,组成了朱德任主席,王稼祥、彭德怀任副主席的中央革命军事委员会,成立了以毛泽东为主席、项英、张国焘为副主席的中华苏维埃共和国临时中央政府,将瑞金定为中华苏维埃共和国首都。

宪法大纲规定中华苏维埃共和国的性质是"工人和农民的民主专政国家","全部政权是属于工人农民红军兵士及一切劳苦民众"。中华苏维埃共和国实行各级工农兵代表大会制度,按照民主集中制原则组织人民政权。地方大会代表由共和国公民直接选举产生,在此基础上产生各级苏维埃政府。在中央根据地,80%以上的选民参加了选举。

中华苏维埃共和国临时中央政府的成立,使中国局部地区改变了半殖民地半封建社会性质,出现了工农民主专政的新型国家政权。各级政府坚持为人民谋利益的宗旨,为了坚持革命战争、改善人民生活、巩固红色政权,领导根据地军民进行了经济、教育、文化各项建设。

1934年1月,毛泽东在第二次全国工农兵代表大会的报告中指出:我们的经济建设的中心是发展农业生产,发展工业生产,发展对外贸易和发展合作社。很多地方组织了劳动互助社和耕田队,以调剂农村中的劳动力;组织了犁牛合作社,以解决耕牛缺乏的问题。因为敌人的封锁导致根据地货物出口发生困难,许多手工业生产出现衰落。为了克服困难,苏维埃政府恢复了农村传统的商品交换场所——墟场,设立了对外贸易局等机关,有计划地组织人民的对外贸易,并且由政府直接经营若干项必要的商品流通,如食盐和布匹的输入,粮食和钨砂的输出。根据地的手工业和个别工业如烟草、造纸、樟脑、钨砂等开始逐步恢复。合作社事业的发展非常迅速,据1933年9月江西、福建两省17个县的统计,共有各种合作社1 423个,股金30余万元。发展得最盛的是消费合作社和粮食合作社,其次是生产合作社。信用合作社也开始出现。1931年11月,在中央苏区成立了国家银行,由毛泽民任行长,各根据地设立分行。银行除发行纸币外,还对工厂和合作社放款或投资。

为了改变根据地文化落后、文盲众多的局面,苏维埃政府推广识字运动,建立了各种夜校、半日制学校和识字班,1933年起还成立了各级"消灭文盲协会"。各地以村为单位办起了列宁小学,对所有儿童实行免费教育。学校不仅向儿童传授文化知识,还讲授劳动知识、军事知识,注重培养他们的共产主义道德情操。在中央根据地还创办了红军大学、苏维埃大学、马克思共产主义大学、中央列宁师范学校、卫生学校等专门学校,为革命培养了大批干部和专业人才。根据地先后出版了《红色中华》、《斗争》、《红星报》和《苏区工人报》等30余种报刊,加强马克思主义思想理论教育,宣传党的路线、方针和政策,扩大了苏维埃政权在全国的影响。

>>> 二、土地革命战争的严重挫折

1."左"倾教条主义的错误及危害

近代中国是一个由几个帝国主义国家间接统治的政治经济发展极不平衡的半殖民地半封建的东方大国,具有同一般资本主义国家不同的特点。中国共产党在这样的国度里领导革命,探索一条通往革命胜利的道路,不是一件轻而易举的事情,必然要经历一个曲折的过程。大革命失败以后,在纠正陈独秀右倾错误的同时,一种"左"的急躁情绪开始在中国共产党内滋长。由于全党的马克思主义理论素养不高,缺乏对中国国情的深入了解,再加上共产国际对中国共产党内部事务的错误干预,

在土地革命战争前中期,"左"倾错误先后三次在中共中央领导机关取得统治地位。最严重的一次就是1931年1月至1935年1月以王明为代表的"左"倾教条主义,使中国革命濒临绝境。

小资料

　　王明(1904—1974),原名陈绍禹,安徽六安人。1925年秋在武汉加入中国共产党,同年底赴莫斯科中山大学学习,1929年回国,在上海从事宣传工作。他虽然熟读马列主义著作,但不注重对中国国情和中国革命规律的研究,缺乏实际斗争经验,因而教条主义倾向严重。自1931年1月至1935年1月,在领导中国革命过程中,照抄共产国际的决议,照搬苏联革命的某些经验,排斥打击持不同意见的同志,给中国革命带来严重危害。

　　1931年1月,中国共产党在上海召开了扩大的六届四中全会,改选了中央领导机构。王明在共产国际的支持下,进入中央政治局。从此,以王明为代表的"左"倾教条主义在中共中央机关占据了统治地位。王明等人在中国革命的基本问题上提出一系列的错误观点和政策,其主要错误是:在社会性质和阶级关系上,混淆民主革命和社会主义革命的界限,否认中间势力的存在,主张整个地反对资产阶级乃至上层小资产阶级。在革命形势和共产党任务问题上,夸大国民党统治的危机和革命主观力量的发展,继续强调全国性的革命高潮,提出在全国范围内实行进攻路线。在革命道路问题上,否认农村包围城市道路的战略意义,坚持以城市为中心,要求根据地的红军配合中心城市的武装起义。在党内斗争和组织问题上,推行宗派主义和惩办主义,对抵制或怀疑他们的错误的同志进行"残酷斗争,无情打击",使党内生活极不正常。

　　以王明为代表的"左"倾错误给中国革命造成了严重危害。首先,在白区工作中,继续采取为当时情况所不允许的斗争形式,在中心城市动辄发动罢工、游行示威、飞行集会以至武装暴动,使刚刚恢复的白区工作遭受惨重损失。1933年初,临时中央在上海无法立足,被迫迁入中央根据地。1931年九一八事变后,教条主义者采取关门主义政策,使党丧失了在九一八事变后组织抗日统一战线的有利时机。同时,中央和其他革命根据地也受到王明"左"倾错误的干扰。在中央根据地,1932年10月,中共苏区中央局全体会议对毛泽东和他在红军中实行的战略战术原则进行了错误的批评和指责,撤销了毛泽东的红一方面军总政委和前委书记职务,剥夺了毛泽东对中央根据地红军的领导权。1933年2月,又进行了反对福建省委代理书记罗明的所谓"逃跑退却路线"的斗争,拥护毛泽东正确主张的邓小平、毛泽覃、谢唯俊、古柏也在江西受到打击。"左"倾领导者在土地革命中实行"地主不分田,富农分坏田"的政策,提出"经济上消灭富农,肉体上消灭地主"的口号。对工商业者课以重税,不顾实际情况硬性实行过高的工人福利,歧视、打击知识分子等,给根据地工作造成极大的混乱。

2. 红军第五次反"围剿"战争的失败

毛泽东被剥夺领导权以后,周恩来、朱德抵制了王明的错误指令,按照毛泽东曾制定过的方针,于1933年春打破了国民党的第四次"围剿"。

1933年10月,蒋介石亲任总司令,调集百万军队,向中央根据地发动第五次"围剿"。临时中央负责人博古(原名秦邦宪)一切听命于共产国际派来的军事顾问李德,放弃了以毛泽东为代表的红军作战的正确原则,在军事指挥上犯了严重错误。战争开始后,他们采取进攻中的冒险主义,主张"御敌于国门之外",命令红军全线出击。红军屡战不胜,陷入被动挨打局面。博古、李德又变为防御中的保守主义,命令红军处处设防,节节抵御,实行阵地战、堡垒战,同敌人拼消耗。红军损失惨重,根据地北大门广昌失守。1934年7月,敌军发动新的攻势,红军在防御战中继续遭受严重损失,根据地日益缩小。到10月初,兴国、宁都、石城一线相继失守,在根据地内打破敌人"围剿"的可能性完全丧失,第五次反"围剿"失败了。这是"左"倾错误进一步发展造成的恶果。

1934年10月,中共中央机关和中央红军(又称红一方面军)8.6万人撤离根据地,向湘西转移,开始长征。长征初期,中共中央领导人在军事指挥上犯了退却中的逃跑主义错误。博古、李德在长征前没有在干部和战士中进行深入的政治动员,也没有认真做好长途行军作战所必需的各项准备,在仓促转移后又消极避战,命令主力部队采取搬家的方式掩护庞大的后方机关转移,致使红军失去主动,行动迟缓。11月中旬,红军冲出第四道封锁线后,兵力锐减到3万余人。蒋介石纠集40万兵力,拦截中央红军与湘鄂川黔的红二、六军团的会合。博古、李德无视战争形势的变化,继续坚持北去湘西与红二、六军团会合的原定计划。如果照此计划行动,红军将同十倍于已的敌军作战,就有全军覆没的危险。中国革命处在了危急关头。

>>> 三、遵义会议和红军长征的胜利

1. 遵义会议的召开

1934年12月11日,红军占领湖南通道,中共中央在此召开紧急会议,讨论红军行动方向。毛泽东力主放弃同红二、六军团会合的计划,改向敌人力量薄弱的贵州前进。这一主张得到政治局大多数同志的赞成。红军向贵州进发,一举攻克黔东南的黎平县城。12月18日,中央政治局召开会议,决定红军继续向贵州腹地前进,建立以遵义为中心的川黔根据地。随后,红军强渡乌江天险,于1935年1月占领黔北重镇遵义。

1935年1月15—17日,中共中央政治局在遵义召开扩大会议。会议通过了《中央关于反对敌人五次"围剿"的总结决议》,着重分析了"左"倾错误领导人在第五次

反"围剿"中战略战术上的错误,指出这是红军不能粉碎敌人第五次"围剿"的主要原因。决议肯定了毛泽东等关于红军作战的基本原则。改组了中共中央领导机构,增选毛泽东为政治局常委,取消博古、李德的最高军事指挥权,决定仍由中央军委主要负责人朱德、周恩来指挥军事,周恩来为党内委托的对于指挥下最后决心的负责者。会后,在行军途中,政治局常委进行了分工,由张闻天代替博古负总的责任,由毛泽东、周恩来、王稼祥组成三人军事指挥小组,负责全军的军事行动。

遵义会议的召开具有伟大而深远的意义。首先,会议集中全力解决了当时具有决定意义的军事和组织问题,结束了王明"左"倾教条主义在中央的统治,确立了以毛泽东为代表的新的中央的正确领导,在极其危急的情况下挽救了党和红军,挽救了中国革命。其次,会议的一系列重大决策,是在没有共产国际干预的情况下作出的,是中国共产党第一次独立自主地运用马克思主义原理解决自己的路线、方针、政策问题,妥善处理了党内长期存在的分歧和矛盾,这是具有划时代意义的一件大事,标志着中国共产党在政治上走向成熟。总之,遵义会议是中国共产党历史上一个生死攸关的转折点,从此党和红军在以毛泽东为代表的党中央的正确路线指引下,走上了胜利发展的道路。

图 5-2 遵义会议旧址

2. 红军长征的胜利

遵义会议后,中央红军在新的中央的领导下,实行机动灵活的运动作战,5月上旬,巧渡金沙江,摆脱了数十万敌军的围追堵截,取得了长征途中具有决定意义的胜利。随后,红军顺利通过了川西大凉山彝族地区,强渡大渡河,以坚韧不拔的毅力翻越了人迹罕至、终年积雪的夹金山,于1935年6月到达四川懋功地区,与先期到达的红四方面军会师。中共中央确定了北上建立川陕甘革命根据地的战略方针,红四方面军领导人张国焘却提出红军南下四川、西康(今四川西部、西藏东部地区)或西进青海、新疆的主张,同中央方针发生严重分歧。6月26日,中央政治局在懋功北部的两河口召开会议,重申了北上方针,否定了张国焘的错误主张。8月,红一、四方面军混合编队,分左右两路军共同过草地北上甘南,于8月下旬先后抵达阿坝和巴西地区。张国焘擅自命令右路军南下,企图分裂和危害党中央。中共中央率领红一、三军团及中央纵队迅速脱离险区,向北行进,9月中旬在川北的俄界召开政治局扩大会议,作出了《关于张国焘同志的错误的决定》。会后,红一、三军团和中央纵队改编为中国工农红军陕甘支队,于10月19日到达陕北吴起镇,红一方面军长征胜利结束。

张国焘坚持错误继续率军南下,1935年10月5日在卓木碉非法另立"中央",自封"主席"。南下的红四方面军屡遭强敌阻击,损失过半,1936年2月被迫退到西康甘孜地区(今属四川)。迫于形势,张国焘在6月取消了第二"中央"。

1936年7月,红二、六军团到达甘孜地区,与红四方面军会合,红二、六军团合编为红二方面军。在任弼时、贺龙、朱德、刘伯承等人的共同斗争下,张国焘被迫同意北上。1936年10月,红二、四方面军到达甘肃会宁、静宁地区,同红一方面军会合,中国工农红军的长征胜利结束。

伟大的长征以红军的胜利、敌人的失败宣告结束。"长征是历史纪录上的第一次,长征是宣言书,长征是宣传队,长征是播种机。"长征宣告了国民党军事"围剿"政策的破产,是中国革命转危为安的关键;长征广泛宣传了中国共产党的革命主张,播下了革命的火种,保存并锤炼了中国革命的骨干力量;长征把中国革命的大本营放在了西北,为迎接中国人民抗日救亡的新高潮准备了条件。长征结束后,中国革命的新局面开始了。

图 5-3　红军长征路线图

第三节　抗日救亡运动的兴起和局部抗战

1.九一八事变

19 世纪 60 年代明治维新以后,日本走上资本主义发展道路,迅速成为亚洲强国。它推行独霸亚洲的"大陆政策",不断发动对外侵略战争以掠取发展军事工业必需的资金和资源。第一次世界大战后,日本军国主义势力逐渐控制了本国政权,采取强硬的对外扩张方针。1927 年 6 月 27 日,日本首相田中义一召集所谓"东方会议",制定了《对华政策纲领》,企图把"满蒙"从中国本土彻底分割出去,并决心为之诉诸武力。7 月 25 日,田中义一向裕仁天皇呈递了题为《帝国对满蒙之积极根本政策》的秘密奏折,提出"唯欲征服支那,必先征服满蒙;如欲征服世界,必先征服支那"。很显然,独占"满蒙"已经成为日本的最高国策,日本成为亚洲的战争策源地。

1929 年 10 月,由美国开始的经济危机席卷整个资本主义世界,日本经济受到极大冲击。为了摆脱危机,日本军国主义者决心加紧实施其既定的侵华政策。1931 年 6 月,日本陆军省制定了《解决满蒙问题方案大纲》,决定对中国东北采取军事行动。日本军国主义分子不断在东北挑起事端,寻找发动战争的借口。1931 年 7 月,日本关东军特务在长春北郊万宝山屠杀中国农民,挑拨中朝农民关系,并在它统治下的朝鲜煽动排华风潮,借以动员日本朝野的反华舆论。8 月,日本利用陆军间谍中村大尉潜入东北兴安岭军事禁区进行非法活动被中国驻军处死一事,向中国东北当局施加压力,集结大批日军于沈阳,叫嚣必须"以武力解决"。战争已迫在眉睫。对日军的恶意挑衅和狂妄叫嚣,蒋介石和南京国民政府采取了妥协退让的方针,中国军队只能处处忍让。

1931 年 9 月 18 日晚,日本关东军派遣守备队一部炸毁了南满铁路沈阳北郊柳条湖的一小段路轨,反诬中国军队"破坏"铁路、"袭击"日本守备队。日军当即炮轰东北军驻地北大营;同时,驻扎在南满铁路沿线的日本军队向沈阳城内和长春、四平、公主岭等地发起进攻,九一八事变爆发。东北军大部执行蒋介石不抵抗命令,撤至山海关以内。日军一夜之间兵不血刃占领沈阳,不到一星期,占领了本溪、营口、四平、长春等三十余座城市。到 9 月底,日军占领了辽宁(除辽西)、吉林两省。南京国民政府寄希望于国际联盟的"裁决",而日本则拒绝执行国际联盟的决议,继续侵犯黑龙江省和辽西地区。1932 年 2 月,中国东北全境沦陷。东北三省近百万平方公里的富饶河山沦为日本帝国主义的独占殖民地,3 000 万同胞从此惨遭日军践踏。

2.抗日救亡运动的兴起和中国军队的局部抗战

九一八事变后,抗日救亡运动在全国兴起。1931 年 9 月 20 日,中共中央发表宣言,反对日本帝国主义侵略中国。1932年4月,中华苏维埃共和国临时中央政府发布《对日战争宣言》,表明了"领导全中国工农红军和广大被压迫民众,以民族革命战争,驱逐帝国主义出中国,以求中国民族的彻底的解放和独立"的严正立场。九一八事变爆发后,根据中共中央的指示,中共满洲省委号召各级党组织开展抗日游击战争。中共中央先后派罗登贤、杨靖宇、赵尚志、周保中等到东北,领导和组织抗日武装斗争。1933年初,中国共产党领导的抗日游击队在东北各地崛起。1934年,各游击队改编为东北人民革命军。1936年,又先后改编为东北抗日联军。抗联将士在群众的支持下,进行了艰苦卓绝的斗争,沉重打击了日伪军。日本侵略者哀叹抗日联军是伪"满洲国"的"治安之癌"。

在抗日救亡运动中,工人阶级表现了主力军的姿态。上海、北平、天津等地工人纷纷举行反日大罢工和抗日示威游行,组织抗日救国联合会,要求政府立即出兵抗日,并且积极募集爱国捐款。青年学生在运动中起了先锋、桥梁作用,北平、上海、南京等地大中学校学生采取罢课、请愿、示威等行动,要求蒋介石出兵北上,收复失地。随着国内政治形势的变化,民族资产阶级政治态度也发生重大变化,他们认为"军事上外交上的唯一出路是全国一致对外",要求国民党停止内争,开放政权,实行民主;甚至要求国民党在政治上"改弦更张""与民更始",变更"剿共"政策。

蒋介石的对外不抵抗主义和对内"剿共"政策,引起了国民党军队中爱国将士的强烈不满,国民党军队中开始分化出一部分抗日爱国官兵。1931年11月,黑龙江省代主席马占山率部在嫩江桥奋起抗战,给日军以重创,全国一度出现援马抗日热潮。以东北军爱国官兵为主体的抗日义勇军在东北各地相继建立,给予日伪军以沉重打击。1932年1月28日晚,日军向上海闸北的中国驻军发起了突然袭击,国民党第19路军将领蔡廷锴、蒋光鼐率领全体官兵英勇抵抗,得到了国内外同胞特别是上海各界民众的大力支援。上海和其他各地民众自动组织义勇军奔赴前线参战。这就是淞沪抗战。据统计,仅与19路军取得直接联系投入作战的义勇军就有58支。

1933年春,日军进犯察东,5月26日,国民党将领冯玉祥在张家口成立察哈尔民众抗日同盟军,自任总司令。同盟军以外抗暴日、内除国贼为宗旨,誓以武力收复失地。经过浴血奋战,把日伪军全部赶出察哈尔省境,全国人心振奋。

淞沪抗战后,国民党第十九路军被调往福建参加"剿共"。蔡廷锴等决心以国家民族利益为重,联共抗日反蒋。1933年11月,蔡廷锴、蒋光鼐、李济深、陈铭枢等在福州发动反蒋抗日事变,成立了福建人民革命政府。福建事变是国民党内一部分政治军事力量对蒋介石卖国内战政策不满而导致的国民党阵营的重大分化,反映了国内阶级关系的新变化,对抗日民主运动的发展起了促进作用。

>>> 二、抗日救亡运动的新高潮

1. 华北事变和一二·九运动

为实现独占中国的既定目标,从 1935 年起,日本加强了对中国华北地区的侵略。日本不断制造事端,企图通过华北政权特殊化的方式,把华北变成为第二个"满洲国"。

1935 年 5 月起,日本借口中国当局援助东北义勇军、天津日租界两个汉奸报社社长被暗杀和察哈尔张北地区中国军队拘留日本特务等事件,向国民政府提出对华北统治权的无理要求,并调关东军入关进行威胁。国民政府继续妥协退让,先后与日本签订《何梅协定》、《秦土协定》,使中国政府在河北、察哈尔两省的主权大部丧失,华北成为日军可以任意出入的"真空地带"。接着,日本又策动了所谓华北五省(河北、察哈尔、绥远、山西、山东)"防共自治运动",公开宣称要把国民党和蒋介石政权从华北排除出去。国民政府既不允许华北"自治",又慑于日本的武力威胁,于是迎合日本的要求,撤销北平军分会,并于 12 月初指派宋哲元和汉奸王揖唐、王克敏等组成冀察政务委员会,管辖河北、察哈尔、北平、天津。冀察政务委员会名义上隶属于国民政府,实际上是一个具有很大独立性的半自治政权。

日本在对华北进行军事、政治侵略的同时,还在"中日经济提携"的旗号下,加紧对华北的经济掠夺,控制了华北的工矿企业和交通运输业,垄断了华北的煤、铁、石油、盐等资源的开发。日本还公然进行大规模的武装走私,严重影响了中国的财政税收和民族工业。

华北局势的日益恶化,促使广大爱国青年行动起来。1935 年 12 月 9 日,在中共北平地下组织、北平学联的领导下,北平大中学校学生数千人举行声势浩大的示威游行。爱国学生高呼"打倒日本帝国主义""反对华北自治""停止内战、一致对外"等口号,并与前来镇压的军警展开了英勇搏斗。12 月 16 日,冀察政务委员会预定当日成立,北平学生和市民万余人集会,反对其成立,要求收复失地。会后又进行了示威游行。国民党当局被迫宣布冀察政务委员会延期成立。

北平学生的英勇斗争,迅速得到全国各地学生和各界民众的热烈响应和广泛同情,从 12 月 11 日起,南京、上海、天津、武汉等 30 多座城市的学生相继举行了大规模的示威游行。一二·九运动冲破了国民党统治下沉寂的政治局面,促进了中华民族的新觉醒,成为全国抗日救亡运动新高潮的起点。

2. 中国共产党的抗日民族统一战线政策

华北事变后,中日民族矛盾上升为主要矛盾,国内阶级关系进一步发生深刻变化。中国共产党正确分析了国内外政治局势,制定了抗日民族统一战线的策略方针,为迎接全国抗日新高潮的到来作了理论和政治上的准备。

1935 年 8 月 1 日,中国共产党驻共产国际代表团以中共中央和中华苏维埃共和国临时中央政府的名义发表《为抗日救国告全体同胞书》(即《八一宣言》)。宣言呼吁全国各党派、各界同胞、各军队都应有"兄弟阋于墙,外御其侮"的真诚觉悟,捐弃前嫌,停止内战,集中一切国力,为抗日救国的神圣事业而奋斗。宣言还提出组织国防政府和抗日联军总司令部的建议。

1935 年 12 月,中共中央在陕北瓦窑堡召开了政治局会议。12 月 25 日,会议通过了《中央关于目前政治形势与党的任务的决议》,确定了抗日民族统一战线的策略总方针。12 月 27 日,毛泽东在党的活动分子会议上作了《论反对日本帝国主义的策略》的报告。决议和报告分析了时局的基本特点,批评了党内的"左"倾关门主义错误,论证了建立抗日民族统一战线的必要性和可能性,尤其是与民族资产阶级建立统一战线的可能性。为促成抗日民族统一战线的建立,会议对党的政策作了若干重要变动:将"工农共和国"的口号改变为"人民共和国"的口号;改变对富农的政策,规定富农的财产以及封建剥削部分以外的土地均不没收;放宽对民族工商业的政策;广泛争取知识分子参加抗日斗争;等等。

瓦窑堡会议从理论上和政策上解决了建立抗日民族统一战线的问题,从而解决了遵义会议没有来得及解决的党的政治路线问题,为抗日战争做了政治上和理论上的准备。

>>> 三、国内和平的实现

1. 西安事变的和平解决

华北事变以后,国民政府的对内对外政策逐渐发生变化,蒋介石希望取得苏联的支持,遏制日本在华势力的增长。从 1935 年 11 月开始,国共两党通过多种渠道进行了接触。但是这个时期国民党当局依旧坚持"剿共"方针,对抗日民主运动继续采取高压手段。

1936 年 10 月,蒋介石在陕甘根据地周围集结重兵,部署"剿共"事宜。10 月 31 日,蒋介石颁布对红军的总攻击令。红军多次退让后被迫应战,11 月 21 日在宁夏环县山城堡歼灭胡宗南部第七十八师一个旅。12 月 1 日,毛泽东、朱德致函蒋介石,再次要求蒋介石立即停止内战,并给红军以抗日出路。蒋介石不但拒绝了中国共产党的正义要求,而且飞赴洛阳召开"剿共"军事会议,调集嫡系部队约 30 个师准备一举消灭红军。

驻扎在陕西"剿共"的国民党军队主要是张学良的东北军和杨虎城的第十七路军(又称西北军)。张、杨所部在"剿共"战争中受到红军的沉重打击,广大士兵厌倦内战,抗日情绪日趋高涨。中共中央分析了这两支军队的处境,对其开展了统一战线工作。1936 年上半年起,红军与东北军、西北军实际停止了敌对状态,西北地区各派武装力量在共同抗日的前提下实现了大联合。

1936年12月4日,蒋介石亲赴西安,逼迫张学良、杨虎城执行"剿共"命令,否则就将东北军调往福建,西北军调往安徽,把陕甘两省让给中央军"剿共"。张、杨权衡利弊,决心一不打内战,二不离开西北,他们对蒋介石多次诤谏,劝说其以民族大义为重,放弃"剿共"内战政策,均被蒋顽固拒绝。12月9日,西安万余名学生举行纪念一二·九运动一周年示威游行,国民党特务开枪镇压。愤怒的学生前往华清池向蒋介石请愿,蒋介石电令张学良武力镇压。张学良被学生爱国激情所感动,10日、11日两天又接连向蒋介石痛切进谏,竟被蒋介石斥为"犯上作乱"。张学良、杨虎城为情势所迫,毅然发动"兵谏",逼蒋抗日。

1936年12月12日凌晨,震惊中外的西安事变爆发。张学良卫队包围了华清池,扣留了蒋介石。杨虎城部队控制了西安全城,拘押了随蒋来陕的军政要员陈诚、蒋鼎文等10余人。当天,张、杨通电全国,说明事变动机完全出于抗日救国,对蒋本人必定"保其安全,促其反省"。通电提出改组南京政府、停止一切内战,立即召开救国会议等八项主张,并电请中共中央派出代表共商抗日救国大计。

西安事变在国内外引起强烈反响。各主要国家和国内各派势力从各自的利益出发,作出了不同的反应。面对错综复杂的政治形势,中国共产党正确分析了事变的性质及前途,从民族的长远利益出发,提出了和平解决西安事变的基本方针,即"反对新的内战,主张南京与西安间在团结抗日的基础上,和平解决"。为了实现这个方针,中国共产党进行了以下几方面的工作:首先,用一切方法联合国民党左派,争取中间派,反对和揭露亲日派发动内战的阴谋,推动南京国民政府走上抗日道路;其次,给张学良、杨虎城以政治上、军事上的积极援助,使之彻底实现共同抗日主张,并切实做好防御准备,随时迎击亲日派和日军的武装进攻;同时,应张学良、杨虎城的邀请,派周恩来、博古、叶剑英等前往西安参加和平谈判。

12月16日,周恩来等到达西安,向张、杨阐明了中共中央和平解决事变的方针。23日,南京、西安和中共三方代表宋子文、宋美龄、张学良、杨虎城、周恩来举行正式会谈,经过两天开诚布公的会谈,达成了六项和平协定,即:改组国民党和国民政府,驱逐亲日派,容纳抗日分子;释放上海被捕的爱国领袖,释放一切政治犯,保障人民的自由权利;停止"剿共",联合红军抗日;召集救国会议,决定抗日救亡方针;与同情中国抗日的国家建立合作关系;其他具体的救国办法。24日晚,周恩来会见蒋介石,表达了中共中央抗日救国的坚定立场和真诚愿望。蒋介石表示同意已经达成的六项和平协议。25日,蒋介石由张学良陪同飞离西安返回南京。西安事变终于和平解决。

西安事变的和平解决,是当时国内外各种和平进步力量合力作用的结果。中国共产党积极倡导和平解决事变的方针,并为此付出了巨大的努力,发挥了重大作用。

西安事变的和平解决,成为时局转换的枢纽。蒋介石停止了对红军的进攻,十年内战局面基本结束,开始了国内和平的新时期,为国共两党再次合作、团结抗日创造了有利条件。

图 5-4 张学良将军(左)和杨虎城将军(右)

2. 国民党五届三中全会

西安事变和平解决后,中国共产党采取新的重大步骤,以促成国共合作为基础的抗日民族统一战线的形成。

1937 年 2 月 10 日,中共中央发表《致国民党五届三中全会电》,提出停止内战,一致对外等五项要求,同时明确表示,如果国民党三中全会能够将此确定为国策,中国共产党愿作如下四项保证:在全国范围内停止推翻国民政府之武装暴动方针;工农民主政府改名为中华民国特区政府,红军改名为国民革命军,直接受南京中央政府与军事委员会之指导;特区实行彻底的民主制度;停止没收地主土地之政策,坚决执行抗日民族统一战线之共同纲领。中国共产党提出的四项保证既坚持了原则,又作出了必要的重大让步,体现了中国共产党的爱国热忱,得到了全国各阶层人民的广泛支持和国民党内抗日民主势力的普遍赞同。

1937 年 2 月 15 日,国民党五届三中全会在南京召开。全会通过的宣言和决议案表明国民党的内外政策有了明显的转变。在国内政策上,确认"和平统一""为全国共守之信条",其目的"在集中整个国家整个民族之力量,以排除当前之国难";确定了修改选举法,扩大民主,开放言论,释放政治犯等原则。在对外政策上,明确表示如果忍耐超过限度,则"决然出于抗战",实行自卫。"抗战"一词第一次出现在国民党的正式文件上。在处理与共产党关系问题上,全会通过的决议案虽然没有根本放弃反共立场,但在实际上承认了共产党的合法地位,确定了与共产党再次合作的原则。国民党五届三中全会表明,国民党的基本政策已由内战、"剿共"和妥协转向和平、统一和抗日。

本章小结

大革命失败以后,中国共产党在极端困难的局面下继续坚持斗争。在攻打城市的武装起义受挫后,及时地将队伍转向了农村,开辟了农村革命根据地。以毛泽东为代表的中国共产党人从中国国情出发,总结实践经验,创造性地开辟了一条农村包围城市、武装夺取政权的中国革命新道路,中国革命走向复兴。由于"左"倾错误的危害,第五次反"围剿"失败,红军被迫进行战略转移。长征途中召开的遵义会议解决了当时最为紧迫的军事问题和组织问题,结束"左"倾错误在中央领导机关的统治,使中国革命转危为安。艰苦卓绝的红军二万五千里长征给中国人民留下一笔宝贵的精神财富。随着九一八事变、华北事变的相继发生,中国共产党提出了建立抗日民族统一战线的方针政策,积极促成了西安事变的和平解决,成为抗日救亡的中坚力量。

土地革命战争的十年,是中国共产党在政治上不断走向成熟的时期。在这十年间,中国共产党经历了两次由失败到崛起的转折:第一次是从大革命失败到土地革命战争的兴起,第二次是从第五次反"围剿"失败到抗日战争的兴起。胜利与失败的鲜明对比,使中国共产党人对中国革命的特点和规律有了更为深刻的了解和认识,并且勇于正视、修正自己的错误,在纠正错误的过程中不断得到净化、提升,最终领导中国革命走向胜利。

复习思考题

1. 简述中共八七会议的内容和意义。
2. 三湾改编的内容是什么?
3. 中国红色政权存在和发展的条件有哪些?
4. 中国共产党的土地革命路线和土地分配方法是什么?
5. 为什么说遵义会议是中国共产党历史上一个生死攸关的转折点?
6. 红军长征胜利的历史意义是什么?

推荐阅读

1. 毛泽东:《反对本本主义》,1930年5月。
2. 《关于若干历史问题的决议》,1945年4月20日。
3. 张学良口述,唐德刚撰写:《张学良口述历史》,中国档案出版社2007年版。
4. 哈里森·索尔兹伯里:《长征——前所未闻的故事》,解放军出版社2007

年版。

5.杨奎松:《中国近代通史(第8卷):内战与危机(1927—1937)》,江苏人民出版社2009年版。

6.秦风老照片馆:《影像民国:1927—1949》,广西师范大学出版社2009年版。

第六章

中华民族的抗日战争

学习目标

　　1.了解全国性抗战的兴起与展开,理解全民族的统一与团结是实现中华民族伟大复兴的前提和基础。

　　2.理解国民党政府在正面战场的抗战,正确评价国民党的正面战场在抗日战争中的作用。

　　3.了解中国共产党为推动抗日民族统一战线的发展所作的努力,认识敌后战场与游击战争在抗日战争中的作用,理解中国共产党在抗日战争中的中流砥柱作用。

　　4.了解抗日战争在世界反法西斯战争中的重要地位和作用,认识抗日战争的伟大意义和历史启示,增强民族意识和爱国主义观念。

历史线索图

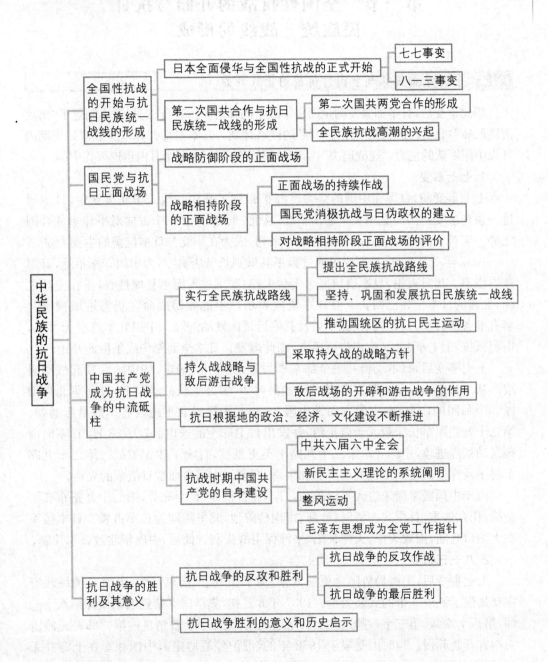

第一节 全国性抗战的开始与抗日
民族统一战线的形成

>>> 一、日本全面侵华与全国性抗战的正式开始

华北事变后,日本加紧发动全面侵华战争的部署。1936年8月,日本制定了"南攻南洋群岛""北攻西伯利亚""先打中国"的侵略计划。日本军部打算以少数精兵短期内歼灭中国军队的主力,"速战速决",结束对华战争,梦想在三个月内迅速灭亡中国。

1. 七七事变

七七事变前,日军在中国的势力已经扩张到了平津一线。华北事变中,日本通过一系列事变把国民党中央军逼出华北,从北、东北、西北三个方向对平津形成合围之势。宋哲元的第二十九路军是西北军系列,成为在华北与日本抗衡的主要力量。

1937年7月7日,日军要求通过宛平县城到长辛店演习,为中国守军拒绝,日军被迫绕道。当日夜里,日军借口一名士兵失踪,要求进入宛平县城搜查,正在交涉之际,失踪的日本士兵已归队。但日军蛮横表示,"不能收回成命""仍需进城搜索"。早有准备的日军,向卢沟桥、宛平城及其附近地区发动进攻。中国驻军终忍无可忍,奋起抵抗,七七事变(又称卢沟桥事变)因此爆发。日本全面侵华战争由此开始。

七七事变后,日本动员几乎全部军事力量,向华北、华东、华中地区发起战略进攻。从7月27日,日本陆军参谋本部发出对20多万军队的动员令,及向华北再增派3个师团的命令,向中国方面送出限48小时内撤退北平地区驻军的最后通牒。第二十九路军军长宋哲元予以拒绝,并发出自卫守土的通电。7月28日,日军向南苑发动猛烈进攻,中国守军第二十九路军英勇抵抗,打响平津保卫战。第二十九路军将士及保安队官兵用他们的鲜血和生命,开创了中国全面抗日战争的先声。

由于中国援军尚未进入平津阵地,日本装备精良、兵力充分,第二十九路军孤军奋战,伤亡惨重,日军攻占清河、沙河、卢沟桥等地,北平随即为日军占领。日本援军在大沽口登陆,围攻天津,天津失陷,平津保卫战失利。此后,中国华北被日军控制。

2. 八一三事变

七七事变后,上海局势随之更加紧张,为了保卫宁(南京)、沪(上海),国民政府主动加强了淞沪一带的武装力量。1937年8月初,集结国军精锐的德械师第八十七师、第八十八师、第三十六师进驻上海附近地区,又命令装备精良的第二师补充旅由河南省开赴苏州。当时因受限于1932年的《淞沪停战协定》,中国驻军在上海并无正规陆军,只有毫无实战经验的保安团和维持治安的警察,军力十分薄弱;而日本在一·二八事变后,在上海虹口、杨树浦一带派驻重兵,大批舰艇常年在长江、黄浦江

沿岸巡弋。中日双方在上海已经是剑拔弩张,战争一触即发。

1937年8月9日,日本驻上海丰田纱厂海军陆战队的两名日本军人强行进入虹桥机场,被守卫机场的中国宪兵制止,两人态度愈加蛮横,拔枪威胁,中国宪兵鸣枪警告,日本军人仓皇驾车逃跑,被高度戒备的中国士兵击毙。突发的虹桥机场事件点燃了战争的导火线。8月13日晨,6 000余名日军突袭闸北,以日舰猛烈炮火滥炸上海市区,大举进攻上海。当地中国驻军奋勇抗击日本侵略军,这就是八一三事变。从此,中国人民的抗日运动在全国范围内进一步开展起来,局部抗战最终发展成全面抗战。

>>> 二、第二次国共合作与抗日民族统一战线的形成

1. 第二次国共两党合作的形成

七七事变后第二天,中国共产党便通电全国,疾呼"平津危急! 华北危急! 中华民族危急! 只有全民族实行抗战,才是我们的出路!"号召"全中国同胞、政府与军队,团结起来,组成民族统一战线的坚固长城,抵抗日寇的侵略!""国共两党亲密合作抵抗日寇的新进攻!""驱逐日寇出中国!"7月9日,中国工农红军通电要求国民政府,速调大军增援第二十九军,表示红军愿改名为国民革命军,受命为抗日前锋,与日寇决一死战。

在全国抗日救亡运动高涨和中国共产党倡议国共合作的情况下,7月17日,蒋介石在庐山发表"对日一贯的方针和立场"的讲演,指出,"和平未到根本绝望时期,决不放弃和平,牺牲未到最后关头,决不轻言牺牲。""万一真到了无可避免的最后关头,我们当然只有牺牲,只有抗战。""如果战端一开,就是地无分南北,年无分老幼,无论何人,皆有守土抗战之责任,皆有抱定牺牲一切之决心。"李宗仁、白崇禧通电拥护蒋介石的庐山谈话,并"希望中央早日发动整个的焦土抗战"。

为了实现国共两党重新合作,促成抗日民族统一战线的正式建立,动员一切力量,中国共产党作了极大的努力。从1937年2月中旬到9月下旬,共产党和国民党就两党合作抗日问题,进行了六次正式谈判。国民党顽固地坚持取消共产党组织上的独立性、取消红军、取消革命根据地的主张,谈判没有达成协议。为了早日促成国共两党合作抗日,7月15日,中共中央向国民党递送了《中共中央为公布国共合作宣言》,在五项要求四项保证的基础上,进一步提出了三项总目标和四项承诺。中国共产党还表示,准备把这些诺言中在形式上尚未实行的部分,如苏区取消、红军改编等,立即实行。

八一三事变后,战事骤然紧张,8月14日,国民政府发表《国民政府自卫抗战声明书》,公告了卢沟桥事变以来事态发展的经过,声明"实行自卫,抵抗暴力",向全世界表明了中国被迫抗战的正义性和抗战决心。国民政府遂同中国共产党达成红军

改编问题的协议,8月22日,国民政府军事委员会公布了红军改编为国民革命军第八路军的命令,同意设立总指挥部,委任朱德、彭德怀为正、副总指挥。

9月22日,国民党中央通讯社发表了《中共中央为公布国共合作宣言》。9月23日,蒋介石发表《对中国共产党宣言的谈话》,承认了中共中央宣言和国共两党的合作抗日。抗日民族统一战线的建立,体现了国共两党宽广的胸怀和外御其侮的民族精神。至此,以国共两党第二次合作为基础的抗日民族统一战线正式形成。

小资料

根据国共第二次合作协议,1937年8月25日,中共中央革命军事委员会发布命令:长征到达陕北的中国工农红军,按全国抗日军队的统一编制序列,改编为"国民革命军第八路军",朱德任总指挥,彭德怀任副总指挥,全军辖一一五、一二〇、一二九三个师,约4.5万人。后统一改称"国民革命军第十八集团军"。10月,在江西、福建、广东、湖南、湖北、河南、浙江、安徽等八省坚持斗争的红军游击队整编为"国民革命军新编第四军",或"陆军新编第四军",人数约8 000余人,由叶挺任军长。八路军的标志是:左臂上戴臂章,臂章正中为"八路"两字,下端标着佩戴年月、背面有"18GA"字样(即第十八集团军的英文缩写)。新四军的标志也是左臂戴臂章,臂章正面为"N4A"三字(即陆军新编第四军的英文缩写),背面是部队番号及佩戴者的姓名。八路军、新四军均为灰色军服。

抗日民族统一战线是在日本帝国主义发动全面侵华战争的特殊历史条件下形成的,两党合作基础实际上仅仅是抗日,与第一次国共合作不同的是,在抗战中,始终没有两党公认的合作的共同纲领和具体的组织形式;在统一战线中,国共两党都有自己的军队和政权;中国共产党拥有自己的武装。抗日民族统一战线的建立,为团结全国人民抗日救亡,最终战胜日本帝国主义,实现中华民族的独立与解放奠定了坚实的基础,具有重大的历史意义。

2. 全民族抗战高潮的兴起

抗日民族统一战线以国共两党合作为基础,工农商学兵各界各族人民、各民主党派、抗日团体、社会各阶层爱国人士、海外侨胞广泛地支持和参加,成分包含了当时中国的各界爱国人士。全国各界民众以不同形式参加抗日民族统一战线,投入了全民族抗战。

在国民党方面,以广西的李宗仁、山西的阎锡山为代表的国民党各地方派系,都表示愿意共赴国难,开始与蒋介石展开密切合作。

社会各政治团体和派别纷纷支持全民抗战,并动员各自的力量参与抗日战争。1937年7月10日,救国会号召全国同胞,"为民族的生存而战!为东亚的和平而战!为人类的文明而战!"1938年3月1日,中华民族解放委员会发表《抗战时期的政治主张》,号召:"全国上下,不分党派,无间朝野,为民族利益计,为自身及子孙计,都应该牺牲其特殊利益,财产生命,一致团结,共同向战胜暴日的一个目标前进。"全国各地的民众组织起来,无论是工人、农民、商人、企业家,还是学生、文教人士、宗教人士等,"有钱出钱,有力出力",都以各种形式参与了抗日救国运动。各少数民族人民与汉族人民一起,以各种方式投入抗日斗争。

国难当头,港澳同胞和海外华侨也都心系祖国,竭尽全力支援抗战。许多台湾同胞还来到祖国大陆,组织各种抗日团体和抗日武装。岛内的高山族等台湾同胞则坚持不断地发动抗日暴动,组织抗日义勇军。香港、澳门同胞也积极支援内地的抗战。太平洋战争爆发后,香港同胞更在内地抗日武装的支持下,开展打游击战等多种形式的抗日斗争。

小资料

陈嘉庚(1874—1961),1910 年就参加同盟会,募款支持孙中山的革命活动。民国成立后,他一再反对日寇侵略,筹款救灾,抵制日货。七七事变以后,他在新加坡组织"南洋华侨筹赈祖国难民总会",首先把南洋各属 1 000 多万华侨组织起来,募集巨款援助祖国的抗战。就 1939 年来看,他募集的抗战军费为国币 18 亿元。毛泽东称他为"华侨旗帜,民族光辉"。毛泽东对他的评价成为历史性的评价。

1949 年,他应毛泽东电邀,回国出席全国政协会议,参加开国大典。后回国定居,历任中央人民政府委员等职,致力于祖国社会主义建设事业,并对推动华侨爱国大团结、鼓励华侨支持祖国和家乡建设起到积极作用。1961 年 8 月 12 日,在京病逝。

第二节　国民党与抗日正面战场

从 1937 年 7 月卢沟桥事变,到 1938 年 10 月广州、武汉失守,中国抗战处于战略防御阶段。在战略防御阶段,日本侵略者以国民党军队为主要作战对象,以国民党军队为主体的正面战场,担负了抗击日军战略进攻的主要任务。

>>> 一、战略防御阶段的正面战场

平津失陷后,日军编组了以 8 个师团为基干的华北方面军和以 5 个师团为基干的上海派遣军,分别以平津、上海为中心向南、北两个方向同时展开进攻。1937 年 8 月,蒋介石在南京召集国防会议,要求地方派兵参加抗战。随即,国民党军队组织了淞沪、忻口、徐州、武汉会战等一系列大战役,展开了正面战场的全线抵抗。

1. 忻口会战

平津失陷后,华北日军进犯晋、察、绥,并把战略进攻的重点指向山西。1938 年 10 月,日军调集五六万兵力以及大批飞机、坦克和大炮,试图一举占领太原。忻口为晋北通往太原的门户,是保卫太原的最后一道防线。为了保卫太原,国民党第二战

区指挥部集中6个集团军,共31个师、13个旅,约28万多人,由第二战区副司令长官卫立煌任前敌总指挥,组织了忻口会战。经过半个月激烈的阵地争夺战,日军被歼2万人,中国军队伤亡10万人以上,第九军军长郝梦龄和第五十四师师长刘家麒等阵亡。忻口的国民党军队苦战兼旬,在日军追击下,未能进入阵地配合保卫太原。10月26日,日军攻占重要关隘娘子关、阳泉、寿阳、榆次等地,直逼太原。11月4日,太原在日军轮番空炸下变成一片废墟,中国守军第三十五军在集团军司令傅作义率领下苦战5天后突围,太原失陷。以保卫太原为战略目标的忻口战役随即失败。

2.淞沪会战

从八一三事变开始,淞沪会战就打响了。由于中国军队的英勇作战,会战规模不断升级,日军不断抽调大量部队增援,日本海空军大量参战。与此相应,中国也不断投入增援力量,从广东、广西、四川、贵州、云南等地抽调部队参战,海空军力量也参加战斗。中国军队虽经英勇奋战,但在军事装备上不占优势,处境渐渐不利。淞沪会战中,时任八十八师二六二旅五二四团中校团副的谢晋元仅率所属一营死守四行仓库,面对优势敌人疯狂不断的进攻,坚守4昼夜,击退日军6次进攻,毙敌数百人,令敌胆寒,所部被中国人民誉为"八百壮士"。11月12

图6-1 淞沪会战示意图(1937.8—1937.11)

日,上海失陷。这场战役是中国抗日战争中第一场重要战役,也是抗日战争中规模最大、战斗最惨烈的战役,前后共历时3个月,日军投入8个师团和6个旅约20万人,死伤约7万人;中国军队投入75个师和9个旅约40万人,伤亡约15万人。淞沪会战,粉碎了日寇三个月灭亡中国的梦想,鼓舞了全国人民的抗日斗志,为沿海工业内迁赢得了宝贵的时间,为坚持长期抗战起了重大作用。

小资料

《八百壮士歌》又名《中国不会亡》,是为纪念四行仓库保卫战中英勇作战的勇士而作,用以激励国人的抗日士气,此歌至今仍然被传唱。

> 中国不会亡,中国不会亡,
> 你看那民族英雄谢团长;
> 中国不会亡,中国不会亡,
> 你看那八百壮士孤军奋守东战场。
> 四方都是炮火,四方都是豺狼。
> 宁愿死、不退让,宁愿死、不投降。

我们的国旗在重围中飘荡、飘荡。

八百壮士一条心,十万强敌不敢当。

我们的行动伟烈,我们的气节豪壮。

同胞们,起来! 同胞们,起来!

快快上战场,拿八百壮士做榜样。

中国不会亡、中国不会亡、不会亡!

日军占领上海后,在沪宁路方向分三路、太湖南岸分两路同时向南京攻击,海空军协同进击。1937 年 12 月 13 日,南京失陷。日军占领南京后,进行了灭绝人性的烧杀淫掠"大竞赛",制造了惨绝人寰的南京大屠杀。日军见到中国男子便杀;见到中国女子便强奸,奸后再杀;大肆焚烧房屋,抢掠金钱财物。日军用砍头、劈脑、剖腹、挖心、水溺、火烧、砍剁四肢以及其他种种惨绝人寰的野蛮手段屠杀中国人。在持续六周的杀戮中,我国同胞被杀害者达 35 万人之多,南京市内发生的强奸事件有 2 万多起,这是第二次世界大战中极端残暴的法西斯兽行,如当时的一份密电中所说:"犯罪的不是这个日本人,或者那个日本人,而是整个的日本皇军。……它是一副正在开动的野兽机器。"①当时德国驻华使馆的外交官在给德国外交部的报告中也将南京的日本占领军称为"兽类集团"。

3. 徐州会战

日军占领南京后,决定夺取徐州,以打通津浦铁路,连接南北战场,进而切断陇海铁路,威胁平汉铁路,进窥武汉。国民政府调集 40 万军队,由第五战区司令长官李宗仁组织徐州会战。1938 年 3 月 23 日,台儿庄战斗打响,日军猛攻台儿庄,并不断增援。台儿庄中国守军第三十一师浴血固守,先与日军厮杀于台儿庄外,继与突入庄内的日军进行逐房逐屋的争夺战,将日军主力吸引在台儿庄附近。此时,中国军队完成了对台儿庄地区日军的包围。4 月 6 日,中国军队发起全线反攻,予日军重大杀伤,歼灭日军 1 万多,日军迅即败退。抗战以来,国民党政府不断丧师失地,台儿庄战役的胜利,对全国人民是一个很大的鼓舞。

台儿庄战役后,日军加紧部署兵力进攻徐州。5 月中旬,日军包围徐州,国民党军仓促突围撤退。5 月 19 日,日军侵占徐州。国民党政府为了阻止日军前进,决开了郑州以北花园口的黄河大堤,日军攻势受阻。大片黄泛区,又使豫皖苏三省三千多平方公里的田园尽成泽国,数十万人被淹死,更多的人流离失所,造成了极大的灾难。

4. 武汉会战

1937 年 11 月,国民政府部分机构迁至武汉后,中日双方都极其重视对武汉的战事。1938 年 6 月,日军投入武汉作战的主力部队约 35 万兵力,调集海军舰艇 120

---

① 梅汝璈:《关于谷寿夫、松井石根和南京大屠杀事件》,《文史资料选辑》第 22 辑,第 33 页。

艘、航空兵团 300 余架飞机配合陆军,分两路进攻武汉。为保卫武汉,国民政府重新划分战区,制定战略防御部署,先后参战的兵力共 129 个师约 110 万人,同日军展开了一系列英勇的防御作战。由于中国军队各处顽强、持续的阻击,各路日军在付出惨重代价后,迟至 10 月底才完成由东、南、北对武汉的三面包围。10 月 24 日,中国最高军事当局下令军队撤守武汉。25 日至 27 日,汉口、武昌、汉阳相继为日军占领。武汉保卫战历时 4 个半月,毙伤敌近 4 万人,日本"速战速决"的战略方针被彻底粉碎。以武汉会战结束为标志,中国抗日战争进入战略相持阶段。

在武汉会战后期,日军占领广州,控制了华南的部分地区。广州失陷,使中国失去了重要的国际物资输入线,给持久抗战造成了新的困难。

5. 对战略防御阶段正面战场的评价

在 1937 年 7 月至 1938 年 10 月的 15 个月的时间里,日军占领了华北、长江中下游和华南沿海地区,包括河北、察哈尔全部,山西、山东、绥远、河南、江苏、浙江、安徽、江西、湖北、广东、福建等省一部或大部,中国军队伤亡 209 万人。

从抗战初期正面战场的整体情况来看,中国政府投入了数量巨大的军队进行抗击,利用一切有利条件打击敌人的有生力量。尽管丧失了大片国土,军队损失很大,未达到阻敌于外线的目的,但坚决抗战的决心和意志没有改变。

中国军队的全线抵抗打破了日本速战速决、三个月灭亡中国的美梦,大量消耗了日本的军力。在此期间,中国军队打死打伤日军约 44.77 万人,击落、击伤、炸毁日机 311 架,炸沉、炸毁、炸伤日舰 176 艘。由于中国军队全线抵抗,为沿海沿江工业的内迁,为西南大后方的建立赢得了宝贵的时间,并掩护了敌后游击战争的开展和抗日根据地的开辟。由于中国军队的全线抵抗,又极大地鼓舞了全国军民抗战的信心,赢得了世界各国对中国的关注乃至尊敬。

但是,由于蒋介石集团实行片面抗战路线,不敢放手发动和武装民众,单纯依靠政府和正规军抗战,在战略战术上,执行消极防御,分散兵力,打阵地战的方针,结果,虽然取得某些局部胜利,却无法改变整个战场的溃败形势。

>>> 二、战略相持阶段的正面战场

1938 年 10 月,日军占领广州、武汉以后,不得不停止对中国战场的大规模的军事进攻。自此至 1943 年 12 月,是抗日战争战略相持阶段。日军侵华的指导方针发生了一些变化,即由抗战初期的全面进攻作战,改变为实施有限目标的局部性进攻作战,加强对中国的封锁和后方的轰炸,以维持其长期围攻态势。同时,运用政治和军事的手段,确保占领区的治安。

1. 正面战场的持续作战

武汉失守以后,日本和国民党政府各自从不同的意图出发,都将解放区战场放

在抗日战争主要战场的地位。1938年11月底,国民党政府为了确定相持阶段的战略方针和军事部署而在湖南召开南岳军事会议,规定以游击部队在敌后作战为主,国民政府正规军队的重要任务是进行整训以加强实力。相持阶段的正面战场,国民党军队进行了几次较大的会战,大体上保住了西南、西北大后方地区。

这一阶段,国民党的正面战场先后进行了南昌会战、随枣会战、长沙会战(共三次)、桂南会战、枣宜会战、豫南会战、上高会战、中条山会战、鄂西会战、常德会战等战役。其中,1939年3月至4月的南昌会战、1939年5月的随枣会战,中国军队基本收复已失阵地,与日军形成对峙局面。1939年11月至1942年9月的桂南会战,历时一年多,中日双方军队持续作战100余次,其中昆仑关一战消灭日军4 000余人,会战后日军被全部逐出桂南。1940年4月至5月的枣宜会战,日军投入10万兵力,第五战区中国军队近40万人,中国军队伤亡惨重,第三十三集团军总司令张自忠壮烈殉国。1941年5月的中条山会战,中国军队伤亡重大,阵亡4.2万人,被俘3.5万人,是抗战正面战场中损失最大的一次会战。1941年12月至1942年1月的第三次长沙会战,共毙伤日军5万余人,俘日军139人,为历次会战所罕见。1943年4月至6月的鄂西会战,先后收复宜都、枝江、松滋、公安等地,完全恢复了战前的态势。1943年11月的常德会战,中国军队先后克复常德、南县、安乡、津市、澧县、公安、松滋、枝江等地,恢复战前态势。

小资料

张自忠(1891—1940),山东临清人,著名抗日将领,民族英雄,中华民国陆军中将加上将衔,牺牲后追授为陆军二级上将军衔。他是第二次世界大战中同盟国牺牲的最高将领。张自忠,生于"中华民族遇三千年未有之变局"之1891年,别于抗战相持阶段之1940年,年49岁。张自忠戎马三十余载,竭尽微忱。自抗战事起,命运起落无常。曾被污为汉奸,备受责难。又抱定"只求一死"之决心,一战于沘水,再战于临沂,三战于徐州,四战于随枣,终换得马革裹尸还,以集团军总司令之位殉国。以一生之践行,换得了名中的一"忠"字。

图6-2 张自忠遗像、国共两党领导人题词

1940年4月至5月的枣宜会战中，张自忠亲笔昭告各部队、各将领："国家到了如此地步，除我等为其死，毫无其他办法。更相信，只要我等能本此决心，我们国家及我五千年历史之民族，决不至亡于区区三岛倭奴之手。为国家民族死之决心，海不清，石不烂，决不半点改变。"张自忠战死后，其军人武德令日军为之感动，日本人发现其遗体，盛殓，全军膜拜、行礼。周恩来曾亲自写下文章称赞张自忠"其忠义之志，壮烈之气，直可以为中国抗战军人之魂"。

1944年4月至12月，日本为打通华北到华南以至印度支那的大陆交通线，发动了豫湘桂战役。日军从本土及中国东北调集了各兵种部队总计约51万，是中日战争以来规模最大的一次会战。由于奉行蒋介石的"保存实力为主，抗日为次"的避战方针，国民党军队的战斗力下降，在短短的8个月中，国民党军在战场上遭到大溃败，损兵70万人，丧失国土20余万平方公里，丢掉城市146座，失去空军基地7个、飞机场36个，人民生命财产损失更是不计其数。激起了大后方人民对蒋介石集团的严重不满，国民党政府在军事、政治、经济各个方面也陷入严重的危机。这场战役，日军似乎达成全部的作战目标，但事实上，日军兵力比战役之前更加分散，加速了日本的战败。直至日本投降，所谓的大陆交通线也未能通车。

2. 国民党消极抗战与日伪政权的建立

随着抗战相持阶段的到来，战略态势相对稳定，日本对国民党政府采取以政治诱降为主、军事打击为辅的方针，中国共产党在敌后游击战争中壮大，国民党在重申坚持持久抗战的同时，其对内对外政策发生重大变化。

在日本的政治诱降下，华北先后出现了"察南自治政府""晋北自治政府""蒙古联盟自治政府""中华民国临时政府""中华民国维新政府"等伪政权。1939年12月19日，国民党政府中的汪精卫集团公开叛国投敌。1940年3月20日，汪精卫集团在南京正式组建伪"中华民国国民政府"。各级伪政府都安排有日本顾问、联络官和嘱托，重要决策均需经日本方面的认可方能形成，主要公文均需经日本方面的同意并签署始能发布生效，有些重要问题和活动则直接由日本方面决定或取代。

1939年1月，国民党在重庆召开五届五中全会，确定新阶段如何抗日及对中国共产党的方针。会议制定了继续抗战的方针，即"国军连续发动有限度之攻势与反击"。会议通过了《整理党务》的决议和原则上通过了《限制异党活动办法》，制定了对共产党的方针，明确为"溶共、防共、限共、反共"。会议决定成立"防共委员会"，国民党开始制造反共惨案和大规模军事摩擦，这标志着国民党由片面抗战逐步转变为消极抗战。

1939年4月至11月，国民党制造了博山惨案、深县惨案、平江惨案、竹沟惨案等事件。国民党无视中国共产党的立场和情感，制造了更多更大的摩擦。1939年11月，国民党军阎锡山部向晋西、晋东南进攻；1939年12月，国民党军胡宗南部向陕甘宁边区进攻；1939年11月至1940年1月，国民党军朱怀冰、石友三部先后向冀西和冀南的八路军进攻。八路军、新四军在谈判无果后被迫予以反击,并收复部分地区。

1940 年 7 月,国民党向共产党提出了一个"中央提示案",削减八路军、新四军人数的 4/5,并限得到命令后 1 个月内,全部集中到冀察及鲁北、晋北,此后不得越境作战。在严峻的局势下,中国共产党强调以国家、民族利益为重,数次商谈,国民党置之不理。1941 年 1 月 4 日,新四军军部及皖南部队 9 000 余人遭国民党 8 万多伏兵的包围袭击,新四军阵地完全被国民党军占领,全军大部壮烈牺牲。军长叶挺被扣押,政治部主任袁国平阵亡,副军长项英、参谋长周子昆被叛徒杀害。皖南事变后,蒋介石通令新四军为"叛军","军法审判"军长叶挺。皖南事变的发生,引起了国内外强烈的反响。盼望着国共合作抗战的全国人民和海外华侨,纷纷通电谴责国民党的行径。国际上苏美也指责国民政府,国民党陷入孤立、被动。

1943 年 3 月,蒋介石发表《中国之命运》一书,暗示两年内一定要"解决"共产党的问题。同时,国民党调动军队,准备进占豫皖苏和淮北抗日根据地、山东抗日根据地、陕甘宁边区。5 月,趁共产国际解散之际,国民党施加军事压力,"以使中共将军权、政权交还中央",达到"解散中国共产党","取消边区政府",八路军"完全国军化",等等。

3. 对战略相持阶段正面战场的评价

抗日战争进入战略相持阶段以后,中国军队正面战场的作战相当频繁,在日军多次局部性进攻作战中,中国军队大多努力进行了抵抗,先后取得了一些战役的胜利,从而基本上保持和稳定了原有战线,使得日军在这一阶段没能取得很大进展。这一阶段中国军队正面战场的作战,在战略上掩护和保卫了西南大后方和华北、华中抗日根据地,为西南大后方和华北、华中抗日根据地的建设、发展创造了相对稳定的环境和条件,也为敌后战场的成长创造了条件。这一阶段中国军队正面战场的作战,是抗战初期正面战场的延续。

抗战相持阶段的正面战场也存在许多局限。首先,在多次会战尤其是在武汉周围地区的几次会战中,中国军队均未能抓住有利战机,各战区也缺乏紧密的配合,不能积极地钳制日军兵力,策应主要方面作战,加大了自己的伤亡和损失。其次,中国军队虽然发动了有限的、局部的攻势作战,但随着战局的变化,为保存实力,逐步转为相持阶段后期的消极。在战略相持阶段,国民党既想反共,又不敢破坏统一战线,态度非常动摇,而且越是到战争后期,国民党的反动性越强。

第三节 中国共产党成为抗日战争的中流砥柱

>>> 一、实行全民族抗战路线

1. 提出全民族抗战路线

抗日战争是在敌强我弱、力量对比悬殊的情况下进行的,要战胜强大的敌人,就要把全国各个阶层、各个党派、团体联合起来，组成统一的战线，共赴国难。

为了贯彻全面抗战路线，制定战胜日寇的纲领、方针和具体政策，1937年8月，中共中央政治局在陕北洛川举行扩大会议，通过了《关于目前形势与党的任务的决定》和《抗日救国十大纲领》。会议分析了全国抗战开始以后的新形势，指出，新阶段的中心任务是如何争取胜利的问题，而争取抗战胜利的关键是实行全面抗战路线。会议分析了国民党的片面抗战路线，指出共产党"应该使自己成为全国抗战的核心"，必须同国民党的片面抗战路线作斗争，反对国民党的片面抗战路线，同时反对悲观失望的民族失败主义。

《抗日救国十大纲领》的要点是：（一）打倒日本帝国主义；（二）全国军事的总动员；（三）全国人民的总动员；（四）改革政治机构；（五）抗日的外交政策；（六）战时的财政经济政策；（七）改良人民生活；（八）抗日的教育政策；（九）肃清汉奸、卖国贼、亲日派，巩固后方；（十）抗日的民族团结。这个纲领是共产党的全面抗战路线的具体化。它全面地概括了共产党在抗日战争时期的政治主张，指明了争取抗日战争彻底胜利的道路。

2. 坚持、巩固和发展抗日民族统一战线

中国共产党把坚持、巩固和发展抗日民族统一战线，视为抗战胜利的基本条件。在中日民族矛盾占主要地位的条件下，必须始终不移地坚持联合抗日的原则；同时必须在统一战线中坚持独立自主的原则，始终保持自己在思想上、政治上和组织上的独立性。抗战进入相持阶段以后，针对国民党采取的消极抗日和妥协倾向，中国共产党提出了"坚持抗战、反对妥协，坚持团结、反对分裂，坚持进步、反对倒退"的三大方针，坚决揭露打击汪精卫集团的叛国投降活动，继续争取同蒋介石集团合作抗日，坚持、巩固和扩大抗日民族统一战线。

为了坚持、巩固和扩大抗日民族统一战线，中国共产党制定了发展进步势力（工人、农民和城市小资产阶级），争取中间势力（民族资产阶级、开明绅士和地方实力派），孤立顽固势力（以蒋介石集团为代表的亲英美派）的策略总方针。发展进步势力，就要冲破国民党的限制，放开手脚，广泛地去发动人民群众（主要是农民群众），发展革命武装和开辟、扩大抗日根据地。争取中间势力，就要尊重中间势力的利益，领导他们同顽固力量作斗争并不断取得胜利。孤立顽固势力，就是要贯彻又联合又斗争的政策，在同以蒋介石集团为代表的亲英美派进行斗争时，坚持有理、有利、有节的原则。1941年1月，国民党发动第二次反共高潮，制造皖南事变，中国共产党进行了针锋相对的斗争，赢得了国内外进步力量的同情和支持。

3. 推动国统区的抗日民主运动

在国民党统治区，中国共产党开展群众工作，推动国民党坚决抗战和进行民主改革，争取各抗日党派的合法地位和活动自由，这也是实现全面的全民族的抗战路

线的一个重要方面。

1937年12月,中国共产党成立中共中央长江局,具体领导党在国民党统治区的工作。(1939年1月后,由中共中央南方局具体领导)其主要任务是动员和组织群众的抗日救亡斗争,巩固和发展统一战线;团结各民主党派、无党派民主人士和各阶层人民,开展民主运动,推动大后方各方面的进步和抗日文化工作的发展;发展、巩固党的组织,积蓄革命力量;等等。

1939年10月,国民参政会中一些党派的代表发起宪政座谈会,批评国民党的一党专政,纷纷要求国民党"一新政策""与民更始",开放民主、保障人民的民主权利。宪政运动在国民党统治区普遍开展起来,由共产党领导或影响的进步群众团体如民主青年同盟、民主青年协会、新民主主义者联盟、新民主主义青年社等纷纷成立,在团结青年学生、工人及妇女群众积极参加抗日民主运动方面做了许多工作。随着民主力量的发展,1944年9月,中共参政员林伯渠在国民参政会上提出废除国民党一党专政、成立民主联合政府的主张,得到社会各界先进人士的热烈响应。

在中国共产党的推动下,文化界的抗日民族统一战线很快建立起来。1938年3月,在汉口成立了中华全国文艺界抗敌协会(简称"文协"),文化界各抗敌协会的相继成立,成为文化界广泛的抗日民族统一战线建立的重要标志。大批文化界人士迁往大后方后,南方局设立了文化工作委员会,具体领导大后方的进步文化工作。文化界提出了"抗战、团结、民主"为文艺创作的三大目标,抗战文化得到发展。中国共产党的《新华日报》、《群众》周刊在重庆公开发行,及时宣传党的主张,激励后方人民的抗战热情。

中国共产党在国统区开展的抗日民主运动和进步文化工作,是全民族抗战中的一条重要战线,对于推进全民族共同抗战、坚持国共合作团结发挥了重要作用。

>>> 二、持久战战略与敌后游击战争

1. 采取持久战的战略方针

1938年,毛泽东发表了《论持久战》,驳斥了"亡国论""速胜论"等错误认识,正确回答了关于抗战战略的诸多问题。

《论持久战》指出,中国的抗日战争注定是一场弱国对强国的持久战。"日本的长处是其战争力量之强,而其短处则在其战争本质的退步性、野蛮性,在其人力、物力之不足,在其国际形势之寡助。""中国的短处是战争力量之弱,而其长处则在其战争本质的进步性和正义性,在其是一个大国家,在其国际形势之多助。"强国弱国的对比,决定了这场战争只能是持久战;而大国小国、进步退步、多助寡助的对比,决定了战争的最后胜利只能是属于中国的。他强调,中国必须实行持久战,逐步削弱敌人、壮大自己,争取最后胜利。

毛泽东科学地预测了抗日战争的发展进程,即战略防御、战略相持、战略反攻三个阶段。其中,相持阶段是抗日战争取得最后胜利的最关键的阶段。他还对抗战的主要形式、正规战与游击战的战略地位及其两者作用的转换等作出了科学阐述。

《论持久战》是中国共产党指导抗日战争的纲领性文献,它清晰地描绘出抗日战争发展过程的完整蓝图,深刻阐述了党关于抗日战争的战略方针和争取抗战胜利的正确道路,对全国抗战的战略指导也产生了积极影响。

2. 敌后战场的开辟和游击战争的作用

全面抗战爆发后,八路军配合国民党军队在正面战场作战,给予日本帝国主义很大打击。1937 年 9 月,八路军一一五师在晋东北平型关伏击日军,取得大捷,取得了全民族抗战以来中国军队的第一次重大胜利,打破了日军不可战胜的神话。

随着大片国土被日军占领,中共中央提出在敌后发动独立自主的游击战。1940年 8 月至 12 月进行的百团大战是一场大规模的以破袭敌人交通线为主要目标的进攻性游击战役。此役击毙日伪军 2.5 万余人,攻克敌据点 3 000 个,破坏铁路 474 公里、公路 1 502 公里,并缴获大量武器。

中国共产党将游击战上升到革命战略的高度,使敌后战场成为与正面战场互相配合的重要战场。1940 年底,人民抗日武装部队已经发展到 50 万人,还建立了大量的地方武装和民兵;在西北、华北、华中和华南创建了 17 块抗日根据地,已经拥有近 1 亿人口。1944 年春,敌后战场的人民军队已经抗击着全部侵华日军的 64%。

从战争全局看,在战略防御阶段,国民党正面战场的正规战是主要的,敌后的游击战争是辅助的。但是,敌后游击战的广泛开展和抗日根据地的开辟,使得敌人不能保持对占领区的牢固控制,迫使敌人不得不把用于进攻的兵力抽调回来防守占领区。所以,敌后游击战争的发展,对于牵制敌人的进攻、使战争转入相持阶段,起了关键性的作用。

在战略相持阶段,游击战则上升到了主要地位。进入相持阶段后,日本逐步将主要兵力用于打击敌后战场的人民军队,以保持和巩固其占领区。1938 年 11 月至 1940 年底,华北地区日军对敌后抗日根据地的大"扫荡"就有 109 次,总兵力达 50 万人以上。中国共产党担负起抗击日军的主要责任,游击战也成为抗日战争的主要作战形式。削弱敌人、壮大自己,逐步改变敌强我弱态势的任务,主要是由人民军队的游击战来完成的。

小资料

游击队之歌

我们都是神枪手,每一颗子弹消灭一个敌人,

我们都是飞行军,哪怕那山高水又深。

在密密的树林里,到处都安排同志们的宿营地,

在高高的山岗上,有我们无数的好兄弟。

没有吃,没有穿,自有那敌人送上前,

没有枪,没有炮,敌人给我们造。

我们生长在这里,每一寸土地都是我们自己的,

无论谁要强占去,我们就和他拼到底!

哪怕日本强盗凶,我们的兄弟打起仗来真英勇,

哪怕敌人枪炮狠,找不到我们人和影。

让敌人乱冲撞,我们的阵地建在敌人侧后方,

敌人战线越延长,我们的队伍愈扩张。

不分穷,不分富,四万万同胞齐武装,

不论党,不论派,大家都来抵抗。

我们越打越坚强,日本的强盗自己走向灭亡,

看最后胜利日,世界和平现曙光。

1945 年 8 月,中国共产党领导的抗日武装已经发展到 120 多万人,民兵发展到 220 多万人,抗日根据地达到 19 块,中国共产党领导的敌后战场成了抗日的主战场。

>>> 三、抗日根据地的政治、经济、文化建设不断推进

抗日根据地是实现中国共产党全面抗战路线、坚持抗战和争取胜利的坚强阵地。1941 年 5 月,中共中央批准颁布的《陕甘宁边区施政纲领》,全面地体现了中国共产党关于根据地建设的基本方针。

1. 抗日民主政权建设不断推进

敌后抗日根据地的抗日民主政权是随着根据地的开辟逐步建立起来的。1937 年 10 月,中共北方局向华北各地共产党组织发出指示,要求各地"建立或改造当地政府为民族统一战线的抗日政权"。1938 年 1 月,晋察冀抗日根据地选举产生了边区临时行政委员会,建立起第一个抗日民主政权。1939 年 1 月,陕甘宁边区召开首届参议会,制定了《陕甘宁边区抗战时期施政纲领》,通过了调整各级政府机构等主要提案。到 1940 年底,华中抗日根据地建立了 47 个县的抗日民主政府。到 1944 年初,华南抗日根据地先后建立起中山县行政督导处和琼崖抗日民主政府。

抗日根据地的政权是"把抗日战争与民主制度结合起来"的政权,直接受中共中央的领导。抗日民主政权普遍采取民主集中制,各级抗日民主政权机构的领导人都经过人民选举产生。抗日民主政权努力发扬政治民主,保障人民的民主自由权利。为了充分体现和保证这一政权的性质,共产党主张在入选各级政党的人选配额上,共产党员只占 1/3,而其他非党的左派进步分子和不左不右的中间派各占 1/3。从 1942 年下半年开始,将"三三制"确定为抗日民主政权体制的原则。

抗日民主政权实行各民族平等团结、共同抗日的基本政策,在少数民族聚居地区试行民族区域自治。这是中国共产党从中国国情出发解决民族问题的一个创造。

2. 自力更生,发展生产

各抗日根据地制定了一系列行之有效的政策和措施,恢复和发展抗日根据地的经济。减租减息政策,一方面要求地主减租减息,以减轻农民的负担;另一方面要求农民交租交息,保证地主、富农的利益。减租减息政策的实施,缓和了阶级矛盾,巩固了抗日民族统一战线,调动了根据地内各阶层的抗日和生产的积极性。

为克服根据地的经济困难,毛泽东发出了"自己动手,丰衣足食"的号召。各根据地采取了鼓励垦荒、扩大耕地面积,兴修水利、改善农业基础设施等措施,发动农民组织劳动互助,提高劳动生产率;帮助农民改良耕作技术,推广优良品种;注意发展工业生产和对外贸易;等等。这些措施均取得较好的成效。1942 年,中国共产党领导根据地军民开展了大生产运动。毛泽东、朱德等亲自参加生产,与根据地军民同甘共苦。陕甘宁边区的三五九旅发扬艰苦奋斗的精神,将荒无人烟的南泥湾改造成为"陕北江南"。抗日民主政府还厉行"精兵简政",以减轻人民负担。

在中国共产党的领导下,根据地军民终于战胜了困难,农业生产和工商业都得到恢复和发展,为巩固抗日根据地和坚持抗战提供了重要的物质保证。

3. 抗日根据地的文化建设

全民族抗战开始后,延安成了革命者向往的"圣地",大批知识青年奔赴延安。中共中央及时把发展抗日根据地的文化教育提上重要议事日程。在抗日根据地,文化发展的方针是以共产主义思想为指导,发展民族的科学的大众的文化;教育政策是以培养抗日战争中急需的干部,提高人民的民族觉悟与文化水准为原则。

抗日根据地开展了广泛的文化建设活动。1941 年秋,抗日根据地中小学校发展到 1 195 所,在校学生 38 366 人;到 1945 年春,进一步发展到 1 377 所,在校学生 34 004 人。陕甘宁边区及其他抗日根据地先后开办了中国人民抗日军政大学、陕北公学、中央党校、中国女子大学、军事研究院、马列学校(中央研究院)、自然科学院等20 多所高等学校。在成人教育方面,抗日根据地创造了冬学和识字组等教育形式。

抗日根据地文化教育事业的发展,不仅及时地为边区的抗战和建设输送了大批人才,培养了大批后备力量,同时又极大地促进了边区整个教育事业的发展。

>>> 四、抗战时期中国共产党的自身建设

为了胜利地领导中国人民进行抗日战争,中国共产党严格地执行其政治路线,在斗争实践中不断推进党的建设的伟大工程。

1. 中共六届六中全会

1938 年 9 月至 11 月,中国共产党在延安举行六届六中全会。会议批评了王明

的"一切经过统一战线"、"一切服从统一战线"的右倾错误,强调中国共产党必须独立自主地领导全国人民进行抗日战争。会上,毛泽东明确提出了"马克思主义中国化"命题。他说:"马克思主义必须通过民族形式才能实现。没有抽象的马克思主义,只有具体的马克思主义。所谓具体的马克思主义,就是通过民族形式的马克思主义,就是把马克思主义应用到中国具体环境的具体斗争中去,而不是抽象地应用它。""马克思主义的中国化,使之在其每一表现中带着中国的特性,即是说,按照中国的特点去应用它,成为全党亟待了解并亟须解决的问题。"①为了推进马克思主义中国化,他向全党提出了普遍地深入地学习马克思列宁主义的理论,对马克思主义必须实现中国化和民族化的认识不断深入。

中国共产党六届六中全会全面地阐明了党在抗日战争时期的基本政策,基本上克服了王明的右倾错误,进一步确立了毛泽东在全党的领导地位。全会取得了全党在政治上、思想上和组织上的统一,为实现党对抗日战争的领导作了全面的战略规划,推动了抗战工作的迅速发展。

2. 新民主主义理论的系统阐明

为了阐明共产党对于中国革命及其前途的全部见解,回答中国向何处去的重大问题,更好地指导抗战和中国革命,毛泽东系统总结中国革命的独创性经验,于1939年底至1940年初先后发表《〈共产党人〉发刊词》、《中国革命和中国共产党》、《新民主主义论》等一批重要的理论著作,第一次正式提出了"新民主主义革命"这个科学概念,构筑了新民主主义革命理论框架。

毛泽东指出,半殖民地半封建社会的性质,决定了中国革命必须分成两步走,第一步进行新民主主义革命,第二步进行社会主义革命。新民主主义革命和社会主义革命是两个不同的革命阶段,不能毕其功于一役,但两个革命阶段必须也必然是相互连接的,不容横插一个资产阶级专政。实现党在民主革命阶段的最低纲领,也是为着将来实现最高纲领。新民主主义革命是以共产主义思想为指导的,发展前途必然是社会主义。

新民主主义革命的基本纲领是:政治上,推翻帝国主义和封建主义的压迫,在中国建立一个以无产阶级为领导的、以工农联盟为基础的各革命阶级联合专政的民主共和国。经济上,没收操纵国计民生的大银行、大工业、大商业,建立国营经济;没收地主土地归农民所有,并引导农民发展合作经济;允许民族资本主义经济的发展和富农经济的存在。文化上,废除封建买办文化,发展民族的科学的大众的文化。

在总结中国革命历史经验的基础上,毛泽东科学地提出了中国共产党在中国革命中战胜敌人的三个主要的法宝:统一战线、武装斗争、党的建设。他指出,统一战

---

① 《中共中央文件选集》第11卷,中共中央党校出版社1986年版,第202页。

线和武装斗争,是战胜敌人的两个基本武器。统一战线是实行武装斗争的统一战线,而党的组织"则是掌握统一战线和武装斗争这两个武器以实行对敌人冲锋陷阵的英勇战士"。

以毛泽东为主要代表的中国共产党人创立的新民主主义理论,是马克思列宁主义同中国革命实际相结合的产物,是中国革命特别是建党以来历史经验的全面总结。新民主主义理论的系统阐明,标志着毛泽东思想多方面展开而达到成熟。

3. 整风运动

遵义会议后,党纠正历史上的"左"、右倾错误,形成了以毛泽东为核心的正确领导。但是,还没有来得及对党的历史上的经验进行系统总结,特别是没有从思想路线的高度对造成过去"左"、右倾错误的根源进行清算,在指导思想上仍然存在一些分歧。随着党组织的不断壮大,广大农民、小资产阶级加入党的队伍,也在客观上要求开展一场系统的马克思主义教育运动。20 世纪 40 年代前期,中国共产党以延安为中心,开展了一场全党范围的整风运动。

1941 年 5 月,毛泽东作《改造我们的学习》的报告。9 月到 10 月,中共中央召开政治局扩大会议,党的高级干部开始学习党的历史,总结党的历史经验,从政治路线上分清是非,达到基本一致的认识。这次会议初步统一中央领导层的思想,为全党普遍整风做了准备。1942 年 2 月,毛泽东先后作了《整顿党的作风》和《反对党八股》的讲演。反对主观主义以整顿学风、反对宗派主义以整顿党风、反对党八股以整顿文风的整风运动在全党普遍展开。

反对主观主义,是整风运动最主要的任务。主观主义的主要表现形式是教条主义和经验主义。要克服主观主义,就必须端正党的思想路线,坚持实事求是的原则,掌握一切从实际情况出发、理论联系实际的思想方法。反对宗派主义和党八股,消除主观主义在组织上和文风上的表现,也是整风运动的主要任务。

整风运动贯彻"惩前毖后,治病救人"的方针,着重于提高思想认识,团结同志,而不是对犯错误者进行组织处理。通过认真阅读整风文件,联系个人的思想、工作、历史以及自己所在地区或部门的工作进行检查,开展批评和自我批评等方法,使全党提高思想认识,明确了努力的方向。

整风运动既是一次深刻的马克思主义教育运动,也是一次伟大的思想解放运动。它坚持马克思主义同中国实际相结合的正确方向,使全党端正了思想政治路线,破除了把马克思主义教条化、把苏联经验和共产国际指示神圣化的教条主义。整风运动是加强党的建设伟大工程的一个创造,是增强党的战斗力的一次成功实践。它所积累的

图 6-3　毛泽东作整风报告

经验对党的建设具有重大和深远的意义。

在全党整风的基础上,1944 年 5 月至 1945 年 4 月召开了党的六届七中全会,通过《关于若干历史问题的决议》,对党内若干重大历史问题作出正确的结论,使全党对中国民主革命基本问题的认识达到了马克思主义基础上的一致。

4. 毛泽东思想成为全党工作指针

1945 年 4 月 23 日至 6 月 11 日,中国共产党第七次全国代表大会在延安召开,七大将以毛泽东为代表的中国共产党人将马列主义基本原理与中国实际相结合创造的理论正式命名为毛泽东思想,确立了毛泽东思想在全党的指导地位,这是党总结中国近代特别是建党以来经验作出的一项极为重要的决策。七大通过的党章明确规定:毛泽东思想,就是马克思列宁主义的理论与中国革命的实践之统一的思想,就是中国的马克思主义。七大选出的以毛泽东为核心的中央委员会,是一个具有很高威信、能够团结全党的坚强的中央领导集体。大会以后,全党紧密团结在以毛泽东为核心的党中央周围,贯彻七大路线,去夺取抗日战争的最后胜利和新民主主义革命在全国的胜利。

第四节 抗日战争的胜利及其意义

>>> 一、抗日战争的反攻和胜利

1. 抗日战争的反攻作战

随着世界反法西斯战争的节节胜利,中国战场也展开了对日反攻作战。中国军队的反攻首先是从缅甸开始的。1943 年 10 月,经过整训后的中国驻印军进入缅北湖康河谷,向日军发起反攻。1944 年 5 月以后,中国驻印军与中美联合编组的混合突击队取得战场主动。同时,为配合中国驻印军的反击,中国滇西远征军强渡怒江,连克日军在滇西的据点。1945 年 1 月下旬,两军胜利会师,完全打通了中印公路,有力地配合了盟军对日军的反击。

与世界反法西斯战场和中国西南部正面战场的反攻相呼应,华北敌后战场中的山东、晋察冀、晋冀鲁豫等军区八路军主力和华中新四军,自 1944 年初开始,向日伪军发动了为期 1 年的大规模反攻作战。中国共产党领导的抗日武装在敌后战场上连续克敌制胜,不断收复失地,充分显示出人民战争的伟大力量。

中国正面战场和敌后战场的反攻,与盟军的对日反攻一起,构成了彻底打败日本法西斯的强大攻势,实际上揭开了中国军民战略大反攻的序幕。

2. 抗日战争的最后胜利

1945 年上半年,世界反法西斯战争进入最后阶段。由于国民党正规军队大多偏处西南各省,相反,敌后战场早做好了随时反攻的准备,这样,敌后战场就担负起反攻的重任。

1945年5月,德国法西斯投降,这样法西斯国家中只剩下日本还在负隅顽抗。1945年7月26日,中、美、英三国发表波茨坦公告,敦促日本投降。8月上旬,苏联红军进入中国东北,八路军配合苏联红军作战,猛烈攻击日本关东军。美国于8月6日和9日分别在广岛和长崎投下原子弹。8月9日,毛泽东发表《对日寇的最后一战》的声明,号召八路军、新四军及其他人民军队,应在一切可能条件下,对于一切不愿投降的侵略者及其走狗发起总的进攻。据统计,在敌后战场的全面反攻作战中,共歼灭日伪军35万多人,收复县以上城市250多座,并一度攻入天津、石家庄、上海等大城市,切断了北宁、同蒲、平汉、津浦、正太、陇海、胶济等10条铁路线,取得了反攻作战的重大胜利。

正是在中国军队和反法西斯各国军队的共同反攻战下,8月14日,日本政府照会中、美、英、苏等国,表示接受波茨坦公告。8月15日,日本天皇裕仁以广播"终战诏书"的形式宣布投降。9月2日,日本天皇和政府以及日本大本营的代表在东京湾美军军舰密苏里号上签署向盟国的投降书。抗日战争胜利结束,世界反法西斯战争也胜利结束。9月3日也因此成为中国抗日战争胜利纪念日。1945年10月25日,中国政府在台湾举行受降仪式。根据波茨坦公告,被日本占领50年之久的台湾以及澎湖列岛,由中国收回。这成为中华民族的抗日战争取得完全胜利的重要标志。

小资料

日本的全面侵华战争,使中国遭受了有史以来任何战争、任何国家都不曾有过的巨大损失。据不完全统计,中国军民伤亡总数达3 500万人以上,直接财产损失1 000亿美元(按1937年美元计算),间接经济损失达5 000亿美元。日本法西斯在中国土地上犯下了人类历史上最严重的罪行,使中华民族蒙受了无法用数字进行统计的民族耻辱和心理、精神伤害。日本的全面侵华战争,迟滞了中国自1912年以来的现代化进程,使中国的工业化和现代化进程中断,迟滞了中国社会的发展。

>>> 二、抗日战争胜利的意义和历史启示

1. 抗日战争胜利的意义

(1)抗日战争的胜利彻底粉碎了日本灭亡中国的野心,保全了中国的国土,促进了中华民族的觉醒。抗日战争的胜利,不仅使中国恢复了大陆的领土主权,而且使中国收回了甲午中日战争后为日本强割达50年之久的台湾及其附属岛屿以及澎湖列岛。抗日战争的胜利,捍卫了中华民族的尊严,并提高了整个中华民族的觉悟,促进了中华民族的团结。抗日战争的胜利,一扫百年来对外战争中屡战屡败的屈辱历史,成为百年来反抗外来侵略第一次取得完全胜利的战争。

（2）中国人民抗日战争的胜利,赢得了世界各国的尊重,提高了中国的国际地位。1942年1月1日,中国与美、英、苏等26国在华盛顿签署共同反对法西斯国家的联合宣言,一跃成为反法西斯同盟国中四大强国之一。1943年,中国先后与美、英等西方国家订立新约,废除了过去的不平等条约,在法理上结束了西方列强在中国享有的百年特权,雪洗了中国人民的百年耻辱,使中国成为国际社会中的平等一员。1945年4月的旧金山会议,中国共产党与国民政府的代表共同组成中国代表团出席会议,中国成为联合国的创始国和联合国安全理事会五个常任理事国之一,从而奠定了中国在国际上的政治大国地位。

（3）中国人民抗日战争的胜利,促进了中华民族的觉醒,促进了中华民族的大团结,弘扬了中华民族的伟大精神。表现在:坚决维护国家和民族利益、誓死不当亡国奴的民族自尊品格;万众一心、共赴国难的民族团结意识;不畏强暴、敢于同敌人血战到底的民族英雄气概;百折不挠、勇于依靠自己的力量战胜侵略者的民族自强信念;开拓创新、善于在危难中开辟发展新道路的民族创造精神。诚如毛泽东在战争期间所指出的那样:现在的抗日战争,"使中国人民付出了并还将再付出重大的牺牲;但是同时,正是这个战争,锻炼了中国人民,这个战争促进中国人民的觉悟和团结的程度,是近百年来中国人民的一切伟大斗争没有一次比得上的"①。

（4）中国人民的艰苦卓绝的抗日战争是整个世界反法西斯战争的重要组成部分,为世界反法西斯战争作出了重大贡献。中国的局部抗战在1931年九一八事变后即已开始,1937年七七事变后中国开始了全民族抗战。中国战场牵制和消灭的日本法西斯军队最多,在抗日战争时期,中国战场年平均牵制日本陆军的74％以上,最高年份达90％。日军在海外作战中损失的287万人中,有150万人伤亡在中国战场。中国的抗日战争挫败了日、德法西斯的全球战略。中国坚持持久抗战,抗击和牵制着日本陆军主力,遏制了日本的"北进"计划,从而使苏联得以集中兵力对付德国,避免东西两面作战的困境。同时,中国人民的抗日战争迟滞了日本的"南进"步伐,推迟了日本发动太平洋战争,减轻了美、英军队的压力,为同盟国军队实施太平洋战场的战略反攻创造了有利条件。

2. 抗日战争胜利的历史启示

抗日战争留给我们的历史启示弥足珍贵,值得我们永远铭记在心。

（1）中国共产党是全民族利益最坚定的维护者。日本侵华开始后,是中国共产党第一次深刻揭露了日本亡我中华之野心,警醒了沉睡和被蒙蔽的国人;是中国共产党第一次喊出了中华民族的共同心声,唤起了中华儿女的爱国热情,一起谱写了壮烈不朽的英雄史诗;是中国共产党第一次庄严宣告了与日本帝国主义血战到底的

---

① 《毛泽东选集》第3卷,人民出版社1991年版,第1 032页。

坚强决心；是中国共产党吹响了挽救民族危亡的第一声号角，举起了全民族奋起抗战的第一面旗帜；是中国共产党提出了全面抗战路线和持久战的战略总方针，领导人民军队开展独立自主的敌后游击战，坚定全民族抗战胜利的信心，成为团结抗战的核心。中国共产党高举爱国主义大旗，使中华民族空前团结和组织起来，取得了抗战的最后胜利，维护了民族独立和尊严。历史充分证明，正是因为有了中国共产党的领导，中华民族才能从深重的民族危机中解放出来，才能自立于世界民族之林。

（2）爱国主义是中华民族宝贵的精神财富。在抗日战争中，爱国主义成为鼓舞中国人民团结奋斗的强大精神支柱和力量源泉。爱国主义在抗日战争中表现为国家民族利益至上的真诚觉悟，威武不屈、英勇顽强的民族意志，视死如归、杀身成仁的崇高气节。在爱国主义的感召下，中华儿女不畏强暴，不怕牺牲，抛头颅洒热血，用血肉筑成了捍卫祖国大地的新长城。在新的历史条件下，我们要坚持弘扬和培育以爱国主义为核心的民族精神，使之成为中华民族自强自立、奋发进取、兴旺发达的永恒的历史主旋律。

（3）人民战争是我们克敌制胜的法宝。人民战争理论和实践的大发展，是以毛泽东为代表的中国共产党人对中华民族抗日战争的伟大贡献之一。毛泽东运用历史唯物主义的基本原理，作出了"战争的伟力之最深厚的根源，存在于民众之中""兵民是胜利之本"的光辉论断，找到了实行人民战争这条取得抗日战争胜利的唯一正确途径。抗日战争的胜利从根本上证明了战争的决定的因素是人不是物，人民战争的战略思想永远是我们的真正优势。

（4）强大的国防是维护我国主权和领土完整的可靠保障。抗日战争的历史经验昭示我们，落后就要挨打，没有强大的国防就会遭受侵略。进入新世纪新阶段，世界形势复杂多变，综合国力竞争日趋激烈，国家安全和发展必须以强大的国防实力作后盾。

本章小结

1937年7月7日，卢沟桥事变爆发，日本发动了蓄谋已久的全面侵华战争，中国守军奋起抵抗，揭开了中国抗战的序幕。在中国共产党的积极倡导和全国民众爱国救亡运动的推动下，实现了第二次国共合作，建立了抗日民族统一战线。在抗日民族统一战线的旗帜下，全国人民同仇敌忾，共赴国难，掀起了全民族抗战的新高潮。全面抗战爆发后，中国逐渐形成战略上互相配合的两个战场。国民党的正面战场，是抗战初期的主战场，国民党做出了很大牺牲，对抗日战争的战略防御起着重要作用，并且一直坚持抗战到战争结束。中国共产党制定了全面抗战路线和持久战的方针，开辟了敌后战场，开展游击战争，巩固、扩大抗日民族统一战线，起到抗日战争中流砥柱的作用。在全国人民的努力和世界反法西斯国家和人民支持下，抗日战争最终取得了胜利。抗日战争在世界反法西斯战争中具有重要地位,中国人民对世界反法西斯战争作出杰出贡献,极大提高了中国的国际声望,确立了中国的世界大国地位。抗日战争是近代中国人民反对外国侵略战争的第一次胜利,它促进了中华民族的觉醒,为中国共产党带领中国人民实现彻底的民族独立和人民解放奠定了重要基础。

复习思考题

1.为什么说中国共产党是中国人民抗日战争的中流砥柱?

2.怎样评价国民党政府在抗日战争中执行的路线和正面战场的地位与作用?

3.《论持久战》的内容和意义是什么?

4.试述抗日战争胜利的意义和历史启示。

推荐阅读

1.毛泽东:《论持久战》(节选),1938年5月。

2.毛泽东:《论联合政府》,1945年4月24日。

3.胡锦涛:《在中国人民抗日战争暨世界反法西斯战争胜利六十周年纪念大会上的讲话》,2005年9月3日。

4.王真:《抗日战争与中国的国际地位》,社会科学文献出版社2003年版。

5.胡德坤、韩永利:《中国抗战与世界反法西斯战争》,社会科学文献出版社2005年版。

6.张纯如:《南京大屠杀》,东方出版社2005年版。

7.王桧林:《中国现代史》,北京师范大学出版社2004年版。

8.何理:《中国人民抗日战争史》,上海人民出版社2005年版。

9.张宪文:《中华民国史》,南京大学出版社2006年版。

第七章
为建立新中国而奋斗

历史线索图

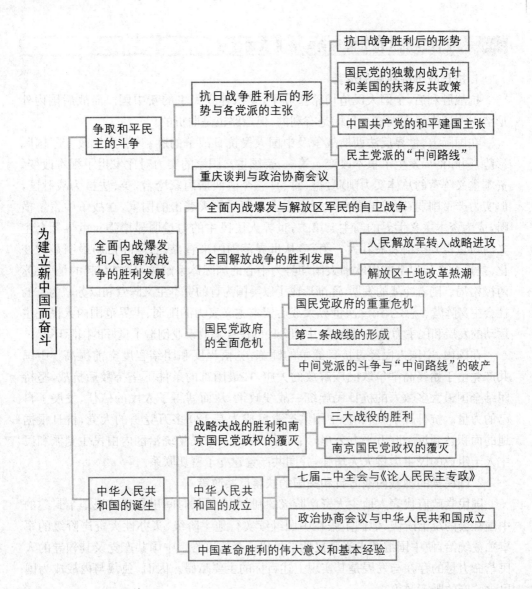

第一节　争取和平民主的斗争

>>> 一、抗日战争胜利后的形势与各党派的主张

1. 抗日战争胜利后的形势

抗战胜利后,全国人民迫切希望和平,要求建立民主的新中国。而战后国内外形势对中国人民实现这一目标是有利的,但道路也是曲折的。

在国际上,世界反法西斯战争及中国人民抗日战争的胜利,极大地改变了国际形势,国际格局发生了根本改变。第一,帝国主义国家的实力对比发生了根本改变,资本主义阵营的总体实力削弱:德、意、日三个法西斯国家垮台,英、法虽为战胜国,但实力严重削弱;而美国是唯一一个本土未遭受炮火袭击的国家,在战争中发了横财,成为资本主义世界的霸主。第二,世界人民民主的力量明显增强。世界社会主义的力量得到空前发展壮大。第三,从世界范围内来看,战后国际格局最明显的变化,是近300年以来的以欧洲大国均势为中心的国际体系解体,代之而起的是美、苏两极格局。随着冷战的发展,逐渐形成了以美国为首的资本主义阵营和以苏联为首的社会主义阵营。总之,第二次世界大战后资本主义实力的削弱、世界范围内人民民主运动的发展和民主力量的增强,为中国人民的民族解放事业创造了良好的国际环境。

在国内,中国人民经过抗日战争的锤炼,觉悟程度和团结程度空前提高。中国共产党由于始终高举争取民族解放的大旗,在最困难的条件下坚持敌后抗战,坚持团结全国最大多数人的抗日民族统一战线政策,从而博得了人民的信任,发展了自己的力量。抗日战争胜利时,中国共产党已成为有120多万党员的大党,抗日根据地的面积达到近100万平方公里,人口近1亿人。国民党统治区内由民主党派和民主人士组成的民主力量大大增强,并同共产党建立了密切联系。

2. 国民党的独裁内战方针和美国的扶蒋反共政策

国民党政府代表大地主大资产阶级的利益,在很长时间里是半殖民地半封建的中国社会的统治阶级,他们主张在中国继续实行地主阶级、买办性大资产阶级的军事独裁统治,使中国继续走半殖民地半封建社会的道路。中国共产党及其领导的人民革命力量的存在与发展是其实现上述目标的主要障碍。因而,独裁与内战成为国民党政府的既定政策。

在抗战后期,国民党就实行消极抗日、积极反共的政策。随着抗战的进行,国民党更多地关注消灭中国共产党和其他民主势力的问题。1945年5月,即在抗战胜利前夕,国民党在重庆召开第六次全国代表大会,中心议题就是坚持国民党一党专政的独裁统治,拒绝成立联合政府。蒋介石在大会上指出:"今天的中心工作,在于消

灭共产党！日本是我们国外的敌人,中共是我们国内的敌人。只有消灭中共,才能达成我们的任务。"抗战胜利前后,国民党开始抢夺胜利果实。1945年8月11日,国民党政府的最高统帅部便向其军队下达命令,"各战区将士加紧作战努力,一切依照既定军事计划与命令积极推进,勿稍松懈",却唯独命令共产党领导的第十八集团军,"所有该集团军所属部队,应就原地驻防待命"。同时,命令沦陷区的伪军"维持治安",只准接受国民党军队的收编。因此,国民党政府的独裁方针使中国面临着内战的危机。

国民党政府的内战和独裁方针得到了美国的支持。扶蒋反共是美国既定的对华政策。第二次世界大战之后的美国,凭借其强大的政治经济实力,开始向全球扩张,虽然重点在欧洲,而占领中国、向东亚扩张,也成为其全球战略目标之一,国民党成为它最好的代理人。因此,美国开始调整对华政策,由援蒋抗日变为扶蒋反共。美国计划通过控制中国,以实现下列目标:一是防止中国成为共产党领导下的赤色中国,进而防止中苏联合以及中国革命对亚洲其他国家的示范效应;二是战后控制中国,维护和扩大在中国的权益;三是以中国为基地,向亚洲地区扩张。正如美国国家安全委员会的报告中所说:"美国在中国基本的长期目标,是促进一个独立、统一、对美国友好的、并且能够有效地阻止苏联在远东可能侵略中国建立一个稳定的、代议制政府。不过,由于中国的混乱状况,短期内能够实现的最重要目标是阻止共产党完全控制中国。"因此,美蒋联合加快了反共的步伐。日本一宣布投降,美国就出动飞机、舰艇进行所谓的"历史上最大的一次空运和海运",将国民党的军队运送到南京、上海、北平、青岛等大城市和重要港口,使国民党抢占了大城市和战略要地。美国甚至直接替国民党抢占和守护战略要点及交通线,还配合国民党骚扰、进攻解放区。至1945年11月底,驻华美军达13 000余人。

3. 中国共产党的和平建国主张

中国共产党从中华民族和中国最广大人民群众的根本利益出发,经过在革命的实践中不断探索,逐步提出了自己完整的建国方案。中国共产党主张中国应走从新民主主义向社会主义过渡的道路,即认为中国人民应当在工人阶级及其政党的领导下,首先进行一场彻底的反帝反封建的资产阶级民主革命,建立一个工人阶级领导的人民民主专政的共和国,之后逐步达到社会主义和共产主义。新民主主义革命的目标,就是要建立一个工人阶级领导的、以工农联盟为基础的、团结一切可以团结的力量的人民民主专政的人民共和国。

中国共产党始终高举"和平、民主、团结"的旗帜,为避免内战、和平建国而不懈努力。早在中共七大上就确立了中国共产党的政治路线和具体政策,大会认为中国共产党的任务就是克服一切困难,团结全国人民,废除国民党独裁统治,实行民主政治改革,巩固和壮大抗日力量,彻底打败日本侵略者,把中国引向独立、自由、民主、统一和富强的光明前途,建立一个新中国,而不是回到半殖民地半封建社会的老路上去。中共七大的各项方针和路线,为中国人民夺取抗日战争的最后胜利,夺取新民主主义革命在全国的胜利奠定了坚实的革命基础。

抗战结束后,中共中央根据时局变化,考虑同国民党进行谈判,避免内战,实现和平建国,成立民主联合政府。1945 年 8 月 25 日,中共中央发表《对目前时局的宣言》,宣言阐明共产党对时局的方针,提出"和平、民主、团结"三大口号。宣言指出:"我全民族面前的重大任务是:巩固国内团结,保证国内和平,实现民主,改善民主,以便在和平民主团结的基础上,实现全国统一,建设独立自由与富强的新中国。"随后,中国共产党为了实现这一目标,开始了一系列争取和平民主的斗争。

4. 民主党派的"中间路线"

以中国民主同盟为代表的民主党派,是民族资产阶级和知识分子的政治代表,他们处于国共两党之间的第三者地位,也被称为"中间党派"。他们反对国民党的内战独裁政策,希望还政于民,反对美帝国主义的干涉,但他们也不赞同中国共产党的新民主主义革命纲领。他们希图在中国建立一个采取英、美民主制度的自由独立的民主国家,即资产阶级共和国。实现方式是:坚持以和平合作的方式达到政治民主化、军队国家化和经济工业化,希望采用渐进的改良的方法求得政治、经济和社会各方面的进步。这种主张及其实践,被称为"中间道路"。

中国各民主党派尽管政治纲领不尽相同,但都主张爱国、民主,反对卖国、独裁和内战,这与中国共产党的新民主主义革命纲领基本一致,因而,他们从成立时起,大多数同中国共产党建立了不同程度的合作关系,并在长期的民族战争和革命战争中逐步深化合作。抗战时期,中国共产党与各民主党派共同抗日,抵制和反对国民党的消极抗战政策;抗日战争胜利后,各中间党派的政治代表纷纷发表政治主张,坚决反对国民党一党专政的独裁统治,要求避免内战,和平建国。中国民主同盟在《在抗战胜利声中的紧急呼吁》中,提出"民主统一,和平建国"的口号和十项政治主张。随后,各个民主党派都发表了类似的宣言,提出了同样的要求和希望。

>>> 二、重庆谈判与政治协商会议

1. 重庆谈判

国民党集团虽然坚持独裁与内战,但是,由于避免战争、和平建国是当时中国人民的迫切愿望,同时,国民党的军队大部分还在西南、西北后方,要把它们运往内战前线、完成战略部署需要一定的时间,并且,国际上美国、苏联表示希望中国能够和平建国,第二次世界大战后的社会主义力量和世界和平的力量也正在加强。因此,迫于国际压力和国内舆论的影响,蒋介石在准备内战的同时,又表示愿意与中国共产党进行和平谈判。1945 年 8 月 14 日、20 日、23 日,蒋介石连发三次电报,邀请毛泽东赴重庆进行谈判,希望以此来迫使共产党让步,或交出军队。如果毛泽东不答应谈判,这正给内战

找到一个很好的借口，而且还可以利用谈判时间，加紧内战准备。

为了避免内战，争取和平建国，毛泽东、周恩来、王若飞等人不顾个人安危，到重庆同国民党进行谈判。重庆谈判从 8 月 29 日开始，到 10 月 10 日结束，在中国共产党的真诚努力和全国人民强大舆论的压力下，终于签订了《政府与中共代表会谈纪要》（即《双十协定》）。这次谈判取得的重要的成果有：第一，迫使国民政府承认了中国共产党提出的和平建国的基本方针，即国共双方"必须共同努力，以和平、民主、团结、统一为基础"，

图 7-1　重庆谈判期间毛泽东与蒋介石合影

"长期合作，坚决避免内战，建设独立、自由和富强的新中国"。第二，承认各党派的平等合法地位和人民的某些民主权利，实行民主化。协定明确规定，国民党政府应该结束训政，实施宪政，并且召开政治协商会议，邀请各党派代表及社会贤达协商国事，讨论和平建国方案及召开国民大会等问题。第三，承认共产党领导的人民军队可以编为 20 个师。同意积极推行地方自治，实行自下而上的普选等。

重庆谈判在客观上极大地促进了全国人民争取和平民主运动的开展，有力地回击了国民党的造谣诬蔑，表明了中国共产党的和平、民主、团结的立场，澄清了人民群众对中国共产党的模糊认识，大大提高了中国共产党的地位和威信，取得了政治上的主动。重庆谈判没有解决人民军队和解放区政权的合法地位问题。不过，重庆谈判为各民主党派、民主人士重新活跃于中国革命的历史舞台提供了有利条件，他们利用和平谈判的形势，积极整顿组织或建立新的政党，为在中国实现和平民主而斗争。

蒋介石一面邀请毛泽东进行谈判，一面调兵遣将，疯狂进攻解放区。就在毛泽东飞赴重庆谈判的第二天，国民党陆军总司令何应钦即密令各战区印发蒋介石于1933 年编写的《剿匪手本》。在《双十协定》签订后第三天，蒋介石发布"剿匪"密电，"督励所部，努力进剿"，并先后动用了 100 万军队和 50 多万伪军，分路向解放区进攻，进攻地区遍及冀、晋、鲁、绥、察、苏、浙、豫、鄂、皖、粤等 11 个省份。

中国共产党为了配合谈判桌上的斗争，保卫人民的胜利果实，解放区军民遵照毛泽东的指示，站在自卫的立场上，对于来犯之敌进行坚决的反击，连续取得上党、绥远、邯郸等自卫战役的重大胜利，歼敌 9 万多人，遏制了国民党的进攻。

2. 政治协商会议

国民党背弃《双十协定》，挑起内战的行径引起全国人民的强烈不满。国统区人

民掀起了大规模的反内战的群众运动。各民主党派和各界人士纷纷发表谈话和声明,呼吁停止内战,国家的一切问题都应用和平的方法来解决。成都、重庆、昆明的学生团体发表宣言和公开信,号召"制止内战"。西南联合大学,昆明大、中学校学生联合发表《昆明市大中学生为反对内战及抗议武装干涉集会告全国同胞书》,明确提出制止内战,撤退美军,组织联合政府、言论自由等主张。1945 年 12 月 1 日,国民党当局出动大批军警特务,武装袭击西南联合大学等校师生,打死 4 人,伤 25 人,制造了"一二·一"惨案。国民党的暴行,激起全国人民的公愤,各地相继举行示威和集会,声援昆明学生的正义斗争。此后,国统区的反内战运动更趋高涨,工人也开始酝酿罢工。

1945 年 11 月 27 日,杜鲁门批准赫尔利辞去驻中国大使职务,任命马歇尔为总统特使,赴中国"调处"国共冲突。美国还拉拢了苏联,于 12 月 27 日,苏、美、英三国外长在莫斯科会议发表公报,在中国的问题上,一致同意"必须在国民政府之下建立一个团结而民主的中国,国民政府的各部门必须广泛地由民主分子参加,并且内战必须停止",并重申不干涉中国内政。

中国共产党适时地提出无条件停止内战的建议。1946 年 1 月 10 日,由张群、周恩来分别签署了《关于停止国内冲突的命令和声明》。就在同一天,政治协商会议在重庆开幕。出席会议的有国民党、共产党、民主同盟、青年党和无党派人士的代表共38 人。会议的中心议题是政治民主化和军队国家化问题。经过共产党和中间党派代表的共同努力,会议通过了《政府组织案》、《国民大会案》、《和平建国纲领》、《军事问题案》、《宪法草案》等五项协议。在政权问题上,政协协议规定,改组国民党一党政府,成立政府委员会为最高国务机关。改组后的政府作为结束训政到实施宪政的过渡时期的政府,负有召集国民大会以制定宪法的任务。立法院为全国最高立法机关,由选民直接选举。中央政府采取议会制和内阁制,以行政院为最高行政机关并对立法院负责。实行中央同地方分权,省为地方自治的最高单位,这对于解放区民主政权的存在提供了一种可能。在军队问题上,实行军党分立、军民分治的整军原则和以政治军的办法。

政治协商会议是一次采取合法形式的斗争,是中国民主运动史上特殊的一幕。会议再一次确认了中国共产党提出的和平建国方针,较多地吸收了中间人士的意见,否定了国民党的独裁内战方针。会议确定了国会制、内阁制和省自治制度的政治制度,虽然这种制度不同于中国共产党主张的新民主主义政治制度,但它是对国民党一党专政和蒋介石独裁的否定,在很大程度上有利于人民。

对于停战协定,蒋介石表面承认,秘密却下战令,先后调军向东北民主联军发动大规模进攻,造成"关外大打,关内小打"的局面。1946 年 3 月,国民党在重庆召开六届二中全会,通过了《对政协报告之决议案》,提出五条所谓宪法修改原则,包括:制定宪法应以建国大纲为最基本之依据;国民大会应为有形之组织,用集中开会之方法行使建国大纲所规定之职权;立法院对行政院不应有同意权及不信任权,行政院亦不应有提请解散立法院之权;监察院不应有同意权;省无须制定省宪。这就完全推翻了政协确定的民主宪政原则,逐一否定了国会制、责任内阁制和地方自治。国民党六届二中全会还撕毁了政协关于改组政府的决议,并且认为军队国家化是和平建国的先决条件,通过了许多向中国共产党挑衅的决议。这样,国民党公开撕毁了政协决议,为发动内战制造了依据。

第二节　全面内战爆发和人民解放战争的胜利发展

>>> 一、全面内战爆发与解放区军民的自卫战争

1. 全面内战爆发

1946 年 6 月 26 日,国民党军队大举进攻中原解放区,全面内战爆发。在 1946 年 6 月至 1947 年 6 月,人民军队处于战略防御阶段,战争主要在解放区进行。

全面内战爆发时,双方力量对比悬殊。当时,国民党军的总兵力为 430 万人,它占有 3.39 亿以上人口,730 万平方公里的地区,控制着几乎所有的大城市和绝大部分铁路交通线;它不仅接收了 100 多万日军和数十万伪军的装备,而且还有美国为它训练和装备的 50 万军队。不仅如此,它还得到美国军事上和经济上的巨大援助。人民解放军的总兵力为 130 万人,装备基本上是"小米加步枪";解放区的人口为 1.36 亿,面积约 230 万平方公里,而且是被分割、包围,其中许多地区尚未进行土地改革,封建势力尚未肃清,后方很不巩固,在物质上得不到任何外援。

在这一形势下,国民党集团决定采取全面进攻、速战速决的战略方针和先关内后关外的战略部署,将其 80％的正规军同时向山东、苏皖边、晋冀鲁豫、晋察冀、晋绥以及中原等各个解放区发动全线进攻,计划在占领各解放区之后集中兵力进攻东北解放区,企图在三五个月内消灭中国共产党领导的人民军队。

2. 解放区军民的自卫战争

面对内战的既定事实,中国共产党科学地分析了国内外形势,于 1946 年 7 月 2 日发出《以自卫战争粉碎蒋介石的进攻》的党内指示,坚定地指出,我们必须打败蒋介石而且能够打败蒋介石,只有用自卫战争打败蒋介石,中国人民才能获得真正的和平。而且在军事上,国民党军战线太长,兵力不足,以及广大官兵普遍厌战,内部

矛盾重重,都是国民党不可克服的弱点,都有利于共产党的自卫反击。1946年,中共中央又先后发出《集中优势兵力,各个歼灭敌人》和《三个月总结》的党内指示,制定了战胜蒋介石的政治方针和军事原则。1946年8月6日,毛泽东在和美国记者安娜·路易斯·斯特朗的谈话中指出:"一切反动派都是纸老虎。看起来,反动派的样子是可怕的,但是实际上并没有什么了不起的力量。从长远的观点看问题,真正强大的力量不是属于反动派,而是属于人民的。"这些理论武装了中国共产党人和中国人民,扫除了对美蒋反动派的恐惧和对战争前途的悲观心理,极大地增强了中国人民打败蒋介石的信心和决心。

为了粉碎国民党军队的进攻,在政治上,中共中央指出:"为着粉碎蒋介石的进攻,必须和人民群众亲密合作,必须争取一切可能争取的人。"在经济上,作持久打算,自力更生,努力生产,力戒浪费,艰苦奋斗,军民兼顾;在军事上,采取集中优势兵力,各个歼灭敌人的作战原则。作战的基本形式,以集中兵力打运动战为主,分散兵力打游击战为辅,以歼灭敌人的有生力量为主要目标,不以夺取或保守城市为主要目标。

在这些战略方针的指导下,中国共产党领导解放区军民进行了英勇的自卫反击。

1946年7月到1947年2月,人民解放军粉碎了国民党军的全面进攻。

1946年7月到8月,在苏北和山东解放区,面对国民党政府军40万人的猛烈进攻,苏北解放军避实就虚,连续组织反击作战,取得七战七捷的重大战果,歼敌10余万人,迫使国民党放弃苏北,退往山东解放区。1947年1月,苏北解放军和山东解放军在山东沂蒙山区汇合,混合整编为华东野战军。国民党军从北、东、南三面展开合围攻势。华东野战军分兵阻挡南线敌军,主力部队北上迎敌,歼灭敌军7万多人,稳住了山东解放区局势。

1946年8月,面对国民党军25万人在河南省东西两线同时展开的迅猛攻势,东线的晋冀鲁豫解放军在大量杀伤敌军后,退到河南北部构建了比较稳定的防线,西线的豫西解放军主动退到山西南部,在吕梁山区歼灭敌军2万人,与敌军展开了拉锯战。

1946年10月,中国共产党领导的东北民主联军遭到东北国民党精锐部队20万人大举进攻,双方军队在北满、南满两个方向展开大规模对战。1947年3月,东北民主联军正面接战国民党政府军连续四次对南满地区的攻击,击退了敌军,东北战局逐渐趋向平衡。

出于国民党军队20万人进逼山西、察哈尔,并占领了河北三省交界地区的战略形势,晋察冀解放军在大同、张家口附近与敌军激战一个月后,为了避免正面战争带来的巨大伤亡,甩开敌军另辟战场,在河北中部地区作战,取得较大战果。

这样,国民党的速战速决计划落空。从 1946 年 6 月至 10 月,国民党军侵占解放区城市 153 座,解放军则收复城市 48 座,歼敌 29.8 万人。从 1946 年 11 月至 1947 年 2 月,国民党军侵占解放区城市 87 座,解放军则收复和解放城市 87 座,歼敌 41 万人。1947 年 2 月,国民党基本上停止了全面进攻,转而向陕北和山东解放区进行重点进攻。

1947 年 3 月至 6 月,人民解放军又粉碎了国民党军的重点进攻。

1947 年 3 月 13 日,国民党军以 20 多万兵力向陕甘宁边区发起进攻。3 月 19 日,人民解放军按中共中央部署主动撤离延安,中共中央和人民解放军总部则继续留在陕北指挥全国作战。在中共中央直接领导下,西北野战军 2 万余人以"蘑菇战术"耐心与敌人周旋,先后取得青化砭、羊马河和蟠龙镇作战的胜利,接着又出击陇东,围攻榆林,于 8 月取得沙家店战役胜利,彻底粉碎了国民党军对陕北的重点进攻。对山东的重点进攻开始于 1947 年 4 月,蒋介石调集 40 多万兵力,先后对山东解放区发动了 3 次猛烈攻势。华东野战军先后取得泰蒙战役和孟良崮战役的重大胜利,粉碎了国民党军对山东的重点进攻。

从 1946 年 7 月到 1947 年 6 月,人民解放军经过一年作战,歼敌达 112 万人,粉碎了国民党军队的全面进攻和重点进攻,稳定了战局,为人民解放军由战略防御转入战略进攻奠定了基础。

>>> 二、全国解放战争的胜利发展

1. 人民解放军转入战略进攻

经过人民解放军一年的作战,战争形势发生重大的变化。1947 年 7 月,国民党军队的总兵力已从战争开始时的 430 万人下降为 373 万人,其中正规军由 200 万人下降为 150 万人;由于战线延长,大部分兵力用于守备,战略性的机动兵力已大为减少,且士气急剧下降,官兵中充满着失败和厌战情绪。在国民党统治区内,人民奋起斗争,使国民党军队的后方极不稳固。与此相反,人民解放军的总兵力则由 130 万人增加为 195 万人,其中正规军近 100 万;部队的武器装备也因大量缴获而得到很大改善;由于不需分兵守卫后方供给线和城市,机动兵力大大增加。在解放区内,大部分地区进行了土地制度改革,广大农民的革命和生产积极性普遍高涨,人民解放军的后方已得到巩固。为了摆脱困境,蒋介石于 1947 年 7 月 4 日颁布《全国总动员方案》,力图将战火继续烧向解放区,进一步破坏和消耗解放区的人力物力,使人民解放战争难以持久。

为了彻底粉碎国民党集团的战略图谋,加快解放战争的进程,中共中央决定开

始"举行全国性的反攻,即以主力打到外线去,将战争引向国民党区域,在外线大量歼敌,彻底破坏国民党将战争引向解放区的战略方针",以粉碎国民党军队的重点进攻,从根本上扭转全国的战局。

1947年6月30日,刘伯承、邓小平率领的晋冀鲁豫野战军4个纵队12万余人,在鲁西南强渡黄河,乘势发起鲁西南战役。从7月7日到28日,歼敌4个师9个半旅,共5万多人,从此拉开了战略进攻的序幕。

刘邓大军经过两个月的艰苦斗争,于10月底共歼敌3万多,建立了33个县人民民主政权,从而在大别山站稳了脚跟,像一把尖刀插入了敌人的心脏。刘邓大军和陈赓、谢富治率领的晋冀鲁豫野战军一部及陈毅、粟裕领导的华东野战军一起由内线转为外线,逐步完成了战略展开,构成"品"字阵势,纵横驰骋于江淮河汉之间,解放了多个城市,建立了多个人民民主政权,巩固发展了解放区,同时调动和吸引了国民党军队于自己周围,迫使敌军处于被动地位。

内线作战的彭德怀、习仲勋、贺龙率领的西北野战军,谭震林、许世友率领的山东兵团,林彪、罗荣桓率领的东北野战军,聂荣臻领导的华北军区野战兵团5个纵队也先后对敌人展开进攻,取得了诸多战役的胜利。

人民解放军经过半年的内线和外线的联合作战,歼敌75万余人,形成了全国规模的战略进攻形势。而丧失了大量有生力量的国民党军却被迫由战略进攻转变为全面防御。战争形势的根本转变,标志着中国革命战争到了一个新的转折点。

夺取全国胜利已经是大势所趋,在中国革命的关键时刻,中共中央果断决策,制定了"打倒蒋介石,解放全中国"的战略目标。1947年10月10日,中国人民解放军总部发表《中国人民解放军宣言》,宣布解放军八大政策,主要包括:打倒蒋介石独裁政府,建立民主联合政府;惩办内战罪犯;实行人民民主制度;建立廉洁政府;没收官僚资本,发展民族工商业;废除封建剥削,实行"耕者有其田"制度;各少数民族平等自治;废除一切卖国条约,同外国订立平等互惠通商友好条约等。宣言向国内外公开了中国共产党的政治主张,代表了全国人民的意志,受到国内各阶层和爱国人士的热烈拥护。

1947年12月,中共中央在陕北米脂县杨家沟召开会议,制定了夺取全国胜利的行动纲领。在历史的转折点,中国共产党牢牢掌握党的总路线,即无产阶级领导的,人民大众的,反对帝国主义、封建主义和官僚资本主义的新民主主义革命的总路线;十分注意政策和策略,注意按照实际情况决定工作方针,善于把党的政策变成群众的行动;维护党的集中统一的领导,加强组织性纪律性,以便把人民解放战争胜利地向前推进,实现反帝反封建斗争的胜利。

1948年,战争形势发生了巨大变化。1948年秋,国民党军队总兵力已从战争初期的 430 万人下降到 365 万人,而且被解放军分割在东北、华北、华东、中原、西北五个孤立的战场上。而从 1947 年 6 月开始,经过了一年多的战略进攻,人民解放军已增加到 280 万人,其中野战军近 150 万人。

这时的国民党军队,虽然在数量和装备上还处于优势,但士气极为低落,战斗力每况愈下,内部派系倾轧日烈,各存戒心。中国共产党领导的军队用缴获的大量美式武器改善了装备,建立了强大的炮兵和工兵,提高了攻坚能力。特别是经过了新式整军运动,部队的政治觉悟和军事技术都有了极大的提高。由于国民党统治区危机日益严重,国民党的军队不得不放弃全面防御而改为重点防御,固守重要战略点线。

同时,各主要解放区都连成了一片,面积发展到 235 万平方公里,人口增长到 1.68 亿人,占全国人口的 1/3。广大解放区土地改革顺利进行,生产迅速发展,广大人民的革命积极性空前高涨,全力支持中国共产党领导的人民解放战争,使解放战争获得了取之不尽、用之不竭的物力、人力支援。

2. 解放区土地改革热潮

彻底消灭封建土地制度,实行土地改革,是打败国民党集团的根本条件。为了满足广大农民对于土地的迫切要求,进一步发动农民、准备进行自卫战争,中共中央于 1946 年 5 月 4 日发出《关于清算减租及土地问题的指示》(即《五四指示》),决定将党的土地政策由抗日战争时期的减租减息改变为以各种方式从地主手中获得土地分配给农民,实行耕者有其田的政策。《五四指示》发出后各解放区都把发展农业放在首位,发动农民参加生产互助,号召部队、机关、学校尽可能地参加农业生产。《五四指示》的发布,标志着中国共产党土地政策的转变和民主革命的深入。

1947 年 7 月至 9 月,中国共产党在河北省平山县召开全国土地会议,制定和通过了《中国土地法大纲》。

小资料

《中国土地法大纲》规定:废除封建性及半封建性剥削的土地制度,实行耕者有其田的土地制度。废除一切地主的土地所有权。……废除土地改革前劳动人民所欠地主富农高利贷者的高利贷债务。……除大森林、大水利工程、大矿山、大牧场、大荒地及湖沼等归政府管理外,乡村中一切地主的土地及公地,由乡村农会接收,连同乡村中其他一切土地,按乡村全部人口,不分男女老幼,统一平均分配,在土地数量上抽多补少,质量上抽肥补瘦,使全乡村人民均获得同等的土地,并归各人所有。……保护工商业者的财产及其合法的营业,不受侵犯。

——魏宏运:《中国现代史资料选编》(5),黑龙江人民出版社 1981 年版,第 210-213 页

图 7-2　1947 年 10 月《中国土地法大纲》颁布

《中国土地法大纲》是一个彻底的和比较完善的土地革命纲领。《中国土地法大纲》公布后，解放区土改运动进一步广泛深入地展开。到 1948 年底，在革命老区半老区基本完成了土地改革，在 1.5 亿人口的地区约有 1 亿农民获得了 3 亿余亩土地。

土地制度改革从根本上摧毁了中国封建制度的根基，加强了工农联盟，巩固了人民民主政权，激发了农民革命和生产的积极性，促进了解放区生产的发展，使解放战争获得了大量人力、物力的支持，从而保证了解放战争的胜利发展。

>>> 三、国民党政府的全面危机

1. 国民党政府的重重危机

全面内战爆发后，国民党政府陷入重重危机之中。

在政治方面，国民党为了给其独裁政策披上"合法"的外衣，不顾其他党派和人民的坚决反对，于 1946 年 11 月 15 日召开由其一手包办的"国民大会"，通过的《中华民国宪法》以根本法的形式确认了国民党、蒋介石独裁的国家制度。1947 年 3 月，国民党当局又限期令中国共产党驻南京、上海、重庆三地代表及工作人员全部撤退，彻底关闭了和谈的大门。紧接着国民党又召开国民党六届三中全会，通过了《宪政实施准备案》等议案，改组"国民政府"，蒋介石任国民政府主席，孙科任副主席，政府委员 29 名，其中国民党 17 人。这一政府仍是国民党一党专制独裁的政府。中国民主同盟在宣言中指出：改组后的政府既不是根据政协精神产生的，也不是促进和平实现民主的政府，只是一个扩大分裂、三党"共同负责与共产党作战的政府而已"。伪国大的召开和改组政府进一步暴露了国民政府内战、独裁的面目，遭到中国共产党、民主党派和民主人士的强烈反对。

在外交方面，为了得到美国更多的支持，国民党政府大肆拍卖国家主权。1946

年11月,国民党政府同美国驻华大使司徒雷登签订《中美友好通商航海条约》(简称《中美商约》)。这一条约把美帝国主义在中国取得的许多特权用法律形式固定下来,被斥为"新二十一条"。条约的签订引起了中国人民的强烈反对。上海人民团体联合会发表声明说:"中美商约是绝对不利于中国的片面独惠的丧权辱国的新的不平等条约。"

在经济方面,美国资本的急剧扩张、战争的庞大消耗及四大家族的野蛮掠夺,使国统区的财政金融陷入瘫痪破产、通货膨胀的恶性循环及物价上涨的境地,农村经济急剧衰落,民族工商业大量破产,国统区的经济陷入空前的危机之中。

2. 第二条战线的形成

国民党坚持内战、独裁的方针,激起了全国人民的强烈义愤,形成了共产党领导的、以学生运动为先导的整个国统区的人民民主运动,即第二条战线。第二条战线的形成有力地配合了解放区军民进行的革命战争。

1945年底,昆明学生发动一二·一运动,提出了"反对内战,争取自由"的口号,反映了广大人民对和平民主的迫切希望,成为第二条战线斗争的先声。

1946年12月,美军士兵强暴中国女大学生的暴行激起了全国性的反美运动的爆发。12月30日,北平学生1万多人举行示威游行,高呼"美军滚出中国去!""反对政府媚外!""美军不走内战不止!"随后,天津、上海、南京、武汉、重庆、广州、昆明等大中城市50多万学生相继参加了抗暴斗争。学生的抗暴斗争得到了广大工人、教师和其他各阶层人民以及海外爱国华侨的声援和支持,形成反美反蒋的广泛的爱国民主运动。迫于中国人民斗争的压力,美国被迫宣布陆续撤退其驻北平、天津、青岛各地的美军。这次运动唤醒了广大人民群众的觉醒,成为第二条战线形成的重要标志,更大规模、更大范围的爱国民主运动接踵而来。

1947年5月,南京、北平等地爆发了"反饥饿、反内战、反迫害"运动。随后,运动迅速扩大到上海、杭州、武汉、广州等60多个大、中城市,学生罢课、游行同工人罢工、教员罢教等各阶层人民的斗争汇合到了一起。5月20日,京、沪、苏、杭16所大专院校的6 000多人集中于南京举行"挽救教育危机联合大游行",提出提高教育经费、改善教职工生活待遇等五项要求,遭到国民党军队的血腥镇压,重伤19人,轻伤90多人,被捕28人,这就是五二〇血案。同日,平津学生万余人的游行也遭到镇压。"反饥饿、反内战、反迫害"斗争持续了一个多月。

学生运动的高涨,促进了整个人民运动的高涨。在全面内战爆发的前夜,上海人民团体联合会派出请愿团去南京向国民党当局呼吁和平。1946年11月30日,上海3 000多名摊贩请愿游行,要求释放被捕的千余名同业者,结果被军警打死10多人,伤100多人,被捕321人。这一事件激起了各界人士的抗议,形成全市性的反蒋群众运动。

1947 年下半年到 1948 年,中国共产党进一步加强了对国统区人民反抗斗争的领导。1947 年间,全国 20 多个大、中城市中,先后有 120 万工人举行反内战、反暴行的罢工和示威游行,罢工次数达 3 000 多次。据不完全统计,1947 年 3 月至 4 月,有 9 个省 38 个城市发生了抢米风潮,参加者有 17 万人。5 月到 6 月,饥饿的城市居民的"抢米"风潮席卷包括江苏、浙江、安徽、四川等省的 40 多个大小城镇。

在农村,农民发起了抗粮、抗租、抗税、抗抓壮丁的反抗运动和起义,矛头直指国民党的基层政权。到 1947 年 1 月,农民起义在川、湘、鄂、苏、皖、浙、赣、粤、桂、闽等省 300 多个县相继发生,参加群众达 80 多万人。中国共产党的地方组织在广东、湖北、安徽、福建、江西等一些地方的农村中,恢复和发展人民武装,进行武装斗争,建立游击根据地。

新疆伊犁、塔城、阿尔泰三区的革命运动,在新的历史条件下进一步发展,于 1945 年建立革命政府,并同国民政府签订了和平条款。但是,国民党很快就推翻和平条款,加紧镇压新疆人民革命运动。新疆各族人民在艰苦的条件下继续坚持斗争。另外,1947 年 5 月 1 日,内蒙古自治区宣告成立,内蒙古人民的斗争也发展到了一个新阶段。

1947 年 2 月 28 日,脱离了日本帝国主义的殖民统治之后又陷入国民党统治的台湾省人民举行了大规模的起义,反抗国民党当局的暴政,这就是二二八起义。国民党当局严厉镇压。台湾全省人民群起响应,控制了台中、嘉义等城市。国民党从大陆调集大批军警、特务进行镇压和屠杀。3 月 14 日,起义失败。之后,台湾人民继续坚持斗争,并于 11 月成立民主自治同盟坚持战斗。二二八起义是一场反独裁、反暴行、争民主、争自治的运动,鼓舞了全国人民民主运动的开展。

3. 中间党派的斗争与"中间路线"的破产

中间党派为避免内战、建立民主的共和国而不断斗争。

蒋介石对国统区的和平民主运动采取了血腥镇压的政策,迫害和镇压爱国民主力量。1946 年 5 月,国民党政府颁布了《维持社会秩序临时办法》,严禁罢工、罢课和游行示威,在全国各地逮捕反内战进步人士,封闭呼吁和平的文化团体、宣传机构。7 月 11 日和 15 日,又先后杀害了著名爱国民主人士李公朴和闻一多。李公朴、闻一多是中国民主同盟负责人,他们反对内战独裁。7 月 11 日,李公朴在昆明被国民党特务杀害。15 日,闻一多在云南大学讲演,控诉反动派对李公朴的暗杀行为,更严厉地抨击国民党的反动统治,当天傍晚即被国民党特务枪杀。"李闻"惨案震怒了人民,进一步激起了人民的斗争,国统区人民反对美蒋的斗争逐渐走向高潮。

1941 年 3 月,中国民主政团同盟在重庆诞生,由 6 个组织联合组成:救国会、中华民族解放行动委员会(亦称第三党,后改称中国农工民主党)、中华职业教育社、乡村建设协会以及青年党和国家社会党(后改称民主社会党)。为便于更多的民主人士以个人身份加入,中国民主政团同盟于 1944 年 9 月更名为中国民主同盟,简称民盟。1947 年 5 月下旬,民盟主要负责人张澜、黄炎培等向国民参政会提出《停止内战恢复和平案》,要求国民党依据政协会议精神及路线,重新举行和平会议。国民党不仅拒绝接受民盟的合理建议,反而出动大批军队、警察、宪兵、特务,在全国各大城市,对民主党派和民主人士进行大搜捕,其中民盟成员被捕者达 100 人。

国民党当局对民主人士的迫害变本加厉。仅 10 月一个月内,上海、杭州等 8 个城市就有 2 100 多人惨遭杀害。10 月 27 日,国民党宣布中国民主同盟为"非法团体",应"严加取缔",今后对民盟及其成员的活动要按"后方共产党处置办法"。11 月 5 日,民盟在上海举行中央扩大会议,为了保全全体盟员安全,保存民盟的实力,议决以主席的名义在报上公布民盟总部自即日起解散,各地一律停止政治活动。民盟被迫解散,宣告了"中间路线"的破产。

1948 年 1 月,民盟领导人沈钧儒等在香港召开民盟一届三中全会,宣布不承认国民党解散民盟的任何决定,并恢复民盟总部。会议指出,独立的中间路线不符合中国的现实环境,是"行不通"的。民盟必须站在人民的、民主的、革命的立场,为彻底推翻国民党统治集团、消灭封建土地所有制、驱逐美帝国主义出中国、实现人民的民主而奋斗。会议因此决定同共产党合作。这次会议,标志着民盟站到了新民主主义革命的立场上来。与此同时,1948 年 1 月,中国国民党革命委员会也公开表示承认中国共产党的领导地位。其他民主党派也明确表示了参加新民主主义革命的立场。

上述事实表明,不仅在军事战线上,而且在政治战线上,国民党政府已经处在全民的包围中。

第三节　中华人民共和国的诞生

>>> 一、战略决战的胜利和南京国民党政权的覆灭

1. 三大战役的胜利

1948 年 9 月,中共中央在西柏坡召开政治局会议,总结了两年来人民解放战争的基本形势和基本经验,通过敌我军事力量的对比,认为进行战略决战的时机已经成熟。以毛泽东为核心的中共中央和中央军委洞察战争规律,纵观战争全局,就在国民党军准备战略收缩,东北之敌准备逃跑之前,当机立断,决定连续组织辽沈、淮海、平津三大战役。

辽沈战役自 1948 年 9 月 12 日开始至 11 月 2 日结束,历时 52 天,东北野战军歼敌 47.2 万人,东北全境获得解放。辽沈战役是我国解放战争中具有决定意义的第一个大战役。毛泽东及中央军委作出《关于辽沈战役的作战方针》的指示:必须用主

力于锦州、唐山一带,而不顾长春、沈阳,形成"关门打狗"之势,进而全歼东北国民党军。辽沈战役之后,国民党军队总兵力减少到290万人,由长期的优势转为劣势,人民解放军增加到310万人,由长期的劣势转为优势。

就在辽沈战役正在激战的时候,中共中央又部署了以徐州为中心,东起海州,西至商丘,北起薛城,南达淮河的广大地区歼灭南线国民党军队主力的淮海战役。淮海战役自1948年11月6日开始至1949年1月10日结束,历时66天,歼敌55.5万人。南线国民党军队的主力已被消灭,人民解放军直逼国民党的统治中心——南京、上海。

辽沈战役胜利后,淮海战役还在进行,东北野战军与华北野战军两个野战兵团百万大军在东起塘沽,西至张家口的长达400公里的华北战场发起了平津战役。平津战役自1948年11月29日开始,至1949年1月31日结束,历时64天,歼灭和改编国民党军队52万余人,华北全境基本解放。

图7-3　淮海战役总前委塑像

辽沈、淮海、平津三大战役,从1948年9月12日开始,到1949年1月31日结束,历时4个月零19天,歼灭和改编国民党军队154万人,战争规模之大,歼敌之多,速度之快是中国战争史上空前的,也是世界战争史上少有的。三大战役实现了中共中央把国民党的军队主力消灭在长江以北的设想,大大缩短了原来预计的解放战争进程,使蒋介石赖以维护统治的主要军事力量被消灭殆尽,人民解放战争在全国的胜利已成定局。

2. 南京国民党政权的覆灭

1949年元旦,蒋介石发表"求和"声明,1月14日,毛泽东发表了《将革命进行到底》的新年献词,揭露了蒋介石集团的卖国、内战的罪行,因此决不能怜惜敌人,必须坚决、彻底、干净、全部地消灭一切反动势力。

但为了迅速结束战争,中国共产党还是发表了《关于时局的声明》,提出了和平谈判的八项条件:惩办战争罪犯;废除伪宪法;废除伪法统;依据民主原则改编一切反动军队;没收官僚资本;改革土地制度;废除卖国条约;召开没有反动分子参加的政治协商会议,成立民主联合政府,接收南京反动政府及其所属各级政府的一切权力。毛泽东的声明得到全世界人民和各民主党派的热烈拥护。4月20日,南京国民政府拒绝在和平协定上签字,其阴谋最后宣告破产。

1949年4月21日,毛泽东、朱德发布向全国进军的命令。人民解放军第二、第三野战军在东起江阴,西至湖口的战线上强渡长江天险,一举摧毁国民党苦心经营了3个半月的长江防线。4月23日,人民解放军占领南京,宣告延续了22年之久的国民党反动统治的覆灭。随后,解放军野战军所属各路大军继续向中南、西北、西南各省大进军,分别以战斗方式或和平方式,迅速解决残余敌人,解放广大国土。国民党蒋介石集团被人民赶出中国大陆,逃往中国台湾省。

>>> 二、中华人民共和国的成立

1. 七届二中全会与《论人民民主专政》

在中国人民革命即将取得全国胜利的前夕,1949 年 3 月 5 日至 13 日,中国共产党七届二中全会在河北省平山县西柏坡召开。会议对当时的形势和以后的工作作了科学的论断和阐述。其主要内容包括:第一,提出了彻底摧毁国民党反动统治,夺取全国胜利的各项方针。指出应迅速召开政治协商会议,建立全国性的人民政府。第二,在全国取得胜利的形势下,我党的工作必须由乡村转移到城市。在城市工作中必须全心全意地依靠工人阶级,团结其他劳动群众,争取知识分子;争取尽可能多地同我们合作的资产阶级代表人物,反对共同的敌人,把恢复发展生产作为城市管理工作的中心任务。工作重心移到城市后,城乡必须兼顾。第三,分析了全国胜利后中国社会的基本矛盾,提出了由新民主主义革命发展到社会主义革命的总任务和各项政策。在政治上,毛泽东分析了在全国胜利后,还存在着两种基本矛盾:国内的工人阶级和资产阶级的矛盾,国外的中国和帝国主义国家的矛盾。毛泽东还提出加强人民民主专政的任务。在经济上,必须发展社会主义的经济,没收一切帝国主义和官僚资产阶级的资本归人民共和国所有,使社会主义性质的国营经济成为整个国民经济的领导力量。对私人资本主义工业,采取利用和限制的政策。对个体的农业、手工业经济,必须慎重地、逐步地引导它们向着现代化、集体化发展。第四,在外交方面按照平等的原则,同一切国家建立外交关系。第五,特别提醒全党要防止骄傲自满情绪,保持谦虚谨慎、不骄不躁、艰苦奋斗的作风,防止为个人歌功颂德的各种现象。

七届二中全会解决了由新民主主义革命转变为社会主义革命在理论上、政策上的许多基本问题,为夺取全国胜利和建设新中国做了重要准备。

为了向全国人民阐明中国共产党在建立新中国问题上的主张,1949 年 6 月 30 日,毛泽东发表了《论人民民主专政》一文,集中反映了中国共产党关于建立新中国的政治主张。

毛泽东阐释了人民内部各阶级在国家中的地位、人民民主和专政的关系、中国革命的经验等问题,指出:要建立人民民主专政的国家,工人阶级是领导阶级,基础是工人阶级、农民阶级和城市小资产阶级,对内实行民主,而对反动派实行专政。

小资料 ▌

“阶级消灭了,作为阶级斗争的工具的一切东西,政党和国家机器,将因其丧失作用,……对于工人阶级、劳动人民和共产党,则不是什么被推翻的问题,而是努力

工作,创造条件,使阶级、国家权力和政党很自然地归于消灭,使人类进到大同境遇。

"由新民主主义到社会主义,主要依靠工人和农民两个阶级的联盟。民族资产阶级在现阶段,有其很大的重要性,但是不应当在国家政权中占主要的地位。因为他们缺乏远见,缺乏足够的勇气,并且有不少人害怕民众。

……

"人民是什么?在中国,在现阶段,是工人阶级,农民阶级,城市小资产阶级和民族资产阶级。这些阶级在工人阶级和共产党的领导之下,团结起来,组成自己的国家,选举自己的政府,向着帝国主义的走狗即地主阶级和官僚资产阶级以及代表这些阶级的国民党反动派及其帮凶们实行专政……对于人民内部,则实行民主制度,人民有言论集会结社等项的自由权。选举权,只给人民,不给反动派。这两方面,对人民内部的民主方面和对反动派的专政方面,互相结合起来,就是人民民主专政。

……

"总结我们的经验,集中到一点,就是工人阶级(经过共产党)领导的以工农联盟为基础的人民民主专政。这个专政必须和国际革命力量团结一致。这就是我们的公式,这就是我们的主要经验,这就是我们的主要纲领。"

——毛泽东:《论人民民主专政》,《毛泽东选集》第 4 卷,人民出版社 1991 年版,第 1 468-1 482 页

毛泽东的人民民主专政理论奠定了我国人民民主专政的理论基础和政策基础,是对马克思列宁主义的国家学说的重要贡献。

2. 政治协商会议与中华人民共和国的成立

完成创建新中国的任务,是由中国人民政治协商会议来承担的。

到 1948 年春,筹建全国人民政权的条件已经具备。1948 年,中共中央在纪念五一国际劳动节的口号中指出:"各民主党派,各人民团体,各社会贤达迅速召开政治协商会议,讨论并实现召集人民代表大会,成立民主联合政府。"

1949 年 1 月 22 日,李济深、沈钧儒等民主党派的领导人和著名的无党派人士55 人发表《对时局的意见》,一致认定中国共产党提出的关于召开政治协商会议、成立联合政府的主张。这表明中国各民主党派和无党派民主人士自愿接受中国共产党的领导,决心走人民革命的道路,拥护建立人民民主的新中国。

人民政协是中国共产党领导的以工农联盟为基础的人民民主统一战线的组织形式。1949 年 9 月 21 日,中国人民政治协商会议第一届全体会议在北平中南海怀仁堂隆重开幕,参加会议的有中国共产党,各民主党派,无党派人士,各人民团体,人民解放军,各地区、各民族以及国外华侨的代表等 662 人。会议通过《中国人民政治协商会议组织法》,选出由毛泽东任主席的政协全国委员会。在普选的全国人民代表大会召开前,政协全体会议代行全国人民代表大会的职权。会议通过了《中国人

民政治协商会议共同纲领》。

"共同纲领"除序言外,共 7 章 60 条。它总结了中国新民主主义革命的经验。规定了中华人民共和国的性质是工人阶级领导的、以工农联盟为基础的、团结各民主阶级和国内各少数民族的人民民主专政的国家,中华人民共和国的国家权力属于人民。中华人民共和国建立统一的军队即人民解放军和公安部队。

"共同纲领"规定:国家经济建设的根本方针,是公私兼顾、劳资两利、城乡互助、内外交流的政策,达到发展生产、繁荣经济的目的。文化教育是民族的、大众的、科学的文化教育。国内各民族一律平等、团结互助,反对大民族主义和狭隘的民族主义。

"共同纲领"规定:新中国的外交政策的原则,是保障本国民族独立、自由和领土主权完整,维护国际的持久和平与各国间的友好合作,反对帝国主义的侵略政策和战争政策。

《中国人民政治协商会议共同纲领》是一个极为重要的历史文献,在建国初期起了临时宪法的作用。

会议通过了中央人民政府组织法,一致选举毛泽东为中央人民政府主席,朱德、刘少奇、宋庆龄、李济深、张澜、高岗为副主席,陈毅等 56 人为中央人民政府委员。随后,中央人民政府委员会任命周恩来为政务院总理兼外交部长。

会议决定北平为中华人民共和国首都,将北平改名为北京;决定采用公元纪年;以《义勇军进行曲》为代国歌;国旗为五星红旗,象征全国人民在中国共产党领导下的大团结。

9 月 30 日,中国人民政治协商会议第一届全体会议闭幕,创建中华人民共和国的筹备工作胜利完成。

1949 年 10 月 1 日,中华人民共和国中央人民政府在北京正式成立。下午 3 时,首都 30 万群众齐集天安门广场,举行庆祝中华人民共和国中央人民政府的成立典礼。毛泽东按动电钮升起中华人民共和国的第一面国旗。随后,举行了盛大的阅兵式和群众游行活动。从此,中华人民共和国诞生了。

>>> 三、中国革命胜利的伟大意义和基本经验

1. 中国革命胜利的伟大意义

中华人民共和国的成立,是百余年来中国人民追求民族独立、人民解放而英勇牺牲、不屈奋斗的结果,是中国共产党领导下人民群众奋斗的结果。

中华人民共和国的成立,标志着中国新民主主义革命的基本胜利,彻底宣告了中国半殖民地半封建社会历史的结束。从此,中国数千年的封建压迫、一百多年来的帝国主义的侵略、22 年的国民党反动统治结束了,中国历史从此进入了一个从未

有过的、人民群众当家做主的新时代。

中华人民共和国的成立,是中国历史的伟大转折点,是中华民族伟大复兴的开端。中华人民共和国的成立,为后来社会主义制度在中国的建立和发展、为中华民族的伟大复兴奠定了基础,之后,中国进入了向社会主义过渡及建设社会主义的伟大历史征程的新时期。

中华人民共和国的成立,证明了在中国走"由新民主主义到社会主义的道路"的必然性。在很长时期内,中国面临三种可供选择的建国方案:先后由北洋军阀、国民党统治集团统治的实行地主买办阶级的专政、使中国社会继续走半殖民地半封建的道路,民主党派主张建立资产阶级共和国、使中国走独立发展资本主义的道路,共产党的建立工人阶级领导的以工农联盟为基础的人民共和国、经过新民主主义走向社会主义的道路。中国新民主主义革命时期的历史,是上述三条道路、三种国家命运激烈斗争的历史,而人民共和国道路赢得了中国最广大的人民群众的拥护,走向社会主义过渡的道路成为必然。

中华人民共和国的成立,具有重大的世界意义。中国革命的胜利,是在世界上人口最多、地域广大、历史延续时间较长的国家中取得的,是世界上规模大、过程长、斗争环境复杂的革命,为世界被压迫人民和被压迫民族的解放事业提供了宝贵的经验。中国革命的胜利,是继俄国十月社会主义革命和世界反法西斯战争胜利后的又一个伟大的胜利,它的胜利壮大了世界社会主义的力量,促进了世界革命运动的发展,使世界殖民体系遭到致命的打击,对世界历史产生了深远的影响。

2. 中国革命胜利的基本经验

中国共产党在领导全国人民进行民主革命的过程中,积累了丰富的经验。

坚持马列主义与中国实际相结合。中国共产党之所以能够领导中国革命取得胜利,是由于它坚定地坚持了马克思列宁主义的普遍真理同中国革命的具体实践相结合的正确方向。以毛泽东为主要代表的中国共产党人在领导中国人民进行长期艰难而曲折的斗争过程中,以实事求是的科学态度,采取从群众中来、到群众中去的群众路线的工作方法,逐步地把马克思列宁主义同中国实际结合起来,形成了一整套适合中国国情的路线、方针、政策。毛泽东思想是马克思列宁主义的基本原理同中国革命的具体实践相结合的产物,是马克思列宁主义在中国的运用和发展,是被实践证明了的关于中国革命的正确的理论原则和经验总结,是中国共产党集体智慧的结晶。之后,中国共产党继续坚持这一原则,不断引导中国的社会主义建设走向胜利。

中国共产党在领导人民革命的过程中,锻造出了克敌制胜的武器。经过多年的战争,中国共产党得出结论:"统一战线,武装斗争,党的建设,是中国共产党在中国革命中战胜敌人的三个法宝,三个主要的法宝。"正因为有这三件法宝,中国革命才得以在任何艰难的环境中都会最终取得成功。

本章小结

抗日战争胜利后,国际国内形势错综复杂,各党派都提出自己的建国方案。国民党在美国的支持下坚持独裁、反共、内战;民主党派坚持"中间道路";中国共产党希望建立人民共和国,为避免内战、和平建国而不懈努力。抗战胜利后,蒋介石电邀毛泽东赴重庆进行谈判,国共双方签订《双十协定》。在中国共产党等各方力量的努力下,政治协商会议召开。但国民党集团随后撕毁政协决议,挑起了内战。中国共产党进行有力的自卫战争,解放区也掀起土改热潮,支持解放战争。随着解放战争的进展,国共双方力量对比发生变化,人民解放军适时地进行战略进攻,在国民党统治区形成以学生运动为先导的第二条战线,国民党统治陷入全民包围之中。三大战役的胜利,使国民党赖以维护统治的主要军事力量基本上被摧毁。人民解放军继续向全国进军,国民党政权覆灭。建设一个什么样国家的问题摆在人们面前,中国共产党七届二中全会的决议及毛泽东发表的《论人民民主专政》绘制了新中国的蓝图。中国人民政治协商会议召开并通过《中国人民政治协商会议共同纲领》,为新中国的成立做好了准备。1949年10月1日,中华人民共和国诞生。中华人民共和国的建立标志着中国新民主主义革命的基本胜利,是中国历史的伟大转折点,也具有重大的世界意义。中国革命的胜利是坚持马列主义与中国实际相结合的结果,是运用"统一战线,武装斗争,党的建设"三大法宝的胜利。

复习思考题

1. 抗战胜利后中国有哪三种建国方案?
2. 中国共产党七届二中全会的主要内容是什么?
3. 中国新民主主义革命胜利的重大意义和基本经验是什么?

推荐阅读

1. 毛泽东:《抗日战争胜利后的时局和我们的方针》,1945年8月13日。
2. 毛泽东:《论人民民主专政》,1949年6月30日。
3. 《中华人民共和国政治协商会议共同纲领》,1949年9月29日。
4. 《中国土地法大纲》,1947年9月13日。
5. 《中国民主同盟一届三中全会宣言》,1948年1月19日。
6. 资中筠:《追根溯源——战后美国对华政策的缘起与发展(1945—1950)》,上海人民出版社2000年版。

第八章
社会主义制度的建立

学习目标

1. 了解新民主主义社会的性质和特征,认识中国社会由新民主主义向社会主义转变是历史发展的必然,是历史和人民的选择。

2. 认识中国共产党提出过渡时期总路线的历史必然性,了解过渡时期的总路线的内容和特点。

3. 了解有中国特点的社会主义改造的历程及基本经验,认识基本完成社会主义改造和确立社会主义制度的意义。

历史线索图

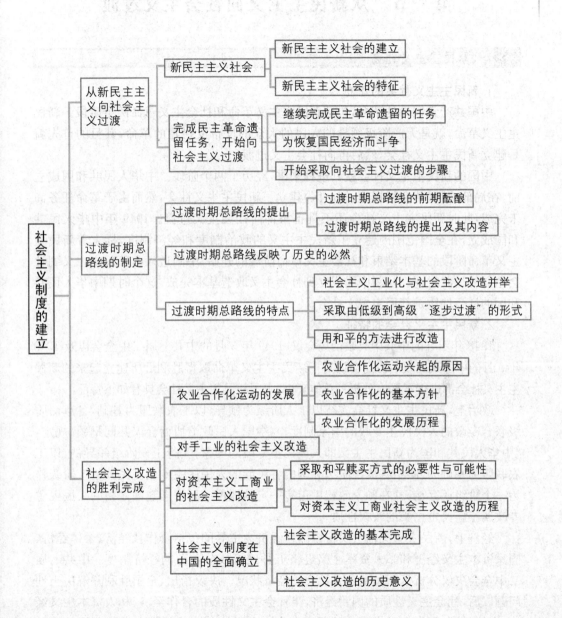

第一节　从新民主主义向社会主义过渡

>>> 一、新民主主义社会

1. 新民主主义社会的建立

中国共产党领导的革命,包括新民主主义革命和社会主义革命两个阶段。新民主主义革命,就是无产阶级领导的人民的大众的反帝反封建的革命,其目的首先就是建立新民主主义社会,然后再向社会主义过渡。

中国的新民主主义社会就其进程来讲,经历了两个阶段。中华人民共和国成立前,在局部地区(革命根据地、解放区)建立了新民主主义社会,然而由于革命任务尚未完成,此时新民主主义社会还不具备条件向社会主义过渡。1949 年中华人民共和国成立,在全国范围内建立了新民主主义的政治制度和经济制度,标志着新民主主义革命阶段的基本结束和社会主义革命阶段的开始,中国进入由新民主主义到社会主义的过渡时期。从新中国成立到社会主义改造基本完成,这个时期中华人民共和国的社会性质是新民主主义社会。

2. 新民主主义社会的特征

1948 年召开的中共中央政治局会议、1949 年 3 月的中共七届二中全会以及 1949 年 9 月的中国人民政治协商会议对于新民主主义革命取得胜利后所建立起来的新民主主义社会都进行了深入分析。总体来讲,中国新民主主义社会具有如下特征:

政治上,新民主主义社会实行以工人阶级为领导,以工农联盟为基础,各革命阶级联合专政的人民民主专政的国家制度。《中国人民政治协商会议共同纲领》规定:"中华人民共和国为新民主主义即人民民主专政的国家,实行工人阶级领导的、以工农联盟为基础的、团结各民主阶级和国内各民族的人民民主专政。"民族资产阶级作为一个阶级还存在,并在国家政权中占有一定的地位。新中国建国之初的人民民主专政属于新民主主义的政权性质。

经济上,新民主主义社会实行以国营经济为主导的包括合作社经济、个体经济、国家资本主义经济和私人资本主义经济五种经济成分并存的经济制度。中共七届二中全会决议分析了新民主主义社会的经济状况。决议指出,全国胜利并解决土地问题以后,社会主义性质的国营经济、半社会主义性质的合作经济、私人资本主义经济、个体经济、国家和私人合作的国家资本主义经济,"这些就是人民共和国的几种主要的经济成分,这些就构成新民主主义的经济形态"。这五种经济成分实质上代表三种不同性质的经济:即社会主义经济、资本主义经济和个体经济。从党对新民主主义经济的分析也可以看到,新民主主义社会是一个过渡性的社会。

文化上,新民主主义社会实行马克思主义指导下的新民主主义文化,即民族的、科学的、大众的文化。马克思主义的指导是新民主主义文化中的社会主义因素,规定着新民主主义文化的前进方向。同时,在新民主主义条件下,各种非无产阶级思想不仅大量存在,而且继续影响着广大群众,这是新民主主义社会文化方面的非社会主义因素。

关于新民主主义社会的基本矛盾,中共七届二中全会分析了新民主主义社会的三种基本的经济成分及与之相应的三种基本阶级力量(工人阶级、资产阶级、农民及其他小资产阶级)之间的矛盾,指出全国胜利并解决了土地问题以后,社会基本矛盾就集中表现为无产阶级与资产阶级、社会主义与资本主义的矛盾。换句话讲,中国存在着两种基本矛盾:国际上是新中国与帝国主义的矛盾,国内是工人阶级与资产阶级的矛盾。党对新民主主义社会基本矛盾的判断,实质上把进行社会主义革命的任务提出来了。

总之,新民主主义社会是具有过渡性质的社会,它在经济、政治、文化等各个方面既有社会主义因素,又有资本主义因素,这两种因素不断地碰撞、冲突和较量。其发展的总趋势是,社会主义因素日益发展壮大,资本主义因素不断被削弱、被限制。最终在条件具备后,新民主主义社会就过渡到了社会主义社会。

>>> 二、完成民主革命遗留任务,开始向社会主义过渡

1. 继续完成民主革命遗留的任务

建国初期,党面临的形势是十分复杂尖锐的。面对错综复杂的政治形势,1949年至1953年,中国共产党为继续完成民主革命的遗留任务,先后解放了全国大陆,建立各级人民民主政权,并开展了土地改革、镇压反革命以及抗美援朝等工作,以巩固新生的人民民主政权。

新中国成立后,人民解放军继续向华南、西南挺进,完成了解放大陆的宏伟大业。人民解放军以秋风扫落叶之势,相继解放了衡阳、广州、桂林、南宁等华南重镇和贵阳、重庆、成都等西南重镇,并和平解放了云南、西康两省。1950年4月,海南、舟山等岛屿解放。1951年10月,人民解放军进驻拉萨,西藏和平解放。

随着人民解放战争的顺利推进,在解放区,党先是建立军事管制委员会,镇压反革命活动,维护社会稳定,接管国民党公共机关,组织恢复生产。随后,党相继召开各级人民代表会议,选举各级人民政府,建立健全全国各级人民民主政权。截至1951年3月,全国23个省,九成以上的县召开了人民代表会议,建立了省县两级地方人民政府。另外,少数民族聚居区基本实现了民族区域自治。

从1950年冬到1953年夏,党在新解放区领导3.1亿农民开展了轰轰烈烈的土地改革运动。建国初期的土改运动,是我国历史上规模最大的一次土改运动,是历次土

改中进行得最为顺利和最好的一次,彻底废除了封建土地制度,农民在政治、经济上翻了身,解放了农村生产力,为实现国家工业化和农业的社会主义改造开辟道路。

1950 年 6 月,朝鲜战争爆发。10 月,中国人民志愿军雄赳赳,气昂昂,跨过鸭绿江,开始了抗美援朝战争。中朝军民经过三年浴血奋战,迫使美军三易主帅,1953 年 7 月,美国被迫在停战协定上签字。抗美援朝的伟大胜利,是中国人民新民主主义革命反帝斗争的继续,它打击了美帝国主义,振奋了民族精神,为我国国民经济的恢复和社会主义改造事业的完成赢得了一个相对稳定的和平环境。

图 8-1 志愿军领导人与朝鲜内务相合影

1950 年 12 月至 1951 年 10 月,新中国还开展了一场大规模的镇压反革命运动。它是新生的人民政权同国民党反动派残余势力不可避免的一场斗争。镇压反革命运动基本上肃清了国民党反动派遗留在大陆的残余势力,巩固了新生的人民政权,有力支持和配合了抗美援朝和土改运动。

2. 为恢复国民经济而斗争

新中国是在一个千疮百孔的烂摊子上建立起来的。建国初期,整个国民经济面临着严重困难,生产萎缩、交通阻塞、物价飞涨、物资紧缺、投机猖獗、市场混乱是对当时国民经济状况的真实写照。因此,整顿经济秩序,恢复国民经济成为建国初期一项牵动全局的中心任务。

小资料

早在建国前夕召开的中共七届二中全会上,毛泽东就曾指出:从我们接管城市的第一天起,我们的眼睛就要向着这个城市的生产事业的恢复和发展。……只有将城市的生产恢复起来和发展起来了,将消费的城市变成生产的城市了,人民政权才能巩固起来。城市中其他的工作,例如党的组织工作,政权机关的工作,工会的工作,其他各种民众团体的工作,文化教育方面的工作,肃反工作,通讯社报纸广播电台的工作,都是围绕着生产建设这一个中心工作并为这个中心工作服务的。

——毛泽东:《在中国共产党第七届中央委员会第二次全体会议上的报告》

首先,打击投机活动,稳定物价,统一全国财经。为打击投机资本,稳定市场物价,党和政府采取强有力的经济措施和必要的行政手段,同投机者进行了两场大规模的"战役",这就是著名的"银元之战"和"米棉之战"。"银元之战"基本遏制了破坏金融秩序的非法投机活动,加强了党和政府对私营金融业的监管;"米棉之战"迫使投机商资金周转失灵,纷纷破产,控制了物价飞涨,稳定了市场秩序。打击投机活动,稳定市场秩序,是新中国成立后党和人民同资产阶级之间第一次大规模的限制与反限制斗争,实质是争夺市场领导权的斗争。斗争的结果,是投机资本被迫退出,市场物价基本稳定,国家掌握了市场的领导权。

但要使市场物价长期稳定,还必须统一财经,平衡收支,解决财政赤字问题。1950年3月,政务院颁布《关于统一国家财政经济工作的决定》,统一财政收支,统一物资调度,统一现金管理。同时,收缩军政人员编制和开支,整顿税收,发行公债,节约开支。此后,财政收支基本平衡,市场物价趋于稳定。

一系列稳定物价和统一全国财经的政策和措施的实施,取得了新中国成立后党和政府在财经战线上的重大胜利。这个胜利,结束了通货膨胀和物价飞涨的局面,为安定人民生活,恢复和发展经济,创造了有利条件。毛泽东曾高度评价这个胜利的意义,认为其不亚于淮海战役。

其次,为争取国家财政经济状况的根本好转而斗争。1950年6月,中共七届三中全会召开。毛泽东提出,争取三年时间,实现国家财政经济状况根本好转的奋斗目标,并阐述了实现财经状况根本好转的三个条件:土改完成,现有工商业合理调整以及国家机构所需经费的大量节减。为此,他又提出了有步骤地进行土改、巩固财政收支平衡和物价稳定等八项任务。党的七届三中全会是建国初期党中央最为重要的一次会议,为三年经济恢复时期党的工作指明了方向。

恢复工农业和交通运输业。农业方面,在全国范围内,有步骤地进行了土改运动,充分发挥了农民的生产积极性,兴修了淮河等水利工程,采取了一系列有利于农业生产的措施,1952年底,农业生产超过历史最好水平。工业方面,在坚持依靠工人阶级,依靠国营经济的原则下,实施企业技术革新,兴建了一大批诸如山西重型机械厂等骨干企业。交通运输业方面,优先修复全国主干铁路网,兴建完成了成渝、天兰铁路,康藏、青藏公路也开始兴建施工。

合理调整工商业。1950年6月至9月间,党完成了对工商业的合理调整。合理调整工商业的基本环节是调整公私关系、劳资关系和产销关系。其中,调整公私关系,即调整国营经济与资本主义经济间的关系,是整个调整工作的中心。经过调整,帮助资本主义工商业渡过了难关,繁荣了国民经济,为国民经济恢复和发展创造了条件。

精兵简政、增产节约。1951年10月,毛泽东在全国政协会议上提出了"增加生产,厉行节约"的中心任务。此后,增产节约运动在全国范围内蓬勃开展起来。增产节约运动中涌现出一批模范和典型,有力推动了工农业生产的恢复和发展。

经过三年努力,新中国国民经济得到了全面的恢复和初步发展,初步改善了亿万人民的物质生活,为进行大规模社会主义改造和有计划的经济建设奠定了坚实的基础。

3. 开始采取向社会主义过渡的步骤

1949 年至 1952 年间,党在完成民主革命遗留任务,集中力量恢复国民经济的同时,开始采取向社会主义过渡的步骤。

首先,没收官僚资本,建立社会主义国营经济。没收官僚资本,主要是指没收代表大地主、大资产阶级利益的国民党反动政权的国家垄断资本主义的财产。1949年 10 月,没收官僚资本的工作开始在全国范围内开展起来。在没收官僚资本的过程中,党和政府采取了"保持原职、原薪、原制度"的政策,基本上杜绝了生产停滞和机器破坏等现象的发生。至 1950 年初,人民政府共接管官僚资本主义工矿企业 2 800 余家,金融企业 2 400 余家,它们是建国初期国营经济的主要组成部分。

没收官僚资本具有双重革命性质:一方面,它反对中国的买办资产阶级,摧毁了国民党反动政权的基础,是新民主主义革命的性质;另一方面,它反对中国的大资产阶级,又具有社会主义革命的性质。

没收官僚资本,社会主义国营经济的建立,使国家掌握了全国经济命脉,为我国由新民主主义向社会主义过渡奠定了必要的经济基础。

其次,开始把资本主义纳入国家资本主义轨道。这里讲的资本主义,是指民族资本主义——私营经济。新中国成立初期,国家对私营经济采取了既利用又限制的政策,将其纳入国家资本主义轨道。国家资本主义是指与国家政权相结合,由国家掌握和控制的一种资本主义经济。根据社会主义因素的多寡,可分为初级形式和高级形式两种。

建国初期的国家资本主义主要是初级形式的国家资本主义,政府通过加工、订货、统购、统销等形式,使私营经济与国营经济在流通环节发生联系,将私营经济的产、销环节纳入国家计划之中,这样,既加强了私营经济对国家的依赖,又为其向高级形式的国家资本主义过渡准备了条件。至 1952 年,私营工业产值的 56%,已属于初级形式的国家资本主义。

再次,土地改革后,引导个体农民走互助合作之路。土地改革完成后,党开始领导农民组织带有社会主义萌芽性质的农业生产互助组,将个体农民引上互助合作之路。1951 年 9 月,中央召开第一次互助合作会议,通过了《关于农业生产互助合作的决议(草案)》,要求各级党委采取积极发展、稳步前进的方针,根据自愿互利、典型示范和国家帮助的原则,发展临时互助组,推广常年互助组,重点发展初级农业生产合作社,引导农民走集体化的道路。至 1952 年底,全国已有 800 多万个互助组,全国 40％的农户参加了互助组,少数农户还参加了初级社。

第二节　过渡时期总路线的制定

>>> 一、过渡时期总路线的提出

随着民主革命遗留任务的完成和国民经济的恢复与发展,党中央开始酝酿并提出过渡时期总路线,以便顺利实现由新民主主义向社会主义的转变。

1. 过渡时期总路线的前期酝酿

中国共产党自 1921 年 7 月成立之日起便把实现共产主义作为自己的奋斗目标。但中国半殖民地半封建社会的基本国情,又决定了中国革命必须先经过新民主主义革命才能完成社会主义革命的任务。

民主革命胜利前夕召开的七届二中全会,明确提出了"两个转变"的任务,即由农业国转变为工业国,由新民主主义国家转变为社会主义国家的基本方向。但是,至于转变的具体时间和途径等,只能视建国后的发展情况而定了。

建国初期,以毛泽东、刘少奇和周恩来为代表的中共中央领导人都曾在不同场合表达过大致相同的意思:到底什么时候搞社会主义,要经过一段"相当长久"的时间,估计至少十年,多则十五年或二十年,等工业发展了,国营经济壮大了,就可以采取"严重的社会主义步骤",一步实行资本主义工商业的国有化和个体农业的集体化而进入社会主义。

经过三年国民经济的恢复与发展,党中央对中国社会主义过渡问题有了新的认识。1952 年 9 月,毛泽东在中共中央书记处一次会议上指出,我们现在就要开始用十年到十五年的时间,基本上完成向社会主义过渡,而不是十年或者以后才开始过渡。这是酝酿提出过渡时期总路线的开始。此后,毛泽东"从现在逐步过渡到社会主义去"的指导思想,得到了刘少奇、周恩来等党中央其他领导人的一致赞同和进一步阐释。党中央对向社会主义过渡的新认识,与中共七届二中全会前后的设想是有一定出入的。也就是由十年到十五年以后,采取社会主义政策,变为从现在起就采取逐步实行社会主义改造的步骤和政策,使社会主义因素逐年增加,争取早日完成这一过渡的转变。

2. 过渡时期总路线的提出及其内容

1953 年 5 月,时任中央统战部部长的李维汉向党中央送交《资本主义工业中的公私关系问题》的调查报告,毛泽东在这个报告的批示中明确提出过渡时期总路线的基本框架和内容。6 月 15 日,中共中央政治局会议召开,会议讨论了对资本主义工商业和农业手工业的改造问题。在毛泽东发言提纲的基础上,会议第一次对过渡时期总路线和总任务的内容作了比较完整的表述。9月24日,中央发布了庆祝国庆四周年的口号,向全党和全国各族人民公布了这条过渡时期的总路线。这年国庆节后,根据中共中央统一部署,全国范围内各级领导干部先后开始了对过渡时期总路线的学习活动。12月,党中央公布了《为动员一切力量把我国建设成为一个伟大的社会主义国家而斗争——关于党在过渡时期总路线的学习和宣传提纲》,对过渡时期总路线的基本内容作了详尽阐述:"从中华人民共和国成立,到社会主义改造基本完成,这是一个过渡时期。党在这个过渡时期的总路线和总任务,是要在一个相当长的时期内,逐步实现国家的社会主义工业化,并逐步实现国家对农业、对手工业和对资本主义工商业的社会主义改造。这条路线是照耀我们各项工作的灯塔,各项工作离开它,就要犯右倾或'左'倾的错误。"①

小资料

实现党在过渡时期的总路线,就是要充分地发展社会主义工业,并且把现有的非社会主义工业变为社会主义工业,使我国由工业不发达的落后的农业国变为工业发达的先进的工业国,使社会主义工业成为我国整个国民经济发展的起决定作用的领导力量。

……

必须这样做,是因为只有完成了由生产资料的私人所有制到社会主义所有制的过渡,才利于社会生产力的迅速向前发展,才利于在技术上起一个革命,把在我国绝大部分社会经济中使用简单的落后的工具农具去工作的情况,改变为使用各类机器直至最先进的机器去工作的情况,借以达到大规模地出产各种工业和农业产品,满足人民日益增长着的需要,提高人民的生活水平,确有把握地增强国防力量,反对帝国主义的侵略,以及最后地巩固人民政权,防止反革命复辟这些目的。

——《为动员一切力量把我国建设成为一个伟大的社会主义国家而斗争——关于党在过渡时期总路线的学习和宣传提纲》(中共中央宣传部1953年12月制发)

与此同时,东北、华北、西北、西南、中南、华东等各地开始大规模向企业职工宣传总路线,各大工矿企业通过展览会、电影、幻灯、漫画、报纸等各种形式对总路线进行宣传,城镇企业职工学习活动如火如荼地开展起来。在农村,中共中央发布《关于今冬明春向农民宣传总路线的指示》,对农村总路线的宣传工作进行了具体安排。这样,从党政机关、城镇企业到农村及各级人民团体中,掀起了宣传实践过渡时期总路线的热潮,成为新中国成立以来一场规模较大的社会主义教育运动。

---

① 《毛泽东文集》第6卷,人民出版社1999年版,第316页。

1954年2月召开的中共七届四中全会,正式批准了中央政治局所提出的党在过渡时期的总路线。9月召开的第一届全国人民代表第一次会议上,将过渡时期总路线写入中华人民共和国宪法,以法律的形式将其确定了下来。过渡时期总路线得到了全国人民的热情拥护,为全党和全国人民明确了逐步向社会主义过渡的途径和步骤,成为团结和动员全国人民共同为建设一个伟大的社会主义国家而奋斗的宏伟纲领。

>>> 二、过渡时期总路线反映了历史的必然

过渡时期的总路线,是中国共产党借鉴苏联经验,在总结我国国民经济恢复时期实践经验的基础上提出来的,是党在我国历史发展的关键时刻采取的一个重大战略步骤。它反映了中国人民要求走社会主义道路,迅速发展国民经济、尽快变农业国为工业国,摆脱贫困和彻底消灭剥削制度的强烈愿望;也集中反映了以毛泽东为代表的中国共产党人探索中国社会发展和开创中国社会主义道路的创造性贡献,完全符合中国由新民主主义向社会主义转变的历史必然。

1. 是迅速发展国营经济和开展"一五"计划的客观要求

新中国成立后,国家通过没收官僚资本,建立了社会主义性质的国营经济。国营经济是整个国民经济的命脉,是支持国家财政、稳定经济局势,保障人民和社会利益的主要经济力量,也是现有基础工业的主体,"一五"计划主要靠其承担完成。国家的社会主义工业化,是国家独立和富强的客观要求和必要条件,要实现国家的工业化,必须依靠国营经济,而非资本主义私营经济。中国民族资本主义经济力量弱小,工业资本又很少,仅有的工业资本比重中,轻工业远大于重工业。历史证明,民族资产阶级没有能力领导中国民主革命走向胜利,更没有能力实现国家工业化之重任。而与之形成鲜明对比的是,当时国营工业企业大多技术先进,设备精良,劳动生产率较高,职工的主人翁意识较强,相比其他经济成分,国营经济的优势显著。至1952年,国营经济已发展成为我国国民经济中相对强大的力量,是进行社会主义改造的重要依靠力量。

2. 是对资本主义工商业实行既利用又限制政策发展的必然结果

建国初期,国家在合理调整资本主义工商业的过程中,对私营经济采取了既利用又限制的政策,创造了加工订货、经销代销、统购包销、公私合营等一系列由低级到高级的国家资本主义形式,将其纳入国家资本主义轨道。这样,一方面帮助私营经济克服了困难,一定程度上促进了私营工商业的发展,另一方面也促进了私营经济与国营经济之间的联系,引起了它们在生产关系方面不同程度的变化,一定程度上也限制了资本主义工商业某些消极因素。国家对资本主义工商业的合理调整,实质上拉开了对其进行社会主义改造的序幕,表明对资本主义工商业逐步进行改造的

具体方式与途径已经形成。

3. 是土地改革后农村个体经济局限性与农村互助合作运动发展的必然结果

建国后，随着土地改革的逐步完成，个体经济成为农村经济中的主要成分。工业化与农业发展的关系密切，随着社会主义工业化的逐步展开，对农产品的需求日益增大，需要农业为其提供原料和市场。土改后的农村个体经济，一方面确实调动了农民的生产积极性，但另一方面也产生了经营规模过小，缺少必要的生产工具、资金以及农业设施等问题，不利于发展多种经营和兴办大规模农田水利建设，限制了农村生产力的发展。以农村生产工具为例，贫雇农每户平均仅占耕畜 0.47 头，犁头 0.41 部，根本无法满足工业发展对农业的基本要求。截至 1952 年底，工业生产总值达 343.3 亿元，比 1949 年增长 144.9%，而粮食产量虽由 1949 年的 2 260 亿斤增长到 1952 年的 3 280 亿斤，但仅比 1949 年增长 45.1%，明显制约了工业的发展。与此同时，为了抵御自然灾害，发展农业生产，很多地方的农民已经走上了互助合作之路，至 1952 年底，全国已有 800 多万个互助组，组织起来的农户达到 4 000 多万户。这些合作组织形式，不但可以帮助广大农民克服困难，改善生产生活，还在防止农村资本主义自发趋势和引导农民向社会主义方向前进等方面发挥了积极作用。这些在农村实际工作中积累起来的农业互助合作的办法，实际上已成为农业社会主义改造的开始，表明对农业进行社会主义改造，符合时代潮流，势在必行。

4. 当时的国际大环境，也促使新中国选择了社会主义道路

中国人民解放战争的胜利以及建国后抗美援朝战争的胜利，都给以美国为首的西方国家以巨大打击。但西方国家不甘心看到新中国发展壮大，对我国经济上封锁禁运，外交上孤立遏制。而此时，以苏联为代表的社会主义国家的发展与壮大，显示出了社会主义对资本主义的优越性，为我国提供了宝贵经验，而且苏联等社会主义国家还在人力、物力和道义上给中国以支持，如"一五"期间，苏联援华重点工程共计 156 项，这些都成为促使党中央和毛泽东提出向社会主义过渡的一个重要因素。

综上所述，中国人民选择社会主义道路，而非资本主义道路，这是中国历史发展的必然。新民主主义的前途必然是社会主义，这种观念已经深入人心。随着建国后国内外局势的深刻变化和中国共产党实际工作经验的积累，以毛泽东为核心的党中央远见卓识，审时度势，顺应时代潮流，经过深思熟虑，适时提出了过渡时期总路线，为国家工业化和社会主义改造事业的开展指明了前进方向。

>>> 三、过渡时期总路线的特点

1. 社会主义工业化与社会主义改造并举

过渡时期的总路线，是"一化三改"和"一体两翼"的总路线。这里的"一化"即发展生产力，是指逐步实现社会主义工业化，这是个主体；"三改"即解放生产力，是指

逐步实现农业、手工业和资本主义工商业的社会主义改造,这是"两翼"。"一化三改""一体两翼",体现了发展生产力与变革生产关系的统一。实现国家的社会主义工业化是"主体",是目的,即要把发展先进的生产力放在优先和首要的地位,这是符合最广大人民的根本利益的,只有大力发展生产力,实现国家的工业化,人民群众的物质文化生活水平才能稳步提高;对农业、手工业和资本主义工商业的社会主义改造是"两翼",是手段,两翼丰满,主体才能腾飞,也就是说,社会主义改造并不是出于抽象的社会主义信念,而是基于实现国家工业化这个任务的实际需要,是适应当时中国社会先进生产力发展的要求的,是为实现社会主义工业化扫清道路和创造条件的。这条过渡时期总路线构想出了一条经济文化落后国家发展社会主义的新思路,这就是建设与改造并举、发展与变革同行,把国家工业化和社会主义工作紧密结合起来,在变革生产关系中促进社会生产力的发展。

小资料 ▌

在发展国民经济中,我们必须努力进一步建设社会主义的新工业,把现有的社会主义工业扩大起来,办得更好;我们必须努力对农业、手工业和私营工商业实行社会主义的改造。这两方面的任务必须紧密联系在一起。好比一只鸟,它要有一个主体,这就是发展社会主义的工业;它又要有一双翅膀,这就是对农业、手工业的改造和对私营工商业的改造。要过渡到社会主义,没有主体当然不行,没有翅膀也不行。

——中共中央文献研究室编:《建国以来重要文献选编》(第5册),中央文献出版社1993年版,第2页

2. 采取由低级到高级"逐步过渡"的形式

所谓"逐步过渡",不仅是指过渡时间上要采取分阶段、有步骤地逐步过渡的办法,更重要的是改造方式上采取由低级到高级的形式。

从过渡时间上看,由于我国生产力水平很低,要实现总路线必须经过"相当长的时期",1953年6月,中央政治局会议在讨论总路线的制定时,毛泽东曾提出"所谓逐步者,共分十五年,一年又有十二个月,走得太快,'左'了;不走,太右了。要反'左'反右,逐步过渡,最后全部过渡完。"[①]当时估计需要三个五年计划即十五年的时间,加上三年恢复时期,共计十八年。这与中央以前关于建国后先进行十年、二十年新民主主义建设,然后"一举消灭"资本主义的设想相比,规定的过渡的具体步骤和方式有了很大变化,但预计要用的时间依然大体相同。这说明,中央对过渡的步骤作了比较稳妥的估量。

从改造方式上看,对农业的社会主义改造采取了从互助组到初级社、高级社的

---

① 李践:《中国共产党历史》(第三册),人民出版社1990年版,第147页。

逐步过渡形式,即互助组(社会主义萌芽性质)——初级农业生产合作社(半社会主义的性质)——高级农业生产合作社(社会主义性质)。对手工业进行社会主义改造,在组织形式上,是由手工业生产小组,手工业供销合作社到手工业生产合作社;在方法上,从供销入手,实行生产改造;在步骤上,由小到大,由低级到高级。对资本主义工商业的社会主义改造的逐步过渡的第一步是把私人资本主义企业转变为国家资本主义企业,第二步再由国家资本主义企业转变为社会主义企业,在转变中采取了由初级形式的国家资本主义到高级形式的国家资本主义逐步过渡;在步骤上则是由大城市到中小城市、由主要行业到一般行业逐步推开。

实践证明,这种逐步过渡的方式是合理有效的,是和平改造能够实现的重要保证,无论是在农业、手工业还是在资本主义工商业中,正因为采取了这种逐步改造的方式,才避免了在短时期内可能发生的剧烈的社会变动,不仅没有对生产力的发展造成破坏,而且促进了生产力的发展。但令人遗憾的是,在社会主义改造的后期,过渡的速度越来越快,时间越来越提前,在一定程度上阻碍了生产力的迅速发展,也严重影响了社会主义改造的质量和效果,留下了后遗症。

3. 用和平的方法进行改造

基于我国新民主主义社会的政治、经济条件,我国不仅对农业、手工业采取和平改造的方式,而且对资本主义工商业也采取了和平赎买的策略。

用和平的方法、合作化的途径改造小农经济是马克思主义的一个基本原则。个体农业是小农经济,不适应社会主义建设的需要,必须要将其改造成为社会主义的集体经济,但是,农民是劳动人民的一部分,因此,在改造的方式上,决不能采取暴力的方式,而必须采取和平、自愿的方式。在我国农业合作化的过程中,党和国家较好地贯彻了"自愿互利,典型示范,国家帮助"的原则,因而使得农业合作化运动能够以和平的方式完成。

剥夺资产阶级的生产资料归全社会所有是社会主义改造的任务,但是剥夺的方式可以是暴力的,也可以是和平的,要根据具体情况来决定。在对资本主义工商业的改造中,我们成功地实现了马克思、列宁曾提出过"和平赎买"的设想。

我国对资本主义工商业的改造是通过各种形式的国家资本主义,以和平的、赎买的方法来完成的。也就是说,资本主义私有制不是无偿地、而是有偿地转变为社会主义公有制的。"和平赎买"政策的成功实现是国际共产主义运动史上的一个伟大创举,在实践上丰富和发展了马克思主义。

第三节 社会主义改造的胜利完成

过渡时期总路线制定后,党领导全国各族人民经过几年努力,至 1956 年底,全国绝大多数地区基本实现了农业、手工业和资本主义工商业的社会主义改造,创造性地开辟了一条符合中国特色的社会主义改造的康庄大道。

>>> **一、农业合作化运动的发展**

农业合作化是在中国共产党领导下,通过各种互助合作的形式,把以生产资料私有制为基础的个体农业经济,改造为以生产资料公有制为基础的农业合作经济的过程。农业合作化运动,实质就是对个体农业的社会主义改造。

1. 农业合作化运动兴起的原因

中国的农业合作化运动,是在建国后土地改革基本完成后进行的。其兴起的原因主要有以下几个方面:

首先,农业合作化是马列主义关于小农经济社会主义改造的基本观点。马克思主义认为,对劳动者不能剥夺。所以,对农民个体经济这种劳动者私有制也不能剥夺。恩格斯在《法德农民问题》一文中曾指出,我们对于小农的任务,首先是把他们的私人生产和私人占有变为合作社的生产占有,但不是采用暴力,而是通过示范和为此提供社会帮助。列宁继承和发展了马克思主义的农业合作化理论,指出农民既是私有者又是劳动者,是无产阶级的同盟军,因此,对农民不能剥夺,只能通过合作社引导他们走上社会主义道路。实践证明,农业合作化是农民和小农经济走向社会主义的必经之路。

其次,农业合作化是我国开展社会主义工业化的基础。1953年,随着大规模的、有计划的社会主义工业化的进行,要求农业按照工业化的需要持续地、有计划地为国家提供足够的粮食和原料。而我国农村生产力水平较低,靠大规模改进农业生产技术和实现农业机械化来提高粮食产量是行不通的。靠发展生产力来提高农业生产的道路阻塞了,国家只能在生产关系上做文章。正如陈云所言:"农业增产有三个办法,开荒、修水利、合作化。这些办法都要用。但是见效最快的,在目前还是合作化。"所以,在一时还不能拿出更多的投入来进行农业技术改造、开荒和兴修水利时,只能选择合作化这一办法。

再次,农业合作化可以避免土地改革后小农经济走向两极分化。土改后的个体农业重新出现了贫富两极分化,一些农民虽然分得了土地,或者由于缺乏生产工具和劳动力,或者因为遇到疾病、灾害,生产难以为继,生活也发生困难,于是,只好将土地等生产资料转让,以维持生存。这就使得本来就不稳固的小农经济时刻有两极分化的可能,并且在有些地方两极分化已呈现扩大的趋势。富裕的中农力求变为富农,贫农出卖土地,再次沦为雇农。所以,为了不使生产萎缩,真正使绝大多数农民摆脱贫困,防止封建剥削关系死灰复燃,组织起来走互助合作的道路,在当时确实是绝大多数农民的迫切要求。

2. 农业合作化的基本方针

1953年，过渡时期总路线公布后，10月26日至11月5日，党中央召开第三次农业互助合作会议，总结了农业互助合作运动发展的初步经验。12月16日，根据第三次农业互助合作会议精神，党中央通过了《关于发展农业生产合作社的决议》，并于1954年1月向全国人民公布。决议提出了将农业增产和共同富裕的希望寄托在农业合作化上。确立了党在农村工作中最根本的任务，即用明白易懂而又为农民所能接受的道理和方法，去教育和促进农民组织起来，逐步实行农业的社会主义改造。更为重要的是，决议提出了我国农业社会主义改造的道路、方针、方法和步骤，为农业合作化运动指明了前进的方向。这一决议的通过，标志着我国农业互助合作运动开始进入全面发展农业生产合作社阶段。

历史证明，党对农业合作化运动的指导方针是完全正确的，在方针的指引下，农业合作化运动在全国蓬勃开展起来，逐步形成了一条具有中国特色的农业社会主义改造之路。其基本原则和方针如下：

（1）走先合作化，后机械化之路。在土改基本完成后，及时将"组织起来"作为农村工作的重点。当时，苏联农业集体化的模式，是对农业进行社会主义改造的模板。苏联模式，就是先搞机械化，后搞集体化；依靠政权力量，强制消灭富农经济，一举实现全盘集体化。由于中国农村生产力发展水平较低，农业机械化更是无从谈起，故而毛泽东从中国的具体实际出发，创造性地提出"先集体化，后机械化"的方针，即先改变生产关系，后解放生产力，促进生产力的发展。

（2）实行积极发展、稳步前进、逐步过渡的方针。即经过简单共同劳动的临时互助组和常年互助组，到实行土地入股、统一经营的方式和实行土地分红、按劳分配相结合的原则的初级农业生产合作社，再到生产资料集体所有、实行统一生产、经营以及按劳分配原则的高级农业生产合作社。"这种由具有社会主义萌芽、到具有更多社会主义因素、到完全的社会主义的合作化的发展道路，就是我们党所指出的农业逐步实现社会主义改造的道路。"①采取逐步过渡的优点是，不但有利于农民从实际经验中提高社会主义觉悟，逐步改变旧的生活方式，而且又可避免因生产关系急剧变化引起的农产品减产现象的发生。

（3）坚持自愿互利和典型示范的原则。农业合作化运动，始终在坚持自愿互利原则的前提下，采用说服、示范和国家援助的方法来使农民自愿地联合起来。自愿互利是农业合作化最根本的原则，即要耐心提高农民觉悟，不搞强迫，不用命令主义去办事，让农民真正感受到农业合作化的优越性。典型示范是毛泽东经常强调的一个重要领导方法，在农业合作化运动中更被作为重要原则。因为具体实际的榜样，

---

① 中央党校党史研究室选编：《中共党史参考资料》（八），人民出版社1980年版，第12页。

178

是最有力量来说服农民的。

(4)将是否增产作为考量合作社是否办成功的标准。在积极推进互助合作的同时,党特别强调农村中压倒一切的工作是农业生产,其他各项工作都要围绕农业生产这一中心任务开展,互助合作搞得好不好,最根本的就是要看农业是否增产。在生产上,农业合作社务必要比单干户或互助组增产,决不能等于或少于单干户或互助组的产量。当时许多统计资料显示,合作社八成以上都增产增收,且一般是互助组优于单干户,合作社又优于互助组。

(5)要把改造农村生产关系和提高农村生产力相结合。走先合作化,后机械化之路,并非片面进行农业社会主义改造,而忽视农业机械化和农业生产技术的提高。在实现合作化之后,国家应该大力发展农村生产力,用先进的农业技术和设备发展农村经济。

3. 农业合作化的发展历程

我国农业合作化发展历程,大体经历三个阶段:

第一阶段,即从新中国成立至 1953 年底,以兴办互助组为中心,同时试办初级社。这一阶段的互助合作运动根据中央第一次互助合作会议精神及《关于农业生产互助合作的决议(草案)》执行,基本上是合理的。1952 年冬至 1953 年春,虽一度出现急躁倾向,但中央及时纠正了冒进苗头,稳定了农民生产情绪,转变了农村干部重初级社而轻互助组的观念。

第二阶段,即从 1954 年至 1955 年上半年,是初级社在全国普遍建立和高级社开始兴办阶段。初级农业生产合作社是在互助组的基础上,以个体农民自愿组织起来的半社会主义性质的集体经济组织。它的特点是土地入股,耕畜、农具作价入社,由社实行统一经营;社员参加集体劳动,劳动产品在扣除农业税、生产费、公积金、公益金和管理费用之后,按照社员的劳动数量和质量及入社的土地等生产资料的多少进行分配。

初级社由于没有废除土地等生产资料私有制,并采取了土地入股分红的形式,比较符合当时农民的觉悟程度和生产力发展水平,因而调动了农民的生产积极性。加之党和国家从各个方面支持合作社,使广大农民看到了合作社的优势,纷纷要求参加合作社。因此,初级社从 1951 年的 300 多个发展到 1955 年 1 月的 48 万个,同年 4 月,全国初级社更是发展至 67 万个,超出了原计划的数量。客观上讲,这一时期的农业合作化运动总体上是健康的,得到了广大农民的支持。但在个别地方出现一哄而上,发展势头过猛,违反自愿互利原则,侵犯了中农利益。而且有些初级社对社员入社时的生产资料折价太低,偿还时间拖得过长,使入社农民的实际利益也受到了侵害。再加上 1954 年国家粮食统购统销中,多征购了 70 亿斤粮食等原因,从而造成当时农村关系出现了不同程度的紧张状况。一些地区的农村出现了农民退社、大量宰杀牲畜、砍伐树木、变卖农具和不热心积肥耕种等不正常现象。

针对以上出现的问题，1955年1月，中共中央发出《关于整顿和巩固农业生产合作社的通知》，针对不同地区，提出了"停、缩、发"三字方针，即"停止发展，全力巩固，适当收缩，进行整顿"。3月，毛泽东与邓子恢、廖鲁言等中央农村部负责人谈话，再次重申了初级社整顿的具体方针，并告诫大家，要重视生产力与生产关系之间的矛盾，努力使农村生产关系适应当时生产力的发展要求，否则后果不堪设想。毛泽东还对全国各大区整顿提出了具体指示，要求东北、华北一般停止发展，浙、豫两省收缩，新区适当发展。4月，中央农村工作部召开全国第三次农村工作会议，具体部署了合作社整顿和巩固工作。7月底，整顿效果初现，全国收缩2万个初级社，初步巩固了65万个合作社。这一阶段的合作化运动，根据形势的发展，及时调整整顿，保持了发展、巩固、再发展、再巩固的稳步前进的势头。

第三阶段，即从1955年下半年至1956年，这是农业合作化大发展时期，是合作化运动的高潮阶段。1955年夏，党中央就农业合作化发展速度问题发生了严重的意见分歧。在全国第三次农村工作会议上，中央农村部提出了从65万个发展到1956年的100万个合作社的计划。这个会议得到了中央政治局会议的批准。但不久后，毛泽东从南方考察返京，对农村粮食形势和农业合作化发展作出了新的观察和判断，主张修改计划，加快发展，从65万个社发展至130万个，即翻一番。毛泽东多次找中央农村部长邓子恢谈话，但邓子恢坚持不赞成修改原计划，认为：合作化运动应该与工业化发展速度相适应，发展不宜过速，各地区发展不平衡，干部领导水平和群众的觉悟水平也需要一个逐步提高的过程，应稳中求进，以稳为主，着重巩固现有的合作社，为下一步发展打下坚实基础。后来的实践证明，邓子恢的观点是正确的，符合当时的实际情况。而当时毛泽东却认为邓子恢的思想右倾，对合作化不积极，其思想"要用大炮轰"。为讨论农业合作化发展问题，中共中央于1955年7月31日召开了省、市、自治区党委书记会议，毛泽东作了《关于农业合作化问题》的报告。报告系统总结了我国农业合作化运动的经验，阐明了农业社会主义改造的理论、道路、方针和方法，重申了自愿互利的原则，提出了先合作化后机械化的原理，要求对合作化运动全面规划，加强领导。这些观点无疑都是正确的。但报告的主旨基调是反右的，批评邓子恢等人犯了右倾机会主义错误。毛泽东指出："目前农村中合作化的社会改造的高潮，有些地方已经到来，全国也即将到来"，领导却落后于群众，"像一个小脚女人，东摇西摆地在那里走路"，对合作化运动有"过多的评头品足，不适当的埋怨，无穷的忧虑，数不尽的清规戒律"，是一种右倾错误的指导方针。甚至将他们说成是"从资产阶级、富农、或者具有资本主义自发倾向的富裕中农的立场出发"。这样，就把党内正常的关于合作化发展速度的争论，定性为两条路线的分歧，使多年来形成的比较健康的党内民主生活开始出现不正常现象，滋生了"左"的思想。

毛泽东的报告传达到农村基层,各地党组织对合作化运动作了重新安排,农业合作社迅速发展起来。1955 年 10 月,中共中央召开扩大的七届六中全会,通过了《关于农业合作化问题的决议》,把邓子恢和中央农村工作部的"错误"定性为"右倾机会主义",强调"只有彻底地批判了这种右倾机会主义,才能促进党的农村工作的根本转变"。12 月,毛泽东亲自主持编写《中国农村的社会主义高潮》一书,并为此书作序和写了 104 篇按语,高度赞扬了贫下中农走社会主义道路的积极性,同时更加尖锐地批评了"右倾机会主义",使"反右倾保守"的范围进一步扩大。在反右倾的政治气氛下,1955 年冬季,农业合作化运动迎来了猛烈发展的高潮。到 1956 年底,全国共建立合作社 76 万多个,入社农户达 1.17 亿户,占全国农户总数的 96.3%,其中参加高级社的农户占全国农户总数的 87.8%,基本实现了农业合作化。原来预计的 18 年时间完成农业合作化,实际仅用了 7 年时间。在此过程中,对富农经济采取了从限制到逐步消灭的政策,对富农分子采取在劳动中改造,据其表现,分期分批次吸收入社的办法,从而一举消灭了富农经济。

1955 年夏季后,对农业合作化运动要求过急,工作过粗,改变过快,形式过于简单划一,以致在长期内遗留了一些问题。诚然,农业合作化运动存在一些缺点和偏差,但总体上是成功的。首先,从生产关系上讲,农业合作化运动促使中国 5 亿多农民在中国共产党的领导下走上了社会主义道路,把小农个体经济改造为社会主义集体经济,实现了土地公有,消灭了产生剥削制度的基础,避免了两极分化,巩固了工农联盟,加强了人民民主专政。其次,从促进生产力发展方面讲,农业合作化后兴修了众多农业水利工程,进行了大规模农田基本建设,提高了抵御自然灾害的能力,促进了农业机械化发展,有些地方甚至兴办了集体企业,增加了公共积累,对当地农村经济发展起了促进作用。再次,农业生产的发展,基本保证了城乡人民对农产品的需要,还为国家工业化积累了资金,也有利于资本主义工商业的社会主义改造。

>>> 二、对手工业的社会主义改造

对手工业的社会主义改造,是党在过渡时期总路线的重要内容。国家对手工业的社会主义改造,采取了与农业相同的合作化道路。

1953 年 11 月,第三次全国手工业生产会议召开,确定了手工业社会主义改造的方针、方法、步骤和形式。其方针是积极领导,稳步前进;步骤是由低级到高级,从带有社会主义萌芽性质的手工业生产小组,到半社会主义性质的手工业供销生产合作社,再到社会主义性质的手工业生产合作社;方法是从供销社入手,实行生产改造。至 1954 年底,全国手工业合作社发展到 4.1 万个,手工业合作社社员达 121 万人之多。

随着 1955 年农业合作化运动高潮的来临,手工业合作化运动也步入高潮。12

月，第五次全国手工业生产合作会议召开，会议制定了手工业社会主义改造的全面规划。1956 年 3 月，中央发布《加快手工业的社会主义改造》的指示，要求加快速度，规定手工业必须与农业合作化和资本主义工商业改造同时完成。其后，出现了全国手工业社会主义改造的高潮。到 1956 年底，全国手工业合作社（组）发展至 10 万多个，入社手工业者占全国手工业总人数的 91.7％，产值占全国手工业总产值的93％。至此，手工业社会主义改造基本完成。

手工业社会主义改造的后期，出现了发展过快、合并过多、统一计算盈亏、统一经营等不利于手工业发展的缺陷和问题，造成了人民生活的诸多不便。但总体上讲，手工业社会主义改造是成功的，毕竟使农民以外的绝大多数个体劳动者走上了社会主义道路，无疑是我国社会主义改造的一大胜利。

>>> 三、对资本主义工商业的社会主义改造

我国对资本主义工商业的社会主义改造，是采取和平赎买的方式，通过一系列从低级到高级的国家资本主义的过渡形式，逐步将资本主义私有制经济改造为社会主义全民所有制经济。

1. 采取和平赎买方式的必要性与可能性

我国对资本主义工商业采取和平赎买方式的必要性在于：

（1）我国经济发展水平落后，而私营工商业在国民经济中占有相当重要的位置，需要利用其有利于国计民生的积极作用，来活跃国民经济。以 1949 年为例，全国私营工厂 12.3 万余户，生产总值 68 亿多元，占全国工业生产总值的 63.3％①。国家采取和平赎买的政策，就可以利用其生产积极性，调剂市场需要，扩大就业，为国家增加积累，这些对于当时国民经济的恢复和发展都具有促进作用。

（2）政治上有利于争取和稳定民族资产阶级，以及团结各民主党派和各界爱国人士，巩固和发展统一战线。

（3）就民族资产阶级本身来讲，大多数民族资产阶级具有不同程度的现代科学文化知识，有一定的技术专长和管理经验，实行和平改造，有利于发挥他们的知识和才能为社会主义建设服务。

同时，我国存在对资本主义工商业采取和平赎买政策的可能性：

（1）在阶级力量对比上，无产阶级占绝对优势。无产阶级掌握着国家政权，又建立了强大的社会主义国营经济，同农民结成了巩固联盟，加上私营企业工人监督的加强，促使资本家不得不接受改造。

（2）新中国建立后，民族资产阶级依然具有两面性，既有剥削工人取得利润的一

---

① 张岂之：《中国历史》（中华人民共和国卷），高等教育出版社 2001 年版，第 60 页。

面,又有拥护宪法、愿意接受社会主义改造的一面。建国后经过各种斗争和教育,大多数资本家认识到只有接受改造才有出路。

(3)中国共产党采取了正确的政策,政治上对资本家团结、教育、改造,经济上对资本主义经济利用、限制、改造,又采取逐步过渡的步骤,在政治待遇、生活、工作等方面作出妥善安排,使资本家在大势所趋的形势下,不太勉强地接受了改造。

2. 对资本主义工商业社会主义改造的历程

我国对资本主义工商业的社会主义改造,是通过国家资本主义的初级形式和高级形式来逐步实现的。初级形式是国家对资本主义工商业实行委托加工、计划订货、统购包销和经销代销等;高级形式的国家资本主义,即公私合营,分为个别企业的公私合营和全行业的公私合营。

1953 年之前,即国民经济恢复时期,国家已经开始对资本主义工商业实行既利用又限制的初级形式的国家资本主义政策,将私营工商业的生产、经营纳入国家计划轨道。在过渡时期总路线酝酿、提出的过程中,1953 年春,中共中央统战部长李维汉率领由国家计委和工商管理局组成的调查组,赴武汉、上海、南京、无锡等地调研对私营工商业的社会主义改造工作。5 月,调查组向中共中央提交《资本主义工业中的公私关系问题》报告。报告指出:国家资本主义"是我们利用和限制工业资本家的主要形式,是我们将资本主义工业逐步纳入国家计划轨道的主要形式,是我们改造资本主义工业使它逐步过渡到社会主义的主要形式,是我们利用资本主义工业来训练干部、并改造资产阶级分子的主要环节,也是我们同资产阶级进行统一战线工作的主要环节"。[①] 这个报告得到了党中央的高度重视。6 月中旬,中央政治局召开两次扩大会议,专门就此进行讨论,从而确定了经过国家资本主义改造资本主义工商业的方针。9 月 7 日,毛泽东在与民主党派和工商界部分代表谈话时说:"有了三年多的经验,已经可以肯定:经过国家资本主义完成对私营工商业的社会主义改造,是较健全的方针和办法",是"改造资本主义工商业和逐步完成社会主义过渡的必经之路"。[②] 毛泽东的这次谈话,大大推动了私营工商业通过初级形式的国家资本主义向社会主义过渡的进程。1953 年下半年,国家有计划地扩大了加工订货、统购包销以及经销代销的范围。1953 年底,初级形式的国家资本主义在私营和公私合营工业总产值中已经达到 53.6%,公私合营企业已占 13.3%。私营商业的经销代销也于 1954 年开展起来。

从 1954 年到 1955 年夏,这一时期主要是实行个别企业的公私合营,即重点发展以公私合营为主的高级形式的国家资本主义。1954 年 1 月,中央财经委员会提出

---

① 李维汉:《李维汉选集》,人民出版社 1987 年版,第 226 页。

② 胡绳:《中国共产党的七十年》,中共党史出版社 1991 年版,第 327 页。

《关于有步骤地将有十个工人以上的资本主义工业基本上改造为公私合营企业的意见》，确定将公私合营作为改造私营工业的重点。9月，政务院颁布《公私合营工业企业暂行条例》，进一步加速了私营工业的社会主义改造。公私合营企业由1953年的1 036家增加到1954年的1 746家，1955年又扩大到3 193家，其产值占全国私营工业总产值的49.6%。此时，国家对资本家的赎买形式是"四马分肥"，即企业利润分配时，国家税收占34.5%，职工福利费占15%，企业公积金占30%，资本家红利占20.5%，企业利润大部分归了国家和工人，由此可见，此时的国家资本主义带有很大程度上的社会主义性质。公私合营企业中，国家派遣干部加强领导，投资新建、扩建厂区，整顿经营管理，劳动生产率随着工人生产积极性的高涨而提高。

图8-2　天津市民上街庆祝进入社会主义社会

随着1955年下半年农业合作化高潮的到来，资本主义工商业改造也加快了步伐。1955年10月，毛泽东与全国工商联执委谈话，指出社会主义是大势所趋，鼓励他们努力变成一个自食其力的劳动者。11月，中共中央通过《关于资本主义工商业改造问题的决议（草案）》，决议要求两年内分批次实现全行业公私合营。1956年初，北京资本家率先要求公私合营。政府采取了先承认公私合营，再进行清产核资、生产安排、企业改组和人事调整。1月10日，北京首先宣布全市实现全行业公私合营。月底，全国50多个大中城市宣布实现全市的全行业合营。至年底，全国私营工业户的99%，私营商业户的82%都实现了公私合营，这标志着资本主义工商业的社会主义改造基本完成。为妥善处理全行业公私合营的善后问题，5月，中央宣布对私股定息为年息5%，付息7年，后又延长3年。私营工商业的改造也存在要求过急、速度过快，工作过粗，对部分私营企业主安排欠妥等现象。

>>> 四、社会主义制度在中国的全面确立

1. 社会主义改造的基本完成

至1956年底，党基本完成了对农业、手工业和资本主义工商业的社会主义改

造,实现了过渡时期总路线的基本要求。三大改造完成后,我国社会经济结构发生了根本性变化,社会主义公有制经济已占据绝对支配地位。1956年的国民收入中,国营经济占32.2%,合作社经济占53.4%,公私合营经济占7.3%。在工业总产值中,社会主义工业占67.5%,国家资本主义工业占32.5%,资本主义工业下降到接近于零。这说明,社会主义经济已成为主体经济成分,社会主义经济制度在我国建立起来,中国已实际进入社会主义初级阶段。

2. 社会主义改造的历史意义

社会主义制度的建立,是我国历史上最为深刻的社会变革,是新中国历史上一个重要的里程碑。尽管在我国社会主义改造过程中,出现了一些遗留问题,但有两条基本事实必须肯定:一是在一个几亿人口的泱泱大国,消灭私有制这样一个深刻而复杂的社会变革,不但没有造成生产力的破坏,反而促进了国民经济的稳步增长;二是没有引起社会不稳定,反而得到了广大人民群众的普遍支持。这确实是一个伟大的历史性胜利。

首先,社会主义改造是生产关系方面从私有制到公有制的一场伟大的变革,这就使社会生产力从旧的生产关系的束缚中解放出来,有力地促进了社会生产力的发展。在社会主义改造期间,全国农业生产总值平均每年递增4.8%,工业总值每年递增19.6%。1981年6月中共十一届六中全会作出的《关于建国以来党的若干历史问题的决议》明确指出:社会主义改造尽管存在某些缺点和偏差,"但整个来说,在一个几亿人口的大国中比较顺利地实现了如此复杂、困难和深刻的社会变革,促进了工农业和整个国民经济的发展,这的确是伟大的历史性胜利"。

其次,社会主义改造为推进工业化和现代化创造了条件。社会主义革命的目的就是解放和发展生产力。社会主义改造的基本完成,农业和手工业变为社会主义集体所有制,私营工商业变为社会主义国有制,必然使生产力大大地获得解放,这就为社会主义工业化和现代化的发展在制度上创造了条件。中国在没有实现工业化的情况下进入社会主义,事实证明是行得通的。但中国的社会主义只是初级阶段,不能超越生产力发展的阶段,而社会主义改造大大解放了我国的社会生产力。第一个五年计划的提前完成,改变了国民经济结构,奠定了社会主义工业化的初步基础,为以后全面开展社会主义建设创造了条件。

本章小结

从1949年新中国成立到1956年三大改造基本完成,是我国的社会主义改造时期。建国初期,党和政府领导全国各族人民集中力量完成了民主革命的遗留任务,恢复发展国民经济,实现了国家财政经济的基本好转,同时开始没收官僚资本、把资本主义纳入国家资本主义轨道以及引导农民走互助合作之路,进行了某些有益的社会主义革命探索。1953 年,中共中央制定了"一化三改"和"一体两翼"的过渡时期的总路线,为我国社会主义工业化道路和社会主义改造事业点亮了前进的明灯。社会主义改造是为了在中国大地上确立社会主义生产关系,并在此基础上进一步健全社会主义的上层建筑,以继续解放和发展生产力。历史证明,我国社会主义改造,是党和毛泽东把马克思列宁主义基本原理同中国实际相结合,创造性开辟的一条适合中国特点的社会主义改造道路,它以和平方式顺利实现了生产资料所有制的变革。社会主义改造基本完成,标志着社会主义基本制度在中国全面确立,这一制度的确立为中国社会的发展奠定了坚实的基础,使亿万曾经受苦受难的中国人民在中国共产党的领导下,从此踏上了沿着社会主义大道实现中华民族伟大复兴的新的历史征程。

复习思考题

1. 新民主主义社会的特征是什么?
2. 为什么说过渡时期总路线反映了历史的必然性?
3. 简述过渡时期总路线的内容和特点。
4. 社会主义改造完成的意义是什么?

推荐阅读

1. 毛泽东:《在中国共产党第七届中央委员会第二次全体会议上的报告》,1949 年 3 月 5 日。

2. 中共中央宣传部:《为动员一切力量把我国建设成为一个伟大的社会主义国家而斗争——关于党在过渡时期总路线的学习和宣传提纲》,1953 年 12 月。

3. 刘少奇:《在中国共产党第八次全国代表大会上的政治报告》(节选),1956 年 9 月 15 日。

4. 何沁:《中华人民共和国史》(第二版),高等教育出版社 1999 年版。

5. 张岂之:《中国历史》(中华人民共和国卷),高等教育出版社 2001 年版。

6. 杨奎松:《中华人民共和国建国史研究》(政治),江西人民出版社 2009 年版。

7. 薄一波:《若干重大决策与事件的回顾》(上卷),中共中央党校出版社 1991 年版。

第九章
社会主义建设的探索与曲折发展

学习目标

　　1.了解中国共产党人探索中国社会主义建设道路的良好开端,掌握在早期探索中取得的积极成果。

　　2.了解探索社会主义建设道路的曲折历程,正确认识错误产生的原因并从中吸取教训。

　　3.掌握1956—1976年间我国社会主义建设取得的成就。

历史线索图

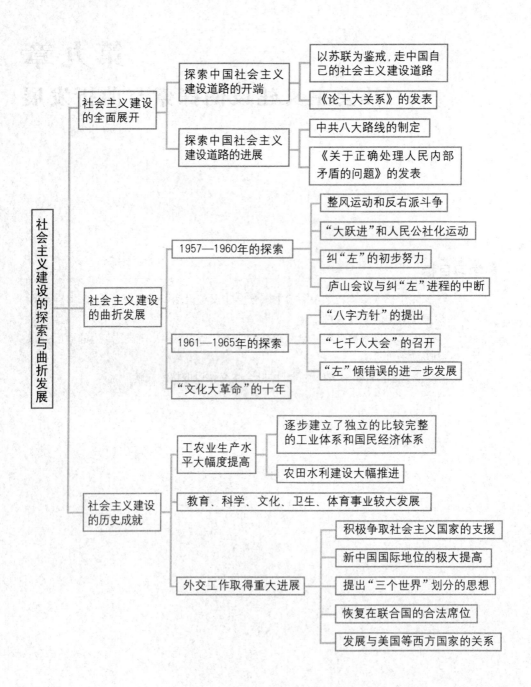

第一节　社会主义建设的全面展开

>>> 一、探索中国社会主义建设道路的开端

1. 以苏联为鉴戒,走中国自己的社会主义建设道路

1956 年,随着生产资料私有制改造任务的基本完成和社会主义制度的基本建立,我国进入了全面建设社会主义的新时期。

在中国这样一个人口众多、经济文化十分落后、政治经济发展极不平衡的东方大国中如何建设社会主义,对于中国共产党来说是一个全新的课题。是照搬苏联模式,还是从本国实际出发,另辟蹊径,探索一条适合中国国情的社会主义建设道路?以毛泽东为代表的中国共产党人勇敢地接受了挑战,向全党和全国人民提出了实现马克思主义同中国实际相结合的第二次飞跃——探索一条适合中国情况的社会主义建设道路的艰巨任务。

新中国成立初期,我国在经济建设上选择以苏联为样板甚至照搬苏联的做法,这是由以下几个方面因素造成的:资本主义国家对我国的封锁遏制;苏联社会主义建设所取得的成就,证明苏联模式在一定时期是成功的;苏联对我国的大量援助。这些都决定了新中国在成立之初,选择了苏联模式。

苏联模式,即高度集中统一的领导与管理体制。它是 20 世纪 20 年代末至 30 年代在斯大林领导下建立的,也称为“斯大林模式”,其特点是单一、集中的管理体制,体现在经济、政治、文化思想等各个方面。客观地说,苏联模式曾起过一定的历史作用:使苏联实现了社会主义的工业化,保证了苏联的稳定,保证了苏联卫国战争的胜利,但后来却逐步走向僵化。在我国社会主义改造即将完成的 1955 年底,中国共产党就提出了探索适合中国情况的社会主义建设道路这一历史性的课题。1956年 2 月召开的苏共二十大,进一步暴露了苏联在社会主义建设中存在的缺点和错误。鉴于此,毛泽东说:“最近苏联方面暴露了他们在建设社会主义过程中的一些缺点和错误,他们走过的弯路,你还想走? 过去我们就是鉴于他们的经验教训,少走了一些弯路,现在当然更要引以为戒。”中国共产党人决心走自己的路,开始探索适合中国情况的社会主义建设道路。

探索中国的社会主义建设道路,首先有一个如何对待苏联社会主义建设道路和经验的问题。关于这个问题,在毛泽东的主持下,中共中央于 1956 年 4 月和 12 月先后发表了《关于无产阶级专政的历史经验》和《再论无产阶级专政的历史经验》两篇文章,阐明了中国共产党在这个问题上的基本立场。毛泽东提出:我认为最重要的教训是独立自主,调查研究,摸清本国国情,把马克思列宁主义的基本原理同我国革命和建设的具体实际结合起来,制定我们的路线、方针、政策。现在是社会主义革

命和建设时期,我们要进行第二次结合,找出在中国进行社会主义革命和建设的正确道路。与此同时,毛泽东和中共中央指出,苏联革命和建设中的教训要认真吸取,但对于一些具有普遍意义的基本经验则必须坚持,并将之概括为五条:无产阶级的先进分子组织成为共产主义的政党,这个政党要以马克思列宁主义为指导,坚持民主集中制和群众路线;无产阶级在共产党领导之下,联合劳动人民,经过革命斗争从资产阶级手里取得政权;在革命胜利以后,无产阶级在共产党领导之下,以工农联盟为基础,联合广大的人民群众,建立无产阶级专政,实现工业的国有化,逐步实现农业的集体化,从而消灭剥削制度,消灭阶级;无产阶级和共产党领导的国家,领导人民群众有计划地发展社会主义经济和社会主义文化,在这个基础上逐步地提高人民的生活水平;无产阶级和共产党领导的国家,坚持反对帝国主义侵略,承认各民族平等,维护世界和平,坚持无产阶级国际主义的原则,努力取得各国劳动人民的援助,并且努力援助各国劳动人民和被压迫民族。

毛泽东和中国共产党关于"第二次结合"任务的提出,为探索适合中国国情的社会主义建设道路提供了基本的指导原则。

2.《论十大关系》的发表

从1956年初开始,为准备召开中国共产党第八次全国代表大会,毛泽东、刘少奇等主要领导人先后听取了国务院工业、农业、运输业、商业、财政、计划等34个部门的工作汇报。对我国社会主义建设的基本情况进行了大量的调查研究工作,这是新中国成立以来中共中央领导集体开展的一次广泛而深入的对经济工作的调查研究,并在此基础上形成了关于我国社会主义建设的指导思想。

在听取汇报的基础上,毛泽东逐渐形成《论十大关系》的基本思路,1956年4月,写成了中国共产党探索中国社会主义建设道路的开篇之作——《论十大关系》,并先后在4月25日中央政治局扩大会议和5月2日最高国务会议上作了《论十大关系》的报告。《论十大关系》总结经济建设的初步经验,借鉴苏联建设的经验教训,系统地阐述了十大关系。这十大关系,围绕一个基本方针,即"一定要努力把党内党外、国内国外的一切积极因素,直接的、间接的积极因素,全部调动起来,把我国建设成为一个强大的社会主义国家"。

这十大关系是指:

关于重工业和轻工业、农业的关系。指出要防止片面发展重工业,应当适当地调整重工业和农业、轻工业的投资比例,更多地发展农业、轻工业,这样一方面可以更好地满足人民生活的需要,另一方面可以更快地增加资金的积累,因而更多更好地发展重工业。

图9-1 《论十大关系》

关于沿海工业和内地工业的关系。指出沿海的工业基地必须充分利用,但是,为了平衡工业发展的布局,内地工业必须大力发展。

关于经济建设和国防建设的关系。指出要把军政费用降到一个适当的比例,增加经济建设费用。只有经济建设发展得更快了,国防建设才能够有更大的进步。

关于国家、生产单位和生产者个人的关系。必须兼顾国家、集体和个人三者利益,无论忽略哪一头,都不利于社会主义,不利于无产阶级专政。

关于中央和地方的关系。应扩大地方权力,调动中央和地方两个积极性。

关于汉族和少数民族的关系。必须搞好汉族和少数民族的关系,巩固各民族的团结,共同努力于建设伟大的社会主义祖国。

关于党和非党的关系。中国共产党要把各民主党派的积极性调动起来,让他们参政议政,虚心听取他们的意见,采取与民主党派"长期共存、互相监督"的方针,共同致力于社会主义建设事业。

关于革命和反革命的关系。要求今后社会上的镇反,要少捉少杀,机关、学校、部队里面清查反革命,要坚持"一个不杀,大部不捉"的方针,同时给反革命以生活出路和改过自新的机会。

关于是非关系。对待犯错误的同志要采取"惩前毖后,治病救人"的方针,一要看、二要帮。

关于中国和外国的关系。指出"一切民族,一切国家的长处都要学,政治、经济、科学、技术、文学、艺术的一切真正好的东西都要学。但是,必须有分析有批判地学,不能盲目地学,不能一切照抄,机械搬用。他们的短处、缺点,当然不要学。"

毛泽东在《论十大关系》中阐明了这样一个基本的思想:把马克思主义与中国实际相结合,学习别国长处,借鉴别国的经验,走自己的路,把我国建设成为伟大的社会主义国家。同时毛泽东指出:我国的社会主义建设必须围绕着一个基本方针,就是把国内外一切积极因素调动起来,为社会主义建设服务。

《论十大关系》标志着走中国自己的社会主义建设道路任务的正式提出,是以毛泽东为代表的中国共产党人探索中国社会主义建设道路的开端,它在新的历史条件下从经济方面和政治方面提出了新的指导方针,为中共八大的召开做了理论准备。

>>> 二、探索中国社会主义建设道路的进展

1. 中共八大路线的制定

1956 年 9 月 15 日至 27 日,中国共产党第八次全国代表大会在北京召开,这是中国共产党作为执政党第一次召开的全国代表大会。大会的基本任务是:总结党的第七次全国代表大会以来的经验,团结全党和国内外一切可能团结的力量,为建设一个伟大的社会主义中国而奋斗。中共八大对于进入社会主义社会初级阶段后中国社会的变化以及如何建设社会主义作出判断和部署。大会由毛泽东致开幕词,刘

少奇作政治报告,周恩来作《关于发展国民经济的第二个五年计划的建议的报告》,邓小平作《关于修改党的章程的报告》。会议通过了相应的决议和《中国共产党章程》。作为中共八大纲领性文献的政治报告,经毛泽东、刘少奇、周恩来等人反复修改,并经中共中央政治局多次讨论,是中共中央集体智慧的结晶。

中共八大正确分析了社会主义改造完成后中国社会的主要矛盾和主要任务,指出:社会主义制度在我国已经基本上建立起来,国内主要矛盾已经不再是工人阶级和资产阶级的矛盾,而是人民对于经济文化迅速发展的需要同当前经济文化不能满足人民需要的状况之间的矛盾;虽然还有阶级斗争,还要加强人民民主专政,但其根本任务已经是在新的生产关系下面保护和发展生产力;全国人民的主要任务是集中力量发展社会生产力,把我国尽快地从落后的农业国变为先进的工业国,实现国家工业化,逐步满足人民日益增长的物质和文化需要。

中共八大还确立了我国社会主义经济、政治、文化建设以及执政党建设的方针。在经济建设方面,确立了既反保守又反冒进,即在综合平衡中稳步前进的方针;在政治建设方面,提出要扩大社会主义民主,健全社会主义法制,使党和政府的活动、做法"有法可依"、"有法必依";在文化教育事业方面,提出必须大力发展文化教育卫生事业,坚持"百花齐放、百家争鸣"的方针,促进科学和艺术的繁荣;在执政党的建设方面,强调必须加强党的民主集中制,反对个人崇拜,发扬党内民主,加强党和群众的联系。

小资料

陈云在中共八大上提出了关于社会主义经济制度实行"三个主体,三个补充"的设想,即在工商业经营方面,国家经营和集体经营是工商业的主体,一定数量的个体经营是国家经营和集体经营的补充;在生产计划方面,计划生产是工农业生产的主体,按照市场变化在国家计划许可范围内的自由生产是计划生产的补充;在社会主义的统一市场里,国家市场是它的主体,一定范围内的国家领导的自由市场是国家市场的补充。陈云这个设想,不仅突破了苏联高度集中统一的计划经济模式,而且涉及允许非公有制经济成分合法存在并充分发挥其作用的问题。这个设想为中共八大决议所采纳。

随后召开的中共八届一中全会,选举毛泽东为中央委员会主席,刘少奇、周恩来、朱德、陈云为副主席,邓小平为总书记,由他们组成中央政治局常务委员会。

中共八大的路线是基本正确的,它正确而适时地指出了我国国内主要矛盾的变化,为社会主义事业的发展和党的建设指明了方向。中共八大后,中国共产党在探索中又提出一些重要的新思想。1956年12月,毛泽东提出了可以消灭资本主义,又搞资本主义的"新经济政策",这个意见得到了刘少奇、周恩来等领导人的赞同。

2.《关于正确处理人民内部矛盾的问题》的发表

社会主义改造基本完成后,不少人对新的社会制度还存在疑虑,再加上党和政府的一些工作部门存在着主观主义、官僚主义的作风,引起一些群众的不满。1956年下半年,一些地区出现了工人罢工、学生罢课、农民退社等情况。各级领导干部对此缺乏思想准备,或者束手无策,或者习惯于把一些问题作为敌我矛盾来处理。与此同时,国际上出现的波兰、匈牙利事件,也在国内引起一些人的思想波动。

国际国内出现的新情况新问题,要求党和政府对于如何处理社会主义社会的矛盾问题作出正确的回答。1957年2月,毛泽东在扩大的最高国务会议上发表了《关于正确处理人民内部矛盾的问题》的讲话,依据马克思主义基本原理和我国社会主义的实际,第一次系统阐述了社会主义社会的矛盾问题,提出了正确区分和处理两类不同性质矛盾的方针和方法。

首先,毛泽东在《关于正确处理人民内部矛盾的问题》中指出,矛盾是普遍存在的,社会主义社会充满着矛盾,正是这些矛盾推动着社会主义社会不断向前发展。社会主义社会的基本矛盾,仍然是生产关系和生产力之间的矛盾,经济基础与上层建筑之间的矛盾,正是它们的矛盾运动推动着社会主义社会的发展。但社会主义社会的基本矛盾不是对抗性的矛盾,它们是在生产关系和生产力基本适应、上层建筑和经济基础基本适应条件下的矛盾,是在人民根本利益一致基础上的矛盾,而且还呈现出既相适应又相矛盾的特点,生产关系与生产力发展相适应,但它又不完善。因此,社会主义社会的基本矛盾可以通过社会主义制度本身的调整、改革不断地得到解决。

其次,毛泽东进一步阐述了社会主义制度建立后,我国人民政治生活中的两类不同性质的矛盾。社会主义制度建立后,我国的阶级状况发生了根本的变化,全国各族人民在党的领导下,为建设一个伟大的社会主义现代化强国而奋斗。但这并不是说在社会主义社会没有矛盾了,恰恰相反,社会主义社会矛盾并没有消失,如果处理得不好,便会干扰社会主义建设。毛泽东根据当时国际共产主义运动和我国社会出现的新情况,指出,社会主义社会存在着两类不同性质的矛盾——敌我矛盾和人民内部矛盾,这是性质完全不同的两类矛盾。敌我矛盾是对抗性的,人民内部矛盾是非对抗性的。两类不同性质的矛盾解决的方法也不同,敌我矛盾需要用强制性的专政来解决,人民内部矛盾只能用民主的说服教育的方法,即"团结—批评—团结"的方法来解决。

最后,毛泽东强调,正确处理人民内部矛盾已经成为我国国家政治生活的主题。正确处理人民内部矛盾是为了团结全国各族人民,发展我们的经济和文化,巩固社会主义新制度,建设社会主义新国家。

《关于正确处理人民内部矛盾的问题》是一篇重要的马克思主义文献,它创造性地阐述了社会主义社会矛盾学说,是对科学社会主义理论的重要发展,对中国社会主义事业具有长远的指导意义。

1957年,社会主义建设在各行各业中开展起来,"二五"计划实行。但是在急于求成、急于求快以及内外局势变化的影响下,中国的社会主义建设走上了一条曲折的道路。

第二节　社会主义建设的曲折发展

>>> **一、1957—1960年的探索**

1.整风运动和反右派斗争

为适应我国由革命战争时期转入和平建设时期的新情况,克服当时党内新滋长的脱离群众和脱离实际的官僚主义、宗派主义和主观主义,提高全党的马克思主义的思想水平,改进作风,中共中央于1957年4月27日,发出《关于整风运动的指示》。

根据中共中央的设想,这次整风应当是一次既严肃认真又和风细雨的思想教育运动,是一次认真开展批评和自我批评的教育运动,通过发动群众向党员和党的各级组织提意见,帮助党来纠正官僚主义等问题。这场运动采取开门整风的形式,各级党组织纷纷召开座谈会和小组会,听取党内外群众的意见,迅速在全社会形成一个"鸣放"的高潮。

在整风运动中人们提出的各种意见,绝大多数是诚恳的。但却有极少数资产阶级右派分子乘机向党和新生的社会主义制度发动进攻。他们把共产党在国家政治生活中的领导地位攻击为"党天下",要求"轮流坐庄";他们竭力抹杀社会主义改造和建设的成绩,根本否认社会主义的优越性;他们还把人民民主专政制度说成是产生主观主义、官僚主义和宗派主义的根源。有的人甚至散布煽动性言论,鼓动一些不明真相的人上街闹事。1957年6月8日,中共中央发出关于组织力量准备反击右派分子进攻的内部指示。同日,《人民日报》发表题为《这是为什么?》的社论。一场全国规模的群众性反右派运动全面展开。1958年夏,反右派斗争基本结束。

对极少数右派分子的进攻实行坚决反击,是完全正确的和必要的。在涉及重大政治原则的大是大非问题上如果不能旗帜鲜明,就会造成思想上和政治上的混乱。这方面党取得的经验,是宝贵的,有长远意义的。但是反右派斗争被严重地扩大化了。到1958年夏季运动结束时,全国划定的右派分子达55万人,其中绝大多数属于错划。许多党的干部和有才华的知识分子由此受到长期压抑和打击。这不仅是他们个人的损失,更是党和国家整个事业的严重损失。而在运动中采取的大鸣、大放、大辩论、大字报的错误斗争方式,也是反右派斗争严重扩大化的一个重要因素。

反右派斗争严重扩大化的一个重要影响是,1957 年 9、10 月召开的中共八届三中全会,开始改变党的八大关于社会主要矛盾的正确判断,认为当前国内的主要矛盾仍然是无产阶级和资产阶级、社会主义道路和资本主义道路的矛盾。后来召开的中共八大二次会议正式确认了这个判断。这一理论上和指导思想上的失误造成了长时期的严重后果。

2.“大跃进”和人民公社化运动

1956 年,我国生产资料私有制的社会主义改造基本完成,1957 年,“一五”计划又提前完成,极大地激发了全国人民改变国家贫穷落后面貌的决心和斗志,也增强了中国共产党人领导经济建设的自信心。在这种情况下,由于对社会主义建设经验不足,对经济发展规律和中国经济基本情况认识不足,更由于中央和地方不少领导同志在胜利面前滋长了骄傲自满情绪,中国经济建设急于求成的情绪膨胀起来。1958 年 5 月,中共八大二次会议通过了“鼓足干劲,力争上游,多快好省地建设社会主义”的总路线。总路线提出的“多快好省”这四个字,本来是相互制约的,但在宣传中和实际工作中却片面强调总路线的基本精神是“用最高的速度来发展我国的社会生产力”,“速度是总路线的灵魂”,“快,这是多快好省的中心环节”,否定了中共八大确定的在综合平衡中稳步前进的经济建设方针。此后,“大跃进”运动在全国范围内迅速展开。

“大跃进”的主要特征是盲目追求不切实际的高指标。工业方面强调以钢为纲,提出 1958 年钢产量比 1957 年翻一番,达到 1 070 万～1 150 万吨,1959 年达到2 700 万～3 000 万吨,1962 年达到 8 000 万～10 000 万吨。农业方面强调以粮为纲,要求用 3～5 年时间,甚至只用 1 年或 2 年时间,达到原定 12 年达到的目标。伴随高指标而来的是浮夸风和瞎指挥。“大跃进”违背了经济发展的客观规律,造成了人力、物力、财力的极大浪费,引起了国民经济比例的严重失调。

在“大跃进”的同时,还开展了农村人民公社化运动。在认为农村集体经济的规模越大、公有化程度越高,就越能促进增产增收的思想指导下,1958 年 7、8 月,毛泽东在视察期间对小社并大社的做法给予肯定。同年 8 月,中共中央政治局北戴河会议通过了《关于在农村建立人民公社问题的决议》,提出“应该积极地运用人民公社的形式,摸索出一条过渡到共产主义的具体途径”。会后,全国开始了人民公社化运动。到 10 月底,有 74 万个农业合作社改组成 2.6 万多个农村人民公社,参加人民公社的农户有 1.2 亿多个,占农户总数的 99％以上,全国农村基本上实现了人民公社化。人民公社实行“政社合一”的体制,其基本特点被概括为“一大二公”,实际上就是搞“一平二调”。所谓“大”,就是规模大,原来一二百户规模的农业生产合作社被合并成拥有四五千户甚至一两万户的人民公社;所谓“公”,就是公有化程度高,原来经济条件各不相同的农业生产合作社被合并以后,主要财产归人民公社所有,收入在全社范围内统一核算和分配。它严重地脱离了当时农村的生产力水平,致使"一平二调"之风泛滥,损害了广大社员和大多数小集体的利益。

3. 纠"左"的初步努力

从 1958 年 11 月开始,毛泽东和中共中央觉察并开始纠正"大跃进"运动中的"左"倾问题。1958 年 11 月,毛泽东主持召开第一次郑州会议,指出当时大有立即宣布全民所有、废除商业、消灭商品生产之势,发展下去势必会重犯苏联剥夺农民权益的历史性错误。这次会议对于正在急剧膨胀的"左"倾错误起了一定程度的遏制作用。从这时起到 1959 年 7 月庐山会议前期,毛泽东领导全党和全国人民进行了初步纠"左"的努力。但是,这种纠"左"是在继续坚持总路线、"大跃进"、人民公社这"三面红旗"的前提下进行的,因而不可避免地带有很大的局限性。

1958 年 11、12 月间,毛泽东在武昌先后主持召开中共中央政治局会议和八届六中全会,着重纠正急于向全民所有制和向共产主义过渡的倾向,以及企图过早地取消商品生产和商品交换的倾向,并决定开展整顿人民公社的工作。1959 年 2 月,毛泽东主持召开第二次郑州会议,针对人民公社存在的平均主义和过分集中的问题,提出队为基础、分级管理、三级核算、各计盈亏、按劳分配、承认差别的方针。同年 3、4 月间召开的中共中央政治局上海会议制定了《关于人民公社的十八个问题》,并开始调整钢产量的高指标,进一步巩固了武昌会议和第二次郑州会议的纠"左"成果。

中共中央还发出文件,恢复社员饲养家畜家禽,鼓励社员充分利用住宅旁路边的零星闲散土地种植庄稼和树木。经过这些努力,人民公社内部的平均主义和过分集中的体制有所改变,"共产风"得到抑制。在认真调查研究的基础上,将 1959 年钢产量指标降为 1 300 万吨,其他各项指标也作了大幅度降低,并基本上纠正了"浮夸风",初步解决了"瞎指挥"问题。这一系列纠"左"的行动取得了初步的成效,但是,这种纠"左"的努力在随后召开的庐山会议上发生了逆转。

4. 庐山会议与纠"左"进程的中断

1959 年 7 月 2 日至 8 月 1 日,中共中央在江西庐山召开政治局扩大会议。毛泽东提出 18 个问题,要求与会者讨论。其出发点是统一全党的认识,巩固纠"左"成果。但是党内的高层领导对 1958 年以来的工作和当前形势的估计存在着严重分歧。

7 月 14 日,彭德怀给毛泽东写信,着重指出"大跃进"存在的严重问题和突出矛盾,认为这些矛盾的性质"是具有政治性的";犯错误的主观原因,一是"犯了不够实事求是的毛病",二是"小资产阶级的狂热性"。7 月 23 日,毛泽东在会上发表讲话,错误地对彭德怀的信提出尖锐批评,认为这代表了党内外的右倾势力对"三面红旗"(总路线、"大跃进"、人民公社)的猖狂进攻。8 月 2 日至 16 日,毛泽东在庐山主持召开中共八届八中全会,作出了《关于以彭德怀同志为首的反党集团的错误的决议》,随后在全党范围开展了"反右倾"斗争。一大批党员、干部,特别是老党员、老干部受到了错误的批判和处分,被扣上"右倾机会主义分子"的帽子。

这场斗争,在经济建设上打断了纠"左"的进程,使错误延续了更长时间,造成了更加严重的国民经济比例失调,尤其是使农业生产遭到了极大破坏。由于把党内正常的意见分歧当做阶级斗争来处理,这就使阶级斗争扩大化的错误理论和实践进一步升级,党内从中央到基层的民主生活遭到严重损害。

由于"大跃进"和"反右倾"斗争的错误,加上当时的自然灾害和苏联政府背信弃义地撕毁合同、撤走全部专家,中国国民经济在 1959 年到 1961 年发生严重困难。1960 年粮食和棉花产量均跌落到 1951 年的水平。许多地方因饥荒普遍地发生浮肿病,不少省份农村人口死亡增加,加上出生率大幅度降低,1960 年全国总人口比上一年减少 1 000 万人。

>>> 二、1961—1965 年的探索

1."八字方针"的提出

国民经济出现的严重困难局面,给予中国共产党以深刻的教训。中共中央和毛泽东决心认真进行调查研究,调整政策,纠正错误。1961 年 1 月,中共八届九中全会决定对国民经济实行"调整、巩固、充实、提高"的八字方针,毛泽东在会上号召全党大兴调查研究之风。随后,他领导的三个调查组分赴浙江、湖南、广东到农村基层作调查。刘少奇、周恩来、朱德、陈云、邓小平等也深入基层进行调查研究。

这是新中国成立以来规模最大的一次调查研究。在大量调查研究的基础上,由毛泽东主持制定了《农村人民公社工作条例(草案)》(简称《农业六十条》),确定以生产队为基本核算单位,要求认真贯彻按劳分配的原则,停办公共食堂。《农业六十条》的贯彻执行,对于克服严重存在的平均主义,调动农民的生产积极性,恢复和发展农业生产,起到了十分重要的作用。

在调整农村政策的同时,中共中央还先后制定政策,调整了工业、商业、手工业、林业、科研、文艺和教育等各方面工作,总结历史经验,继续纠正"左"的错误,推动国民经济转入 1962—1965 年的三年调整时期。

2."七千人大会"的召开

"七千人大会",是 1962 年 1 月 11 日至 2 月 7 日召开的有中央、各中央局、各省市自治区党委以及地委、县委、重要厂矿企业和部队负责干部近七千多人参加的中共中央扩大的工作会议。会议由毛泽东主持,刘少奇代表中共中央起草向大会的书面报告。报告比较系统地总结了"大跃进"以来的工作,指出了工作中的失误,实事求是地分析了产生这些错误的原因。毛泽东、周恩来、邓小平等也在大会上作了重

要讲话,进行了自我批评。七千人大会初步总结了"大跃进"中的经验教训,统一了认识,对于清理实际工作中的"左"的错误,进一步贯彻"八字方针",促进国民经济好转,起了积极作用。

小资料 ▌

　　1961 年 5 月 31 日,刘少奇在中央工作会上讲道:"这几年发生的问题到底是由于天灾呢? 还是由于我们工作中的缺点错误呢? 湖南农民有一句话,他们说是'三分天灾,七分人祸'。我也问过几个省委干部。我们问过陶鲁笳同志:在你们山西,到底天灾是主要的,还是工作中的缺点错误是主要的? 他说,工作中的缺点错误是造成目前困难的主要原因。河北、山东、河南的同志也是这样说的。从全国范围来讲,有些地方,天灾是主要原因,但这恐怕不是大多数;在大多数地方,我们工作中的缺点错误是主要原因。"

　　从 1962 年到 1965 年,由于全党和全国人民的主要注意力一直放在贯彻执行"八字方针"上,加上党和国家在经济、政治方面采取的有力措施,国民经济开始得到比较顺利的恢复和发展。

　　3."左"倾错误的进一步发展

　　20 世纪 50 年代后期开始的"左"倾错误,在经济工作指导思想中尚未得到彻底纠正,在政治和思想文化方面还有发展。1962 年 9 月召开的中共八届十中全会上,毛泽东把社会主义社会中一定范围内存在的阶级斗争扩大化和绝对化,后来更发展成为"以阶级斗争为纲"的指导思想。

　　1963—1965 年,中共中央领导进行了城乡社会主义教育运动。这一运动虽然对于解决干部作风和经济管理等方面的问题起了一定作用,但由于把这些不同性质的问题都认为是阶级斗争或者是阶级斗争在党内的反映,在 1964 年下半年使不少基层干部受到不应有的打击,1965 年初又错误地提出了运动的重点是整所谓"党内走资本主义道路的当权派"。在意识形态领域,对一些文艺作品、学术观点和文艺界学术界的一些代表人物进行了错误的、过火的政治批判,在对待知识分子问题、教育科学文化问题上发生了愈来愈严重的"左"的偏差,并且在后来发展成为"文化大革命"的导火线。不过,这些错误当时还没有达到支配全局的程度。

>>> 三、"文化大革命"的十年

　　从 1966 年 5 月到 1976 年 10 月,中华人民共和国进入了一个特殊的阶段,即"文化大革命"时期。

　　1."文化大革命"的发动并蔓延全国

　　1965 年 11 月 10 日,上海《文汇报》发表了姚文元的《评新编历史剧〈海瑞罢官〉》,成为"文化大革命"的导火索。

"文化大革命"全面发动的标志是1966年5月召开的中共中央政治局扩大会议及会议通过的《中国共产党中央委员会通知》（简称"五一六通知"）和同年8月召开的中国共产党八届十一中全会及会议通过的《中共中央关于无产阶级文化大革命的决定》（简称"十六条"）。"五一六通知"要发动"文化大革命"，清洗资产阶级代表人物，并决定设立"中央文化革命小组"。"十六条"规定运动的目的是"斗、批、改"，即斗垮走资本主义道路的当权派；批判资产阶级和反动学术权威，批判资产阶级和一切剥削阶级的意识形态；改革教育，改革文艺，改革一切不

图9-2 故宫变成血泪宫

适应社会主义经济基础的上层建筑。毛泽东还发表了《炮打司令部——我的一张大字报》，"文化大革命"很快在全国全面发动起来。

"文化大革命"从用大字报方式开展"斗""批"开始，很快演变成为"打倒一切""踢开党委闹革命"的全国性大动乱。1966年8月1日，毛泽东写信对清华大学附中红卫兵的造反精神表示热烈支持，随后，红卫兵运动在全国迅猛兴起。他们打着"造反有理"和"批判资产阶级反动路线"的旗号，对他们所认定的所谓"封、资、修"事物进行大破坏，并把攻击矛头对准各级党政领导机构。全国各系统的党政领导机构很快陷入瘫痪状态，种种破坏社会秩序、践踏民主和法制的行为盛行。

1967年1月，上海造反派头目王洪文等人在张春桥、姚文元的策划下，夺取了中共上海市委、市人民委员会的领导权，号称"一月革命"。毛泽东和中央文革小组肯定了上海造反派的夺权斗争。

在夺权过程中，各地的造反派组织普遍形成两大对立面，加上江青、陈伯达、康生、张春桥等人趁机煽动，在全国掀起了"打倒一切、全面内战"的狂潮。他们把批判的矛头，集中指向刘少奇、邓小平等老一辈无产阶级革命家。实际上，党内根本不存在所谓以刘少奇、邓小平为首的"资产阶级司令部"；在运动中被打倒的所谓"走资派"，是党和国家各级组织中的领导干部，即社会主义事业的骨干力量。在运动中，党的各级领导干部普遍受到批判和斗争，党的各级组织普遍受到冲击并陷于瘫痪、半瘫痪状态，党长期依靠的许多积极分子和基本群众受到排斥。这些情况，不可避免地给一些投机分子、野心家、阴谋家以可乘之机，其中有不少人还被提拔到了重要的以至非常重要的领导岗位。

1967年2月中旬，在有部分中共中央政治局委员、国务院和中共中央军委领导人参加的碰头会上，谭震林、陈毅、叶剑英、李富春、李先念、徐向前、聂荣臻等对中央文革小组的错误做法提出强烈的批评。然而，这次抗争却被诬称为"二月逆流"而遭到压制。

按照毛泽东原先的估计,"全面夺权"在 1967 年 2、3、4 月就要看出眉目来。然而,同年 6 月到 8 月,中央文革小组煽动北京和外地的上千个造反派组织成立"揪刘(少奇)火线",聚集上万人围困中南海。7 月 22 日,江青提出"文攻武卫"口号。8 月 7 日,谢富治提出"砸烂公(公安系统)检(检察院系统)法(法院系统)",中央文革小组成员王力煽动夺外交部大权。此后,许多地方发生大规模武斗,局势发展到几乎失控的地步。

为了稳定局势,毛泽东采取了一系列非常措施,如派人民解放军实行"三支两军"(支左、支工、支农、军管、军训),派工人宣传队进入学校等。经过 1967 年初至 1968 年 10 月历时 20 个月的社会大动乱,在中共八届十二中全会前夕,各省、市、自治区相继成立了革命委员会。

1968 年 10 月 13 日至 31 日,中共八届扩大的十二中全会在北京举行。在极不正常的情况下,全会通过所谓《关于叛徒、内奸、工贼刘少奇罪行的审查报告》,并错误地作出"把刘少奇永远开除出党,撤销其党内外的一切职务"的决议。这造成了中国共产党历史上最大的一起冤案。

1969 年 4 月 1 日至 24 日,中国共产党第九次全国代表大会在北京召开。这次大会使"文化大革命"的错误理论和实践合法化,加强了林彪、江青、康生等人在党中央的地位。中共九大在思想上、政治上和组织上的指导方针都是错误的。

2. 粉碎林彪反革命集团

中共九大闭幕后,按照毛泽东的部署,全国开展了"斗、批、改"运动。

1970 年 3 月,毛泽东提出准备召开第四届全国人民代表大会并修改宪法,还建议不设国家主席。林彪集团把召开四届全国人大和修改宪法看成是夺取更多政治权力的机会,认为不设国家主席"林彪不好摆",并同江青集团产生了尖锐的矛盾。

同年 8 月 23 日至 9 月 6 日,中共九届二中全会在江西庐山召开。林彪在开幕会上讲话,把原定的全会议程搁置一边,抢先表态,坚持在宪法草案中"肯定毛主席的伟大领袖、国家元首、最高统帅的这种地位",坚持称"毛主席是天才"的观点。随后,按照事前统一的口径,陈伯达和林彪集团其他成员在各小组讨论会上一齐发难,企图左右全会的进程。毛泽东由此觉察到林彪一伙的宗派活动,决定停止讨论林彪讲话,对陈伯达实行审查。1971 年 4 月,党中央召开批陈整风汇报会,责令有关人员检讨。

林彪反革命集团决心铤而走险。他们一面敷衍检讨,一面策划武装政变。同年 8 月中旬,毛泽东到南方巡视,尖锐地提出林彪问题。林彪等人获悉后大为恐慌,在密谋杀害毛泽东未遂后,于 9 月 13 日凌晨仓皇出逃,在蒙古人民共和国境内温都尔汗附近坠机身亡。

发生林彪反革命集团阴谋夺取最高权力、策动反革命武装政变的事件,是"文化大革命"推翻党的一系列基本原则的结果,客观上宣告了"文化大革命"的理论和实践的失败。

毛泽东在周恩来等的协助下领导全党进行的粉碎林彪反革命集团的斗争,使党和国家避免了一场大分裂。随后,周恩来在毛泽东的支持下主持中央日常工作,逐步落实干部政策,并进行整顿,提出批判极左思潮,努力恢复国家的正常秩序,使各方面的工作有了转机。

毛泽东承认自己用错了人、听信了谗言,并对错批"二月逆流"承担了责任,但不允许从根本上纠正"文化大革命"的错误。1973 年 8 月召开的中国共产党第十次全国代表大会,继续了九大的"左"倾错误方针。江青、张春桥、姚文元、王洪文在中央政治局内结成"四人帮"。王洪文还当上了中共中央副主席。

3."四人帮"的覆灭和"文化大革命"的结束

1974 年 1 月,毛泽东发动了"批林批孔"运动,将批判孔子及儒家学说与批林结合起来。然而,这场运动却被江青等人歪曲利用,趁机把批判矛头对准了周恩来等老一辈革命家,致使刚刚趋于稳定的政治局势重新转入动荡,国民经济再次遭到破坏,人民生活水平下降。

1974 年 7 月 17 日,毛泽东在中共中央政治局会议上批评江青,告诫她"不要搞成四人小宗派",并当众宣布:"她并不代表我,她只代表她自己。"随后,他建议周恩来继续担任国务院总理,由邓小平担任国务院第一副总理,挫败了江青等人的"组阁"图谋。1975 年 1 月 13 日至 17 日,第四届全国人民代表大会第一次会议在北京召开。周恩来在政府工作报告中重申了实现四个现代化的宏伟蓝图。大会决定了周恩来为总理、邓小平等为副总理的国务院领导人选。会后,周恩来病重,邓小平在毛泽东的支持下主持中共中央和国务院的日常工作。

1975 年,邓小平根据毛泽东关于要安定团结、把国民经济搞上去的指示,着手对各方面的工作进行整顿,使形势有了明显的好转。这次整顿实际上是后来拨乱反正的预演。

全面整顿,实质上是对"文化大革命"错误理论和"左"倾政策的否定,这是毛泽东所不能容忍的,江青集团也以此作为反击邓小平的"依据"。1975 年底,他们发动了"批邓、反击右倾翻案风"运动。全国又陷入一片混乱。

1976 年 1 月 8 日,周恩来逝世,举国悲痛。清明节前后,爆发了以天安门事件为代表的悼念周总理、反对"四人帮"的运动。这场运动实质上是拥护以邓小平为代表的中国共产党的正确领导,并为后来粉碎"四人帮"奠定了群众基础。当时,中共中央政治局和毛泽东受到"四人帮"的蒙蔽,对天安门事件的性质作出错误判断,错误地撤销了邓小平的党内外一切职务,邓小平再次被打倒。毛泽东提议华国锋担任中共中央第一副主席、国务院总理,始终没有把党和国家的最高权力交给"四人帮"。

同年9月9日,毛泽东逝世。江青反革命集团加紧进行夺取党和国家最高领导权的阴谋活动。10月6日晚,中共中央政治局执行党和人民的意志,毅然粉碎了江青反革命集团,结束了"文化大革命"。在粉碎江青反革命集团的斗争中,华国锋、叶剑英、李先念等起了重要作用,作出了重要贡献。10月14日,中共中央公布粉碎"四人帮"的消息,举国上下一片欢腾。中国人民在经历了十年磨难和挫折之后,终于迎来了社会主义现代化事业发展的新时期。

1966年5月至1976年10月的"文化大革命",是全局性的、长时间的"左"倾严重错误。它既不符合马列主义,也不符合中国实际。它使中国共产党、国家和人民遭到新中国成立以来最严重的挫折和损失。"文化大革命"的发生,对于中国共产党、新中国和中国人民来说,是一场灾难。它使国民经济遭受严重损失,工农业生产严重滞后,民主和法制遭到践踏,大批干部和群众遭受迫害,失去了大批宝贵的人才,学术文化事业在许多方面遭到摧残,科技水平在一些领域同世界先进国家的差距进一步拉大,党风和社会风气遭到严重破坏。历史已经表明,"文化大革命"是一场由领导者错误发动,被反革命集团利用,给党、国家和各族人民带来严重灾难的内乱。

"文化大革命"给党、国家和民族造成的损失是十分巨大的,它所提供的教训是极为沉痛和深刻的。但是,错误和挫折并没有摧毁中国共产党。中国共产党能够从自己所犯的错误中吸取教训,最终还是依靠自身的力量和人民群众的支持、帮助,彻底纠正了这些错误,使党和国家的工作重新回到正确的轨道。

即使在中国共产党和毛泽东犯了严重错误的历史时期,社会主义建设的各项事业仍然取得了举世公认的重要成就。历史一再表明,中国人民是伟大的人民,中国共产党是伟大的党,社会主义制度具有顽强的生命力。

第三节 社会主义建设的历史成就

新中国自开始全面建设社会主义以来,尽管从1956年至1976年的二十年间经历了严重的曲折,在中国共产党的领导下,经过全国人民的自力更生、艰苦奋斗和团结建设,我国的社会主义建设事业取得了多方面的重大的显著的成就。

>>> 一、工农业生产水平大幅度提高

1. 逐步建立了独立的比较完整的工业体系和国民经济体系

新中国成立以来,中国的工业各部门从无到有,从弱到强,基本建立起独立的比较完整的工业体系和国民经济体系。从"一五"计划开始,我国建立了一批门类齐全的基础工业项目,为国民经济的进一步发展打下了坚实的基础。

主要工业产品的生产能力有了质的飞跃,我国的钢产量、发电量、原油和原煤的产量,均有很大的提高。解放初,全国只有19家钢厂,年产钢15.8万吨。1949年,鞍钢生产出了第一炉铁水,这恰如一个闸门的开启,从此,新中国钢铁洪流开始奔腾不息,钢产量从1949年的15.8万吨发展到1976年的2 046万吨。从第一个五年规划开始,大力兴建电力设施。"一五"期间就建设了阜新热电站、抚顺电站、重庆电站、丰满水电站、大连热电站、太原第一热电站、西安热电站数十座电站。发电量从1949年的43亿度发展到1976年的2 031亿度,使我国城市人均用电量大幅度提高。毛泽东说:"要进行建设,石油是不可缺少的,天上飞的,地下跑的,没有石油都转不动啊!"因此,石油资源的勘探和开采成为了新中国建设的首要目标之一。随着克拉玛依、大庆、胜利、大港、华北、江汉等油田的开发建设,到1965年,我国实现了石油全部自给,彻底甩掉了贫油国的帽子。原油产量从1949年的12万吨发展到1976年的8 716万吨,中国人靠"洋油"过日子的时代彻底结束了!

在交通运输等基础设施建设方面,这个时期的发展同样很快。1950年6月15日,新中国自行修建的第一条铁路成渝铁路挖下第一锹土,1952年7月1日,成渝铁路全线通车。成渝铁路是中国自行设计施工,完全采用国产材料修建的第一条铁路。从1956年到1966年的10年中,我国新建铁路近8 000公里,鹰厦、包兰、兰青、兰新、川黔、桂黔等线建成通车,成昆、贵昆、湘黔、襄渝等线也在加紧修建。全国除西藏外,各省、自治区均通有铁路,并且还在加紧修建连接中国战略大后方的川、滇、黔、鄂的大动脉。1950年,为支援解放军和平进军西藏,人民政府组织解放军和各族人民群众动工抢修了青藏公路,1954年12月25日,青藏公路正式通车。到1976年,我国铁路达到4.63万公里,公路达到82.34万公里,初步形成了全国的路网骨架。

中国工业在新中国成立后的近30年间迅速发展,为中国改革开放以及经济的腾飞奠定了基础。1953年到1978年的25年间,工农业总产值平均年增长率为8.2%,其中工业年均增长11.4%。谷物和主要工业产品产量在世界居于前列。在这期间,国家经济实力显著增强。按照不变价格计算,1952年国内生产总值为679亿元人民币,1978年增加到2 943.7亿元。人均国内生产总值从1952年的119元增加到1976年的316元。

2. 农田水利建设大幅推进

农业是国民经济的基础,是中国重要的生产部门。新中国成立后,传统的落后的自给自足的小农生产得到改革发展。

新中国建立后,农业面临的最大问题是水利的问题:水灾频繁,全国大大小小上千条河流,每年都会发生多次洪水泛滥以及河堤决口灾害,而北方广大地区缺少雨水,旱情严重时甚至颗粒无收。当时的农业完全处于靠天吃饭、受大自然摆布的状况。

新中国建立后,全国各地的水利工作全面展开。尤其是治淮工程持续到 20 世纪 60 年代初,初步形成了蓄泄兼筹的中游干流防洪工程体系。治淮以后,一直到 70 年代末,淮河流域虽然发生过多次大洪水,但却再没有酿成重大水患。

农田基础建设进一步加强。人民群众发扬愚公移山的精神削高填洼,将原来坡洼起伏、高低不平的耕地全部改造成了规则、水平、整齐划一的良田。与此同时,修水库、修灌溉渠、打机井、治理盐碱地、翻淤压沙等,健全了水利灌溉系统等农田基本建设设施。到 1978 年,全国完成了 2.6 亿亩的除涝和 6 200 万亩的治盐碱任务。1949 年到 1978 年,农田可灌溉面积从 1949 年的 2.4 亿亩增加到 1978 年的 7.3 亿亩,增加了近 5 亿亩,增幅超过 200%。这一时期,全国修建水库达到 8 万多座,人工河渠增加了 300 多万公里,修配套机井 220 万眼,数量增长了 935.89%。

由于支农工业的发展,到 20 世纪 70 年代末农村机械化程度开始提高,农村用电开始普及,拖拉机、电动机、柴油机、脱粒机、粉碎机等机械和动力设备都进入广大农村,化肥也开始大量使用,一些科技良种普遍推广。

通过兴修水利、开展农田基本建设、培育推广良种,较大幅度地提高了粮食生产水平和抵御自然灾害的能力。粮食总产量从 1949 年的 2 000 多亿斤(1 斤＝0.5 千克)增加到 1976 年的近 6 642.3 亿斤,全国人均占有粮食达到 684 斤,远远超过了历史最高水平。1979 年全国猪牛羊肉产量 1 062.4 万吨,比 1957 年增长 266.59%。棉花总产量从 1949 年的近 900 万担增加到 1976 年的 4 000 多万担。

>>> 二、教育、科学、文化、卫生、体育事业较大发展

1. 提高人民的文化素质

新中国成立后在文化建设方面的一件大事,就是扫除文盲,大力推广普通话,并加大对小学、中学和高等教育的投资。从 1949 年到 1976 年,小学学校从 30 多万所发展到 100 多万所,在校生从 2 000 多万人发展到 1.5 亿人;中学学校从 4 000 多所发展到 19 万多所,在校生从 100 多万人发展到近 6 000 万人;高等学校从 200 多所发展到 400 多所,在校生从 11 万多人发展到 60 多万人。新中国成立近 30 年来,高等学校和中等专业学校培养出近 800 万专门人才。全国各类全日制学校在校学生 2 亿人,比 1952 年增长 2.7 倍。

2. 文学艺术得到发展

在"古为今用、洋为中用、百花齐放、推陈出新"文艺方针的指引下,文学艺术取得了不小的成就。戏剧、电影、音乐、舞蹈、小说、散文和诗歌等都涌现出大批优秀作品,1964 年成功排演的大型音乐舞蹈史诗《东方红》,是对新中国文艺工作的一次检阅,代表了当时国家的最高艺术水平。郭沫若、茅盾、范文澜、翦伯赞、巴金、老舍、徐

悲鸿、齐白石、梅兰芳等一批社会科学家和文学艺术家,为繁荣国家哲学、社会科学研究事业和文化事业作出了重大贡献。

小资料

　　"双百方针"全称是"百花齐放、百家争鸣",是中国共产党在讨论十大关系过程中确定的关于科学和文化工作的指导方针。1955 年 5 月 2 日,由毛泽东在第七次最高国务会议上提出。在 1955 年 4 月 28 日的中央政治局扩大会议上,毛泽东就曾指出,讲学术,这种学术可以,那种学术也可以,不要拿一种学术压倒一切,你如果是真理,信的人势必就会越多。"百花齐放、百家争鸣"我看这应该成为我们的方针。在 5 月 2 日的会议上,毛泽东又讲到:现在春天来了嘛,一百种花都让它开放,不要只让几种开放,还有几种不让它开放,这就叫百花齐放。他还说,百家争鸣是诸子百家,春秋战国时代,两千年前那个时候,有许多学说,人家自由争论,现在我们也需要这个。他指出,在中华人民共和国宪法范围之内,各种学术思想,正确的,错误的,让他们去说,不去干涉他们。1955 年 5 月 26 日,中共中央宣传部部长陆定一在中国科学院和中国文学艺术联合会召开的会议上作了《百花齐放、百家争鸣》的报告。报告根据党中央和毛泽东的有关指示精神,全面系统地阐明了党的"百花齐放、百家争鸣"的方针,指出这个方针的着重点,是要在马克思主义的指引下,充分发扬社会主义的艺术民主和学术民主。

　　　　　　　　　　　　　　　　　　　　——中国网 2002 年 9 月 22 日

3. 医疗事业蓬勃发展

　　1949 年,全国拥有医院 2 600 多家,到 1976 年发展到 6 万多家,其中县以上医院 7 000 多家。医院床位从 1949 年的 8 万张发展到 1976 年的 100 多万张。全国人口的死亡率从 1949 年的 20‰下降到 1976 年的 7.25‰。烈性传染病被消灭或基本消灭,城乡人民的健康水平大大提高,平均寿命大大延长。

4. 科技事业成果显著

　　新中国在核技术、人造卫星和运载火箭等尖端科学技术领域,取得一系列重要的成就。1964 年 10 月,中国爆炸了第一颗原子弹。1967 年 6 月,爆炸了第一颗氢弹。1970 年 1 月,第一枚中远程导弹发射成功。1970 年 4 月,第一颗人造地球卫星发射成功。1975 年,可回收人造卫星试验成功。这些成就表明,中国在尖端科技领域的某些方面正接近世界先进水平。

5. 体育事业全面发展

　　新中国高度重视发展体育事业,提出了"发展体育运动,增强人民体质"的指导方针。群众性体育事业蓬勃发展,不少运动项目取得出色的成绩。从 1956 年到 1976 年,中国运动员先后有 123 人次打破世界纪录。

如此巨大成就的取得，是同中国共产党的领导，同举国上下艰苦奋斗和勤俭建国的创业精神分不开的。这一时期涌现出许多像大庆那样艰苦创业的英雄集体，涌现出大量英雄模范人物，如雷锋、王进喜、焦裕禄等，集中反映了当时的社会道德和精神风貌。

>>> 三、外交工作取得重大进展

1. 积极争取社会主义国家的支援

在新中国成立后长达 20 年的时间里，美国等西方国家不但拒不承认新中国的合法地位，而且实行封锁、遏制政策，阻挠中国统一，并让台湾当局长期占据中国在联合国的席位。新中国在成立初，一方面奉行独立自主基础上的"一边倒"政策，积极争取苏联和其他社会主义国家对中国国内建设与外交工作的支持、援助；一方面不失时机地发展同西方国家的民间外交，同这些国家进行贸易往来，以民（间）促官（方）、以经（济）促政（治），并在 1964 年实现了中法建交。

2. 新中国国际地位的极大提高

在外交方面，中国提出了互相尊重领土主权、互不侵犯、互不干涉内政、平等互利和和平共处等五项原则，这些原则后来成为解决国与国之间问题的基本准则。

1954 年 4 月，中国政府派出以政务院总理兼外交部长周恩来为首的代表团，出席讨论朝鲜问题和印度支那问题的日内瓦会议。日内瓦会议是中国第一次以世界大国的身份与苏、美、英、法等国共同讨论国际重大问题，并作出了重大贡献的大会。

1955 年 4 月，周恩来又率中国政府代表团出席在印度尼西亚万隆召开的亚非会议。这是亚非国家第一次在没有西方殖民国家参加的情况下自行召开的一次国际会议，会议一致通过的《亚非会议最后公报》，涵盖了与会国在经济合作、文化合作、人权和自决、附属地人民问题、促进世界和平与合作等七个方面所达成的共识。公报中《关于促进世界和平与合作的宣言》，提出了著名的十项原则，引申和发展了和平共处五项原则，是亚非国家对国际关系准则的重要贡献。新中国一系列卓有成效的外交活动，既促进了国际紧张局势的缓和，扩大了中国在国际上的影响，也为中国社会主义制度的建立和大规模的社会主义建设争取了一个良好的国际环境。

小资料

1955 年 4 月 18 日至 24 日，亚非会议在印度尼西亚万隆举行。29 个国家和地区的 304 名代表在会议中，冲破了帝国主义的阻挠和破坏，取得了诸多重要成果。在对各项议题进行深入讨论的基础上，会议形成了亚非各国人民团结一致、反对帝国主义和殖民主义、争取和维护民族独立、保卫世界和平、增强各国人民友谊的万隆精神。

同中国接壤或临近的亚洲国家，绝大多数是新兴的民族独立国家，1960 年 1 月

到 1963 年 3 月,中国先后同缅甸、尼泊尔、蒙古、巴基斯坦、阿富汗等国妥善地解决了边界问题。

3. 提出"三个世界"划分的思想

20 世纪 50 年代以后的一个时期内,世界局势动荡,中国面临来自公开的和潜在的威胁和压力。毛泽东在坚持独立自主的外交政策的同时,强调反对霸权主义,维护世界和平,逐渐形成了关于"三个世界"划分的战略思想。1974 年 2 月,毛泽东在会见赞比亚总统卡翁达时提出了关于三个世界划分的思想:苏联、美国是第一世界;中间派的日本、欧洲、加拿大是第二世界;亚洲(除日本)、非洲、拉丁美洲是第三世界。20 世纪 50 年代,亚洲、非洲、拉丁美洲的广大地区出现了民族解放运动的高潮。中国在支持民族解放运动中同广大发展中国家建立了友好关系。

4. 恢复在联合国的合法席位

新中国成立后,由于美国执行敌视新中国的政策,中国在联合国的席位却仍被中国人民推翻了的蒋介石集团所窃踞。为恢复在联合国的合法席位,中华人民共和国政府作出了长期不懈的努力。

1950 年 9 月,在美国操纵下,第五届联大否决了苏联和印度分别提出的恢复中华人民共和国在联合国合法权利的提案。

1951 年,美国操纵第六届联大否决了苏联等国代表提出的将恢复中华人民共和国合法席位问题列入联大议程的提案,并通过了"延期审议"中国代表权问题的决议。

1961 年,第十六届联大决定将中国代表权问题列入联大议程。这是对美国为阻挠恢复新中国合法权利而设置的重重障碍的重大突破。

1971 年 7 月,美国仍然继续阻挠联合国正确解决中国代表权问题。10 月 25 日,第二十六届联大以 59 票反对、55 票赞成、15 票弃权否决了所谓"重要问题"案。接着以 76 票赞成、35 票反对、17 票弃权的压倒性多数获得通过了阿尔巴尼亚、阿尔及利亚等 23 国的提案,决定恢复中华人民共和国在联合国的一切合法权利,并立即把国民党集团的代表从联合国及所属一切机构中驱逐出去。这就是联合国历史上著名的联大 2758 号决议,它从政治上、法律上、程序上公正彻底地解决了中国在联合国的代表权问题。

5. 发展与美国等西方国家的关系

新中国长期不懈的外交努力,终于打开了中美关系正常化的大门。20 世纪 60 年代末,尼克松就任美国总统,开始检讨美国的对华政策,向中国领导人发出改善关系的信息。毛泽东、周恩来敏锐地觉察到美方的变化,抓住时机向美国发起了"乒乓外交",被国际舆论称为"小球转动了大球"。1972 年 2 月,美国总统尼克松访华,中美双方在上海发表联合公报。同年 9 月,中日两国发表关于建交的联合声明。

小资料

1971年3月到4月，第31届世界乒乓球锦标赛在日本名古屋举行。比赛第一天，中国队乘巴士从住地去体育馆时，美国运动员科恩上来搭车，于是中国运动员庄则栋主动和他握手、寒暄，并送他一块中国杭州织锦留作纪念。这个细节被在场记者抓住，成为爆炸性新闻。经过反复考虑，毛泽东在比赛闭幕前夕决定邀请美国队访华。1971年4月10日，美国乒乓球代表团和一小批美国新闻记者抵达北京，成为自1949年以来第一批获准进入中国境内的美国人，1972年4月11日，中国乒乓球队回访美国。中美两国乒乓球队互访轰动了国际舆论，成为举世瞩目的重大事件，被媒体称为"乒乓外交"，从此结束了中美两国20多年来人员交往隔绝的局面，使中美和解随即取得历史性突破。

随着中美关系开始正常化，1972年出现了西方国家对华建交热潮，中国外交格局发生重大变化。中国同英国、荷兰、希腊、联邦德国等国先后建立大使级外交关系，同西方国家的关系从此出现重大转机。中苏关系也趋于缓和。这为后来中国逐步实行对外开放政策创造了有利条件。同中国建交的国家，从1965年的49个增加到1976年的111个，仅1970年以后的新建交国就有62个。中国进入改革开放的新时期后，邓小平曾指出："我们能在今天的国际环境中着手进行四个现代化建设，不能不铭记毛泽东同志的功绩。"

本章小结

1956年，随着我国生产资料私有制改造任务的基本完成和社会主义制度的基本建立，我国进入了全面建设社会主义的新时期。由于国际上社会主义运动的历史不长，中国又是在经济文化比较落后的基础上进入社会主义的，这就意味着中国共产党人要想把马克思列宁主义同中国实际正确地结合起来，找到一条适合中国国情的社会主义建设道路，必然要经历一个长时间探索的过程。在探索的初期，随着《论十大关系》、《关于正确处理人民内部矛盾的问题》的发表以及中共八大路线的制定，社会主义建设事业发展顺畅，探索也取得了积极的成果。但是从1957年夏开始，中国的社会主义建设走上了一条曲折的道路。1957年的整风运动和反右派斗争扩大化、1958年开始的"大跃进"和人民公社化运动给党和国家带来严重困难。虽然中国共产党为纠正"左"倾错误进行了诸多努力，但都不彻底，最终导致了"文化大革命"的发动。1966年5月至1976年10月的"文化大革命"使党、国家和人民遭到建国以来最严重的挫折和损失。

纵观1956—1976年的20年，我国的社会主义建设尽管经历了严重的曲折，在中国共产党的领导下，经过全国人民的自力更生、艰苦奋斗，社会主义建设仍然取得了很大的成就。我们现在赖以进行现代化建设的物质技术基础很大一部分是这个时期建设起来的;我国经济文化建设等方面的骨干力量和他们的工作经验,大部分也是在此期间培养和积累起来的。以毛泽东为核心的党的第一代领导集体在探索中国社会主义建设道路过程中,提出了建设社会主义的若干重要原则。这为我国社会主义建设的进一步探索和发展提供了借鉴,奠定了基础。

复习思考题

1. 简述《论十大关系》的内容和意义。
2. 如何理解中共八大为社会主义事业的发展和党的建设指明了方向?
3. 《关于正确处理人民内部矛盾的问题》的主要内容是什么?

推荐阅读

1. 毛泽东:《论十大关系》,1956 年 4 月 25 日。
2. 毛泽东:《关于正确处理人民内部矛盾的问题》,1957 年 2 月 27 日。
3. 胡锦涛:《在毛泽东同志诞辰一百一十周年纪念大会上的讲话》,2003 年 12 月 26 日。
4. 林蕴晖、范守信、张弓:《凯歌行进的时期:1949—1976 年的中国》,人民出版社 2009 年版。
5. 丛进:《曲折发展的岁月:1949—1976 年的中国》,人民出版社 2009 年版。
6. 王年一:《大动乱的年代:1949—1976 年的中国》,人民出版社 2009 年版。

第十章

改革开放与中国特色社会主义道路的开辟

学习目标

　　1.认识中共十一届三中全会实现了建国以来党和国家历史上具有深远意义的伟大历史性转折,中国由此进入改革开放和现代化建设的新时期。

　　2.了解中国特色社会主义道路开辟和发展的历史进程,认识中国共产党在社会主义初级阶段的基本理论、基本路线、基本纲领、基本经验。

　　3.了解新时期马克思主义中国化的历史进程及其基本理论成果,认识中国共产党所进行的实践创新和理论创新以及两种创新的关系。

　　4.了解改革开放和现代化建设取得的巨大成就,认识坚持走中国特色社会主义道路对于实现中华民族伟大复兴的历史意义。

历史线索图

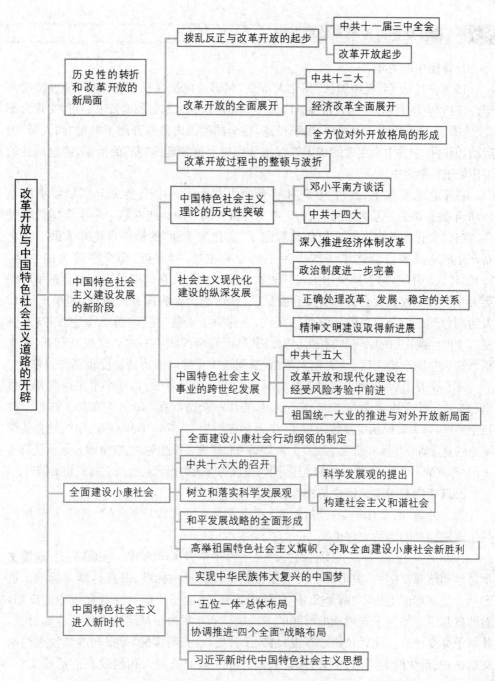

第一节　历史性的转折和改革开放的新局面

>>> **一、拨乱反正与改革开放的起步**

1. 徘徊中的两年

1976—1978 年,是中国从"文化大革命"阴影走向拨乱反正的两年,是过渡的两年。1976 年 10 月粉碎"四人帮"后,广大干部和群众越来越强烈地要求纠正"文化大革命"的错误,中共中央审时度势,顺乎民意,在全国范围内普遍开展了揭批"四人帮"的运动,但时任中共中央主席的华国锋在指导思想上继续延续"左"的错误,使全局性的工作处于徘徊之中。

在全党的要求下,1977 年 7 月召开的中共十届三中全会决定恢复邓小平在 1976 年被撤销的一系列职务。1977 年 8 月召开的中国共产党第十一次全国代表大会,宣告"文化大革命"结束,但仍然肯定了"文化大革命"的错误理论和实践。大会新产生的中央委员会选举华国锋为中共中央主席,叶剑英、邓小平等为副主席。1978 年 2、3 月间,第五届全国人民代表大会第一次会议在北京举行。大会选举叶剑英为全国人民代表大会常务委员会委员长,任命华国锋为国务院总理,邓小平等 12 人为副总理。大会通过的新修改的宪法,虽保留了一些"左"的历史印迹,但基本恢复了 1954 年宪法的原则和制度。与此同时,五届全国政协一次会议在京召开,邓小平当选为全国政协主席。"文化大革命"期间被中止的政治协商制度重新得以恢复。

邓小平复出后,主动要求分管教育科学工作。1977 年 8 月,邓小平主持召开了科学和教育工作座谈会,决定恢复高考制度,当年秋全国约有 570 万人参加了高等学校招生考试,各大院校从中择优录取了 27 万多名学生。1978 年,中科院、中国社会科学院还恢复了研究生院和研究生制度。恢复高考和研究生招生制度,在全国开始营造尊重知识、尊重脑力劳动、尊重人才的氛围,同时也成为解放思想和拨乱反正的最初突破口。

2. 真理标准问题大讨论与拨乱反正

为了冲破"两个凡是"的严重束缚,邓小平等支持和领导从 1978 年 5 月开始的关于真理标准问题的大讨论。

1978 年 5 月 11 日,《光明日报》发表《实践是检验真理的唯一标准》一文,这篇文章是经胡耀邦审定的,提出社会实践不仅是检验真理的标准,而且是唯一标准。这实际上是从理论上否定"两个凡是"的错误方针,引起了广泛的注意和强烈的反响,随即掀起了一场关于真理标准问题的大讨论。邓小平旗帜鲜明地支持了这场讨论,并给予高度评价。此后,《解放军报》、《人民日报》、《光明日报》等报刊连续发表讨论文章,一批革命的老同志、中央各部门、地方和军队的负责人相继发表讲话或文章,表明支持邓小平的态度。关于真理标准问题的讨论，是继延安整风之后又一场马克思主义思想解放运动，这场讨论对于摆脱长期以来形成的"左"的错误，恢复实事求是的思想路线起到了很大作用，为全面拨乱反正和党的十一届三中全会的召开，做了思想上和理论上的准备。

在现实生活中，中共中央开始了平反冤假错案的工作。1977 年至 1978 年间，许多在"文化大革命"中遭到林彪和江青集团迫害的中央和地方干部重新恢复了工作。这就为党的十一届三中全会后全面平反冤假错案打下了坚实的基础。

3. 中共十一届三中全会

1978 年 11 月至 12 月，中共中央在北京召开工作会议。邓小平在会议闭幕式上作了题为《解放思想，实事求是，团结一致向前看》的重要讲话。这次中央工作会议，为随即召开的党的十一届三中全会做了充分准备。邓小平的讲话实际上成了党的十一届三中全会的主题报告。1978 年 12 月 18 日至 22 日，党的十一届三中全会在北京举行。

党的十一届三中全会结束了粉碎"四人帮"之后两年来党的工作在徘徊中前进的局面，全会实现了思想路线、政治路线、组织路线的拨乱反正；全会在实际上确立了以邓小平为核心的中央领导集体；全会作出实行改革开放的重大决策，启动了改革的新进程。这一切，说明党的十一届三中全会开辟了中国共产党和中华人民共和国历史的新篇章，具有划时代意义，正如党的十七大报告指

图 10-1　邓小平在中共十一届三中全会上

出："1978 年，我们党召开具有重大历史意义的十一届三中全会，开始了改革开放历史新时期。"

经过几年时间的全面拨乱反正，文化大革命造成的严重混乱局面得到根本改观。1981 年 6 月，中共十一届六中全会通过《关于建国以来党的若干历史问题的决议》，总结新中国成立以来的历史经验和教训，实事求是地评价了毛泽东和毛泽东思想的历史地位。全会还决定同意华国锋辞去中央委员会主席和中央军委主席的职务，选举胡耀邦为中央委员会主席，邓小平为中央军委主席。

4. 改革开放起步

党的十一届三中全会后，党和国家将工作的重心开始转移到经济建设上。首先，急需解决的问题是长期以来国民经济比例的严重失调。1979 年 4 月，中共中央工作会议制定"调整、改革、整顿、提高"的八字方针，开始对国民经济进行调整。经过两年的努力，经济形势比较快地好转，国民经济的主要比例关系渐趋合理。这一

切,为改革开放奠定了一定基础。

改革首先在农村取得突破,1978 年 11 月,安徽省凤阳县小岗村 18 户农民搞起了"大包干",正式揭开了中国农村改革的序幕。在中共中央的支持和推动下,以包产到户、包干到户为主要形式的家庭联产承包责任制,在全国各地逐渐推广开来。家庭联产承包责任制实行后,农民具有土地的经营自主权,这充分调动了农民生产的积极性,因而受到农民的普遍欢迎。1979 年到 1983 年,农业总产值平均增长率近 8%。

随着农村改革的推进,对外开放开始有重大突破,中央实行创办经济特区作为对外开放的窗口和改革的试验场的重大举措,1980 年 8 月,决定在深圳、珠海、汕头、厦门设置经济特区。在全国各地建设者的艰苦努力下,深圳、珠海这些昔日的小镇、落后渔村,在短短几年内变成了高楼林立,初具规模的现代化城市,成为了引进外资和先进技术的前沿地区。在坚持和完善社会主义基本制度的前提下,前所未有的改革开放的社会主义现代化建设的新道路逐步展开。

>>> 二、改革开放的全面展开

1. 中共十二大

1982 年 9 月,中国共产党在北京召开了第十二次全国代表大会。邓小平主持大会开幕式,并致开幕词,高度评价了这次大会的历史地位,他还总结了我国建国以来的历史经验,正式提出了"建设有中国特色的社会主义"的新命题。

胡耀邦向大会作了《全面开创社会主义现代化建设新局面》的报告,报告提出了中国共产党在新的历史时期的总任务是:领导和团结全国各族人民,自力更生,艰苦奋斗,逐步实现工业、农业、国防和科学技术现代化,把我国建设成高度文明、高度民主的社会主义国家。报告进一步提出了国内工农业生产总值在 20 世纪末"翻两番"的奋斗目标,人民物质文化生活达到小康水平。

大会还制定并通过了新的党章,新党章清除了十一大党章仍然保留的"左"的错误,吸收了七大和八大党章的优点,并根据新时期执政党的特点,提出了许多新的要求。大会选举了以胡耀邦为总书记的新的中央委员会,以邓小平为主任的中央顾问委员会及以陈云为第一书记的中央纪律检查委员会。大会提出要努力建设高度的社会主义精神文明和高度的社会主义民主,强调建设社会主义的物质文明和精神文明,都要靠发展社会主义民主来保证。中国共产党第十二次全国代表大会的胜利召开,标志着党成功地实现了具有重大历史性意义的伟大转变。它开始把中国带入建设有中国特色的社会主义的新的政治轨道,并以全面开创社会主义现代化建设的新局面而永远载入史册。

1982 年 11 月至 12 月召开的第五届全国人民代表大会第五次会议,完成了修改《中华人民共和国宪法》的工作。这部宪法将"四项基本原则"作为一个不可分割的整体写入了宪法。在1983年6月召开的第六届全国人民代表大会第一次会议上，选举李先念为国家主席，彭真为全国人大常委会委员长，决定赵紫阳为国务院总理。

2. 经济改革全面展开

中共十二大以后，经济体制改革全面展开。在农村，家庭联产承包责任制迅速推向全国，同时，乡镇企业异军突起，这对充分利用乡村地区的自然及社会经济资源，向生产的深度和广度进军，对促进乡村经济繁荣和人民物质文化生活水平的提高，缩小城乡差别和工农差别，建设新型的城乡关系均有重要意义，到1987年，全国乡镇企业产值达到4 764亿元，成为国民经济的一个重要支柱。

1984年10月，中共十二届三中全会通过了《中共中央关于经济体制改革的决定》。《决定》突破了把计划经济同商品经济对立起来的传统观念，确认我国社会主义经济是"公有制基础上的有计划的商品经济"。《决定》具有深远的历史意义和重大的理论意义，是我们党创造性地运用马克思主义解决社会主义实践问题的范例，《决定》的作出和实施使经济体制改革以城市为重点全面展开。

科技和教育体制改革也开始进行。1985年，中共中央作出《中共中央关于科学技术体制改革的决定》和《中共中央关于教育体制改革的决定》，为科技和教育体制改革明确了方向和任务。1986年，全国人大通过《中华人民共和国义务教育法》。

3. 全方位对外开放格局的形成

在继续推进城乡改革的同时，对外开放也进一步扩大。经济特区取得的成就得到了党中央充分肯定，这促进党中央下决心加大开放力度，1988年4月，建立了海南经济特区。1984年5月，中共中央决定进一步开放天津、上海等14个沿海港口城市。1985年，决定把长江三角洲，珠江三角洲，闽南厦门、泉州、漳州三角地区开辟为沿海经济开发区。1988年，开放环渤海开放区。中央还提出在这些经济开放区形成贸—工—农一体化的生产结构。这样就逐步形成了"经济特区—沿海开放城市—沿海经济开发区—内地"的多层次、有重点、点面结合的对外开放格局，这种格局的形成是一个渐进的过程，既保证了对外开放的不可逆转，又避免盲目开放给产业带来的巨大冲击。

小资料

"时间就是金钱，效率就是生命"，这是1982年开始竖立在深圳蛇口工业大道路口的标语牌。在当时，这个口号震动了全国，"深圳速度"也第一次出现在世人面前。深圳国贸大厦的建设创造了三天一层楼的奇迹，让世人见证了"深圳速度"；不到30年，一个小渔村，摇身一变，成了国际化大都市。接下来，是"浦东奇迹""无锡传奇"，"速度传奇"在各地新版迭出。与此同时，我国的经济发展水平，尤其是增长速度，更成为全世界的最大传奇。

4. 整党和精神文明建设

中共十二大决定,从 1983 年下半年开始,用三年时间对党的作风和组织进行一次全面整顿。这次整党是我们党在新的历史时期为夺取新的伟大胜利所必须采取的一个重大步骤。这次整党到 1987 年基本结束,经过整党,全党在思想、作风、组织、纪律等方面都有了进步,并积累了在新时期正确处理党的内部矛盾和问题的经验,推进了新时期党的建设。

1986 年 9 月,中共十二届六中全会作出《中共中央关于社会主义精神文明建设指导方针的决议》,规定了社会主义精神文明建设的战略地位、指导方针和根本任务,强调了坚持马克思列宁主义、毛泽东思想为指导,是中国社会主义现代化建设的根本,是社会主义精神文明建设的根本。社会主义精神文明建设的根本任务,是适应社会主义现代化建设的需要,培养有理想、有道德、有文化、有纪律的社会主义公民,提高整个中华民族的思想道德素质和科学文化素质。在以经济建设为中心,坚定不移地进行经济体制改革的同时,坚定不移地进行政治体制改革,坚定不移地加强精神文明建设,并且使这几个方面互助配合,互相促进。必须坚持反对资产阶级自由化,否则就会破坏我们安定团结的政治局面,而没有一个安定团结的政治局面,经济建设很难顺利进行。

>>> 三、改革开放过程中的整顿与波折

1. 中共十三大

1987 年 10 月 25 日至 11 月 1 日,中国共产党第十三次全国代表大会在北京举行。大会比较系统地阐述了关于社会主义初级阶段的理论,完整地概括了中国共产党在社会主义初级阶段"一个中心,两个基本点"的基本路线,制定了下一步经济体制和政治体制改革的基本任务和奋斗目标。

该次会议的主题是加快和深化改革。邓小平主持大会开幕式。赵紫阳作了题为《沿着有中国特色的社会主义道路前进》的报告。

中共十三大正式制定了社会主义现代化建设"三步走"的战略部署。邓小平还提出了"台阶式"发展的思想,要求抓住机遇,加快发展,争取每隔几年使国民经济上一个新台阶。同时,还进一步阐明了允许和鼓励一部分地区,一部分人先富起来,先富带动后富,逐步达到共同富裕的政策。"三步走"发展战略及相关政策的制定,解决了中国现代化建设的目标、步骤等关系全局的重大问题,对中国未来几十年的发展产生了深远的影响。

党的十三届一中全会,选举赵紫阳为总书记,决定邓小平为中央军委主席。引人注目的是,在新的中央委员会选进了一大批比较年轻的同志,而一批老一辈无产阶级革命家则退了出来,这是我们党的事业兴旺发达,后继有人的生动体现,是我们

党的正确路线持续稳定地贯彻下去的可靠保证。邓小平等老一辈无产阶级革命家坚决要从中央委员会退下来，显示了他们的远见卓识和博大胸怀，这丝毫不会妨碍他们继续对我党和国家的大政方针发挥巨大的作用。

2. 政治体制改革基本思路的提出

我国原有的政治体制是与计划经济体制相适应的，这样一种政治体制存在着党政不分、权责不明、权力过分集中、事实上存在的领导职务终身制等问题。党的十一届三中全会以来，中国共产党在提出经济体制改革任务的同时，也开始思考政治体制改革的问题。1980年8月，邓小平发表《党和国家领导制度的改革》的讲话，是党在20世纪80年代初期有关政治体制改革总体思路的一个集中体现，为我国政治体制改革奠定了坚定的理论基础，指明了原则和方向。1986年9月，中共十二届六中全会把坚定不移地进行政治体制改革确定为社会主义现代化建设总体布局的重要任务之一。1987年10月，中共十二届七中全会讨论并通过《政治体制改革总体设想》。中共十三大报告将政治体制改革问题列为重要内容，阐述了政治体制改革的任务、性质、目标以及方法、步骤等一系列问题。

3. 经济上的整顿和经受政治风波的考验

党的十三大以后，在加速发展、取得重大成就的同时，国民经济也出现了明显的通货膨胀、物价大幅度上涨、重复建设严重、经济发展过热等一些问题。1988年夏季，在经济秩序特别是流通秩序混乱状况没有取得扭转的情况下，中央宣布开放大部分商品价格，实行价格改革"闯关"。这一决策引发了1988年下半年全国性抢购风潮和银行挤兑风，影响了社会安定。

为了应对严峻的经济形势，1988年9月，中共十三届三中全会决定扭转物价上涨幅度过大的态势，创造理顺价格的条件，更好地推进改革和建设。根据这一决定，国务院相继采取一系列治理整顿的措施。到1989年底，治理整顿取得比较明显的阶段性成效。

正当治理整顿工作需要进一步推进，以解决一些深层次问题时，1989年春夏发生的政治风波使改革开放和经济建设的进程遭受严重干扰。在关键时刻，中共中央政治局在邓小平和其他老一辈革命家坚决有力的支持下，依靠人民，采取果断措施，平息了这场政治风波，捍卫了社会主义国家政权，保证了改革开放的继续推进。

1989年6月，中共十三届四中全会决定撤销赵紫阳的总书记职务，选举江泽民为总书记。1989年9月，邓小平提出辞职请求，11月召开的中共十三届五中全会接受邓小平辞去中央军委主席职务的请求，决定由江泽民任中共中央军事委员会主席。全会高度评价了邓小平在党所领导的革命和建设各个历史时期，特别是中共十一届三中全会后作出的重大贡献。

政治风波过去以后，以江泽民为核心的第三代领导集体在进一步治理整顿和深化改革的同时加强了党的自身建设,党要管党、从严治党成为紧抓不放的一件大事。1989年7月28日,中共中央和国务院发布《中共中央、国务院关于近期做几件群众关心的事的决定》,8月,中共中央发布《中共中央关于加强党的建设的通知》,明确要求:及时总结反腐败斗争的经验,建设、健全党内监督、群众监督等多种监督法规,并加强检查、严格执行。1990年3月召开的中共十三届六中全会,通过了《中共中央关于加强党同人民群众联系的决定》,强调人民群众是我们党的力量源泉和胜利之本。能否始终保持和发展同人民群众的血肉联系,直接关系党和国家的盛衰兴亡。1991年《毛泽东选集》第一至四卷第二版出版,党中央发出学习的通知,充分肯定毛泽东思想在新的历史时期的指导意义,并同学习中共十一届三中全会以来的路线、方针、政策结合起来,同学习毛泽东思想在新时期的发展的邓小平理论结合起来。中国共产党全面推进党的自身建设,巩固和加强了同人民群众的联系,巩固了执政地位,更好地担负起领导改革开放和社会主义现代化建设的历史重任。

第二节　中国特色社会主义建设发展的新阶段

>>> 一、中国特色社会主义理论的历史性突破

1. 邓小平南方谈话

20世纪80年代末和90年代初,国际国内形势非常严峻,出现了异常复杂的局面,这些对中国的改革和开放产生了很大的冲击,引起了社会各界的普遍担忧,改革开放向何处去? 正是在这样一种情况下,1992年1月18日至2月21日,邓小平视察武昌、深圳、珠海、上海等地,沿途发表了重要的南方谈话。

"南方谈话"的思想精髓可以概括为以下几点:第一,谈话指出,坚持党的十一届三中全会以来的路线,关键是坚持"一个中心,两个基本点"。第二,指出解放生产力,发展生产力,消灭剥削,消除两极分化,最终达到共同富裕,是社会主义最终本质论。第三,提出以"三个有利于"作为判断改革开放是非得失的根本标准。邓小平指出:"改革开放胆子要大一些,敢于试验,不能像小脚女人一样。看准了的,就大胆地试,大胆地闯。"第四,邓小平指出计划经济不等于社会主义,市场经济不等于资本主义,为提出社会主义市场经济理论奠定了基础。第五,强调发展才是硬道理,在发展中生产力是根本,科学技术是第一生产力,要讲综合国力,两个文明,全面发展。

邓小平的南方谈话,是在国际国内政治风波严峻考验的重大历史关头,坚持党的十一届三中全会以来的理论和路线,深刻回答长期束缚人们思想的许多重大认识问题,把改革开放和现代化建设推进到新阶段的又一个解放思想,实事求是的宣言书,对现代化建设和改革开放的深入发展起了巨大的推动作用。

2. 中共十四大

1992 年 10 月 12 日至 18 日,中国共产党第十四次全国代表大会在北京召开。这次大会是在邓小平南方谈话,广大干部和群众思想更加解放,精神更加振奋,改革开放和现代化建设进入新阶段的背景下召开的。大会通过了江泽民《加快改革开放和现代化建设步伐,夺取有中国特色社会主义事业的更大胜利》的报告和关于《中国共产党章程(修正案)》的决议。

大会确立了邓小平建设有中国特色社会主义理论在全党的指导地位,大会明确我国经济体制改革的目标是建立社会主义市场经济,大会确定坚持中国共产党在社会主义初级阶段的基本路线不动摇,抓住机遇,加快发展,大会强调要进一步加强党的建设和改善党的领导。同时进一步推进中央领导层的年轻化,知识化和专业化,实现了中央领导层的新老交替。

中共十四大是一次肩负着加快改革开放和现代化建设步伐的重大历史使命的大会,这次大会与邓小平南方谈话一起成为推动中国向前发展的又一座里程碑,成为中国改革开放和社会主义现代化建设、中华民族振兴和中国人民迈向 21 世纪的新起点,标志着中国社会主义进入改革开放和社会主义现代化建设的新阶段。

中共十四届一中全会选举江泽民、李鹏、乔石、李瑞环、朱镕基、刘华清、胡锦涛为中央政治局常委,决定江泽民为中央军委主席,批准尉健行为中共中央纪律检查委员会书记。

>>> 二、社会主义现代化建设的纵深发展

1. 深入推进经济体制改革

1992 年邓小平南方谈话后,中国的改革开放全面推进,1993 年 11 月召开的中共十四届三中全会,通过了《中共中央关于建立社会主义市场经济体制若干问题的决定》,将十四大提出的社会主义市场经济体制改革的目标和基本原则加以系统化、具体化,进一步勾画了社会主义市场经济体制的基本框架,成为 20 世纪 90 年代进行经济体制改革的行动纲领。

按照中共十四届三中全会的部署,经济体制改革向着前所未有的广度和深度推进,农村改革进一步深化,国有企业转换经营机制,走向市场;股份制和股票上市走向试点;价格改革迈出较大步伐,住房制度改革全面起步;社会保障制度改革逐步展开,计划、投资、财税、金融、商业、物资、外贸等方面的体制改革也取得了新的发展,使市场在资源配置中的基础性作用明显增强,市场经济体制中的国家宏观调控体系框架初步建立,为国民经济和社会发展注入了新的活力。

由于经济体制改革仍跟不上经济发展的需要,1993 年上半年,出现了严重的经济过热。对此,中共中央和国务院决定对国民经济进行宏观调控,1993 年 6 月,下发

了《中共中央、国务院关于当前经济情况和加强宏观调控的意见》,提出了紧缩银根、稳定金融形势等 16 项宏观调控措施,并迅速取得了初步成效,使经济过热的势头得以遏制。此后,又经过三年的努力,成功实现了从发展过快到高增长、低通胀的"软着陆",避免了经济发展的大起大落。这次经济过热暴露出经济发展中存在的诸多深层次的问题,促进了经济体制改革的进一步加快。这一时期,建立起一批经济技术开发区和保税区,开放了哈尔滨等 4 个边境、沿海省会城市和太原等 11 个内陆省会城市及一批内陆市县。到 1997 年,中国对外开放的一类口岸达到 235 个,二类口岸达到 350 个,逐步形成从沿海到沿江、从沿边到内陆,多层次、多渠道、多种形式的全方位的开放格局。

1995 年"八五"计划胜利完成,提前实现了"三步走"战略的第二步战略目标。1996 年 3 月召开的八届全国人大四次会议批准了"九五"计划和 2010 年远景目标纲要。纲要阐述了国民经济和社会发展的重要方针,提出要实现从传统计划经济体制向社会主义市场经济体制,从粗放型增长方式向集约型增长方式的两个根本转变。

小资料

"我们搞改革开放,把工作重心放在经济建设上,没有丢马克思,没有丢列宁,也没有丢毛泽东。老祖宗不能丢啊!问题是要把什么叫社会主义搞清楚,把怎么样建设和发展社会主义搞清楚。"

——《邓小平文选》第 3 卷,人民出版社 1993 年版,第 368 页

2. 政治制度进一步完善

随着经济体制改革的深入,政治体制改革也取得进步。

人民代表大会制度在改革中不断完善。各级人民代表逐步实现了差额选举制度;扩大了人大对政府的监督权,加强了宪法监督等。人民代表大会制度的改革,强化了人大的功能,增加了人大的自主权,对于打破权力高度集中,改变以党代政的政治格局起了积极作用。

中国共产党领导的多党合作和政治协商制度进一步强化。1993 年 3 月,八届全国人大一次会议把"中国共产党领导的多党合作和政治协商制度将长期存在和发展"写入宪法,赋予这一基本政治制度以宪法地位。1994 年 3 月,全国政协八届二次会议第一次把参政议政列入政协的主要职能。

基层民主政治建设取得重大发展。1987 年 11 月,全国人大常委会使村民自治作为一项新型的群众自治制度和直接民主制度在法律上得到正式确立,进入 20 世纪 90 年代以后,村民自治活动深入发展,基层民主政治建设逐步规范化和法制化。

加强法制建设,实行依法治国,是新阶段中国政治体制改革的关键内容。1996 年 12 月,中央明确提出"依法治国"的问题;同年 3 月,八届全国人大四次会议将"依法治国,建设社会主义法治国家"作为政治体制改革的目标和方向,并写进了《中华

人民共和国国民经济和社会发展"九五"计划和 2010 年远景目标纲要》，这是中国法制建设的重要里程碑。

3. 正确处理改革、发展、稳定的关系

1994 年初，中共中央根据十四大的精神，立足改革发展的实际，提出了"抓住机遇、深化改革、扩大开放、促进发展、保持稳定"的基本方针，要求党在各项工作中认真加以贯彻，同年 5 月，江泽民进一步提出：稳定是前提，改革是动力，发展是目标，三者相互促进。

1995 年 9 月，中共十四届五中全会召开。江泽民发表讲话，指出在推进社会主义现代化建设过程中必须处理好各种关系，特别是带有全局性的十二个重大关系。全会强调，要有效调动和发挥全党全国各族人民的积极性和创造力，必须始终坚持以邓小平建设有中国特色社会主义理论和党的基本路线为指导，牢牢把握"抓住机遇、深化改革、扩大开放、促进发展、保持稳定"的基本方针，妥善处理好改革、发展、稳定的关系。

4. 精神文明建设取得新进展

中共十四大明确提出，在建设社会主义市场经济的同时，要把精神文明建设提高到新水平。物质文明和精神文明都要搞好，才是有中国特色的社会主义。根据"两手抓、两手都要硬"的要求，进入新阶段后，精神文明建设取得了很大的进展。

1993 年 11 月，《邓小平文选》第三卷正式出版发行，全党和全国人民迅速兴起了学习《邓小平文选》第三卷的热潮。1994 年，中共十四届六中全会作出《中共中央关于加强社会主义精神文明建设若干重要问题的决议》，对新形势下的精神文明作出了具体部署。这个决议的贯彻，使社会主义精神文明建设得到进一步加强，为继续深化改革，加快发展创造了良好氛围。各地普遍加强爱国主义教育基地建设，中宣部公布了第一批 100 个全国性的爱国主义教育基地。2001 年，国家颁布了《公民道德建设实施纲要》。

教育事业的发展受到社会的关注和支持。为发展贫困和边远地区教育事业，救助失学儿童而筹集资金的"希望工程"，以及帮助改善农村贫困教师生活条件，提高农村教学水平的"烛光"工程得到了社会各界广泛支持。

1992 年，国务院颁布《国家中长期科学技术发展纲领》，先后发布《1991—2000 年科学技术发展十年规划和"八五"计划纲要》、《中华人民共和国科学技术进步法》等重要政策法规。1995 年 5 月，发布《中共中央、国务院关于加速科学技术进步的决定》，首次提出了"科教兴国"战略。1996 年，八届全国人大四次会议将"科教兴国"确立为中国的基本国策。

>>> 三、中国特色社会主义事业的跨世纪发展

1. 中共十五大

1997年9月12日至18日，中国共产党第十五次全国代表大会在北京召开。大会的主题是高举邓小平理论伟大旗帜，把建设有中国特色社会主义事业全面推向21世纪。大会把邓小平理论同马克思列宁主义、毛泽东思想一同确立为中国共产党的指导思想，并写入修改后的《中国共产党章程》。

大会阐明了建设有中国特色社会主义的经济、政治和文化的基本目标和基本政策，提出了党在社会主义初级阶段的基本纲领。这是党的基本路线在经济、政治、文化等方面的延伸。

大会明确了中国跨世纪发展的战略部署，把依法治国确定为治国的基本方略，把坚持以公有制为主体、多种所有制经济共同发展，把坚持以按劳分配为主体、多种分配方式并存，确定为我国在社会主义初级阶段的基本经济制度和分配制度。

中共十五大在世纪之交的关键时刻，继承了邓小平遗志，承前启后，继往开来，明确回答了中国改革开放和现代化建设继续向前发展的一系列重大理论问题和政策问题，从思想上、政治上、组织上为中国特色社会主义事业的建设提供了根本保证。

中共十五届一中全会选举江泽民、李鹏、朱镕基、李瑞环、胡锦涛、尉健行、李岚清为中央政治局常委，江泽民为中共中央总书记、中央军事委员会主席，尉健行为中央纪律检查委员会书记。1998年3月召开的九届全国人大一次会议，选举江泽民为国家主席、国家中央军事委员会主席，李鹏为全国人大常委会委员长，朱镕基为国务院总理。

2. 改革开放和现代化建设在经受风险考验中前进

中共十五大后，改革开放和现代化建设事业，是在应对来自经济、政治和自然界等方面的一系列严峻挑战中稳步推进的。1997年爆发的亚洲金融危机，对中国经济产生了强烈冲击。1998年，长江、嫩江和松花江等流域发生了历史上罕见的洪涝灾害。1999年，又接连发生了以美国为首的北约袭击中国驻南斯拉夫使馆、李登辉抛出"两国论"、"法轮功"邪教组织策划和煽动非法聚众闹事等重大事件。面对这些风险和考验，中共中央、国务院采取一系列措施，保证了改革开放和现代化建设的航船沿着正确的方向破浪前进。

1998年10月通过了《中共中央关于农业和农村工作若干重大问题的决定》，进一步推动解决"三农"问题。1999年9月通过了《中共中央关于国有企业改革和发展若干重大问题的决定》，提出了推进国有企业改革发展的一系列政策措施，推进国有企业战略性改组，建立和完善现代企业制度。这期间，还出台了推进城镇住房制度

改革、医疗保险制度改革和财政税收改革的措施,以及实施西部大开发战略的部署。2001 年 12 月 11 日,经过长达 15 年的艰苦谈判,中国正式加入世界贸易组织,标志着对外开放进入一个新阶段。

2000 年,"九五"计划胜利完成。同年 10 月召开的中共十五届五中全会通过了《中共中央关于制定国民经济和社会发展第十个五年计划的建议》,提出其后五到十年,要以发展为主题,以结构调整为主线,以改革开放和科技进步为动力,以提高人民生活水平为根本出发点,推进经济发展和社会全面进步。

3. 祖国统一大业的推进与对外开放新局面

台湾问题是祖国统一大业的重心所在。1982 年 1 月,邓小平第一次正式地把解决台湾问题的方式归纳和概括为"一个国家,两种制度",即"一国两制"。这个构想,是对马克思主义国家学说创造性地发展,为和平时期解决某些相关历史遗留问题指明了出路。

"一国两制"构想首先成功运用在解决香港问题、澳门问题上,经过中国政府同英国政府、葡萄牙政府分别举行的和平谈判,香港和澳门问题相继获得圆满解决。香港、澳门的回归,标志着我们在完成祖国统一大业的道路上迈出了重要的一步。同时,也为海峡两岸的和平统一创造了有利的条件,提供了成功的经验。

中国政府还加强了大陆与台湾的经济技术合作与交流,促进双方人员的往来。1992 年 10 月,大陆海峡两岸关系协会与台湾海峡交流基金会举行商谈,达成"九二共识"。1993 年 4 月,在新加坡举行的"汪辜会谈",标志着两岸关系有了实质性的发展。1995 年 1 月 30 日,江泽民发表《为促进祖国统一大业的完成而继续奋斗》的讲话,提出了发展两岸关系,推进祖国和平统一的八项主张,成为解决台湾问题的纲领性文件。进入新世纪后,由于台湾当局领导人加紧进行制造"两个中国""一中一台"等分裂活动,支持和纵容"台独"分子,给两岸关系的发展带来了严峻的考验。为了遏止"台独"分裂势力,2005 年胡锦涛就新形势下对台关系提出四点意见,即坚持一个中国原则决不动摇,争取和平统一的努力决不放弃,贯彻寄希望于台湾人民的方针决不改变,反对"台独"分裂活动决不妥协。2005 年 3 月 14 日,全国人大表决通过了《反分裂国家法》,以法律的形式给"台独"分裂势力以沉重的打击。在中国人民维护祖国统一的强烈意志的感召下,台湾国民党、亲民党、新民党领导人先后访问祖国大陆,促进了海峡两岸关系的发展。

4. 党的建设进一步推进

中共十四大以后,以江泽民为核心的中央领导集体在继续抓好经济建设的同时,十分重视加强党的自身建设,坚持党要管党,从严治党的方针,切实解决提高党的领导水平和执政水平、提高拒腐防变和抵御风险的能力这两大历史课题。

1998 年 11 月 21 日,根据十五大部署,中央决定在县级以上党政领导班子、领导干部中深入开展以讲学习、讲政治、讲正气为主要内容的党性党风教育。这次"三讲"教育历时近两年,使各级领导干部普遍受到了一次深刻的马克思主义教育,党的思想、政治、组织、作风建设得到明显加强。

2001年9月通过《中共中央关于加强和改进党的作风建设的决定》,明确了新形势下加强和改进党的作风建设的指导思想、主要任务和具体措施,紧紧围绕保持党和人民群众的血肉联系这个核心问题,把党的作风建设提高到一个新的层次。

为全面推进党的建设新的伟大工程,解决我们要建设一个什么样的党、怎样建设党的重大问题,江泽民提出了"三个代表"重要思想。江泽民同志在2000年2月25日在广东省考察时,首次对"三个代表"重要思想进行了比较全面的阐述,提出:"我们党所以赢得人民的拥护,是因为我们党在革命、建设、改革的各个历史时期,总是代表着中国先进生产力的发展要求,代表着中国先进文化的前进方向,代表着中国最广大人民的根本利益。"同年5月,江泽民在江苏、浙江、上海党建工作座谈会的讲话中,又进一步指出,始终做到"三个代表"是中国共产党的立党之本、执政之基、力量之源。2001年7月1日,江泽民在庆祝中国共产党成立80周年大会上发表讲话,系统阐述了"三个代表"重要思想的科学内涵和基本内容。

"三个代表"重要思想,集中概括了我们党和国家全部理论活动、实践活动,包括一切工作的根本方向、根本准则、根本依据,是指引我们党和国家新世纪工作的行动指南。

第三节　全面建设小康社会

>>> 一、全面建设小康社会行动纲领的制定

"小康"是个典型的中国式概念,描绘的是一种美好的社会状态和理想。20世纪70年代邓小平赋予"小康"这个概念以全新内涵。1979年12月,他在同日本首相大平正芳的谈话中,第一次使用了"小康"一词来描述中国式的现代化并同时使用了"小康之家""小康的状态""小康的国家"等表达方式。同年12月29日,邓小平在会见新加坡政府代表团时再次指出,"所谓的四个现代化,只能搞个'小康之家',比如说国民生产总值人均一千美元。"至此,小康思想已经在邓小平头脑里初见雏形。中共十二大、十三大、十四大都对小康社会有所设计。

2000年10月召开的中共十五届五中全会,第一次明确提出了"全面建设小康社会"的战略任务。2001年,在庆祝中国共产党成立80周年大会的讲话中,江泽民再次指出:"我国已经进入了全面建设小康社会,加快推进社会主义现代化的新的发展阶段。""要尽快地使全国人民都过上殷实的小康生活",并提出了建设小康社会,推

进社会主义现代化在各方面的要求和任务。

>>> 二、中共十六大的召开

2002 年 11 月 8 日至 14 日,中共第十六次全国代表大会在北京召开。大会把"三个代表"重要思想同马克思列宁主义、毛泽东思想,邓小平理论一同确立为中国共产党必须长期坚持的指导思想,并写入党章,实现了党的指导思想的又一次与时俱进。大会提出了对全面贯彻"三个代表"重要思想的根本要求。

大会从十个方面概括了党领导人民建设中国特色社会主义的基本经验。这十条经验,集中体现了中国共产党在中国特色社会主义实践中形成的重大认识和重大方针,对于党和国家事业的发展具有长远的指导作用。

大会把中国特色社会主义与民族复兴更加紧密地联系起来,把全面建设小康社会作为新阶段的奋斗目标。大会从经济、政治、文化、可持续发展四个方面界定了全面建设小康社会的内容,特别是将可持续发展能力的要求包含其中,显然,这一目标是与加快推进现代化相统一的目标,符合中国国情和现代化建设的实际,符合人民的愿望,意义十分重大。

十六大闭幕后召开的中共十六届一中全会,选举胡锦涛为中共中央总书记,选举胡锦涛、吴邦国、温家宝、贾庆林、曾庆红、黄菊、吴官正、李长春、罗干为中共中央政治局常委。2003 年 3 月召开的第十届全国人大第一次会议,选举胡锦涛为国家主席,吴邦国为全国人大常委会委员长,温家宝为国务院总理。党和国家的中央领导集体再一次实现了平稳交接。

>>> 三、树立和落实科学发展观

1. 科学发展观的提出

2003 年春,一场"非典"疫病灾害突然袭来,中共中央、国务院领导人民取得了防治"非典"和促进发展的双胜利,积累了应对突发公共事件的经验。作为世界上坚持社会主义道路的最大发展中国家,我国要完成工业化和信息化的双重任务,面临着促进经济发展和节约资源、保护环境的双重压力,这就决定了我们不能重复其他国家走过的老路,而必须走出一条中国特色发展道路。科学发展观正是在总结国内外发展的经验教训的基础上提出的。

2003 年 10 月党的十六届三中全会通过的《中共中央关于完善社会主义市场经济体制若干问题的决定》指出:"坚持以人为本,树立全面、协调可持续的发展观,促进经济社会和人的全面发展。"这是党的文件中第一次提出科学发展观。2004 年 9 月,党的十六届四中全会决定通过的《中共中央关于加强党的执政能力建设的决定》,把树立和落实科学发展观作为提高党执政能力建设的重要内容。2005 年 10 月,党的十六届五中全会通过的《中共中央关于制定国民经济和社会发展第十一个五年规划的建议》强调,要坚定不移地以科学发展观统领经济社会发展的全局,坚持以人为本,转变发展观念,创新发展模式,提高发展质量,把经济社会发展切实转入全面协调可持续发展的轨道。2006年3月,全国人大十届四次会议通过的《中华人民共和国国民经济和社会发展第十一个五年规划纲要》指出:"十一五"时期促进国民经济持续快速协调发展和全面进步,关键是要牢固树立和全面落实科学发展观。

2. 构建社会主义和谐社会

党的十六大报告明确地把社会更加和谐列为全面建设小康社会的一个重要目标。2004年9月,十六届四中全会提出了构建社会主义和谐社会的任务,明确了构建社会主义和谐社会的主要内容。2005年2月,胡锦涛在中央党校省部级主要领导干部专题研讨班上,对构建社会主义和谐社会的重大战略思想作了全面论述,深刻阐明了社会主义和谐社会的主要特征是民主法治、公平正义、诚信友爱、充满活力、安定有序、人与自然和谐相处。提出构建社会主义和谐社会战略思想,明确了社会建设在中国特色社会主义事业总体布局中与经济建设、政治建设和文化建设一同构建"四位一体"的战略地位。

2006年10月,党的十六届六中全会审议通过了《中共中央关于构建社会主义和谐社会若干重大问题的决定》,全面、深刻地阐明了社会主义和谐社会的指导思想、目标任务、工作原则和重大部署。构建社会主义和谐社会是中国共产党以马列主义、毛泽东思想、邓小平理论和"三个代表"重要思想为指导,全面贯彻落实科学发展观,从中国特色社会主义事业总体布局和全面建设小康社会全局出发提出的重大战略任务,反映了建设富强、民主、文明、和谐的社会主义现代国家的内在要求,体现了全党全国各族人民的共同愿望。

>>> 四、和平发展战略的全面形成

中共十六大以后,党和国家在坚持一贯奉行的独立自主的和平外交政策的同时,在全球化的驱使下,在和平与发展主题的坚定判断下,全面形成了和平发展战略。

2003年12月,温家宝总理在哈佛大学演讲时,代表中国政府首次提出中国坚持和平崛起的战略。2004年8月,胡锦涛在纪念邓小平同志诞辰一百周年的大会上的讲话中提出,要高举和平、发展、合作的旗帜,坚持走和平发展的道路。2005年11月,胡锦涛系统地阐述了走和平发展道路的基本内涵和重大意义。2005年12月,国务院新闻办公室发表了《中国的和平发展道路》白皮书,中国政府首次对中国和平发展道路作了详细的阐述。白皮书的发表标志着中国和平发展战略的全面形成。

走和平发展道路的战略思想,是与建国以来我国的外交思想和方针一脉相承的,具有重要的现实针对性和创新意义。它进一步丰富和发展了中国特色社会主义的外交和国际战略理论;它也反映了人类追求文明进步的一条崭新道路。中国的和平发展,不仅是中国的福音,也是世界的福音。一个坚持和平发展道路,稳定、开放、

繁荣的中国,必将为维护世界和平与稳定,促进共同发展作出更大贡献。

>>> 五、高举中国特色社会主义旗帜,夺取全面建设小康社会新胜利

1. 中共十七大的召开

中国共产党第十七次全国代表大会于 2007 年 10 月 15 日至 21 日在北京召开。胡锦涛代表十六届中央委员会向大会作了题为《高举中国特色社会主义伟大旗帜为夺取全面建设小康社会新胜利而奋斗》的报告。

这次大会的突出贡献,是对科学发展观的时代背景、科学内涵和精神实质进行了深刻阐述,对深入贯彻落实科学发展观提出了明确要求。大会科学回答了党在改革、发展关键阶段举什么旗、走什么路、以什么样的精神状态、朝着什么样的发展目标继续前进等重大问题,对以改革创新精神全面推进党的建设新的伟大工程提出了明确要求。

大会科学总结了十六大以来的工作和改革开放的伟大历史进程及其宝贵经验。大会充分肯定了改革开放以来取得的伟大成就,对继续推进改革开放进行了全面部署,强调要把改革创新精神贯彻到治国理政的各个环节,毫不动摇地坚持改革开放方向,统筹好改革、发展、稳定的各项工作,全面提高对外开放水平,推动整个国家又好又快发展。

大会从新的实际出发提出了实现全面建设小康社会奋斗目标的新要求,对我国社会主义经济建设、政治建设、文化建设、社会建设进行了全面部署。

大会通过了关于《中国共产党章程(修正案)》的决议,新党章将科学发展观写入,并明确提出了以改革创新精神全面推进党的建设新的伟大工程的总体布局和重大战略任务,为新的形势下加强和改进党的建设,更好地发挥党在中国特色社会主义事业中的领导核心作用,提供了更加科学有力的指导。

10 月 22 日,中共十七届一中全会,选举产生新的中央政治局,选举胡锦涛为中共中央总书记,选举胡锦涛、吴邦国、温家宝、贾庆林、李长春、习近平、李克强、贺国强、周永康为中央政治局常务委员会委员,决定胡锦涛为中央军事委员会主席,批准贺国强为中央纪律检查委员会书记。

党的十七大是在我国改革发展关键阶段召开的一次十分重要的大会。党的十七大对统一全党思想、凝聚各方面力量,团结带领全国各族人民夺取全面建设小康社会新胜利、开创中国特色社会主义事业新局面必将产生重大而深远的指导作用。

2. 中共十七届三中全会

中共十七届三中全会于 2008 年 10 月 9 日至 12 日在北京召开。全会审议通过了《中共中央关于推进农村改革发展若干重大问题的决定》。全会研究了新形势下推进农村改革发展的若干重大问题,系统回顾总结了我国农村改革发展的光辉历程和宝贵经验。全会指出,农业、农村、农民问题关系党和国家事业发展全局。全会强

调,把建设社会主义新农村作为战略任务,把走中国特色农业现代化道路作为基本方向,把加快形成城乡经济社会发展一体化新格局作为根本要求。全会提出了到2020年我国农村改革发展的基本目标任务及当前和今后一个时期推进农村改革发展的具体部署、举措、基本要求、制度保障,提出推进农村改革发展"关键在党"。

3. 中共十七届四中全会

中共十七届四中全会于2009年9月15日至18日在北京召开。全会审议通过了《中共中央关于加强和改进新形势下党的建设若干重大问题的决定》。全会认真总结新中国成立以来,我们党加强自身建设的宝贵经验,深入分析了党面临的执政考验、改革开放考验、市场经济考验、外部环境考验等四大考验,指出必须按照科学理论武装、具有世界眼光、善于把握规律、富有创新精神的要求,把建设马克思主义学习型政党作为重大而紧迫的战略任务抓紧抓好。全会研究部署了在新形势下继续推进党的建设新的伟大工程中带有全面性、根本性、紧迫性的一系列战略决策,是指导当前和今后一个时期我们党的建设的纲领性文件。

4. 中共十七届六中全会

中共十七届中央委员会第六次全体会议,于2011年10月15日至18日在北京举行。党的十七届六中全会通过的《中共中央关于深化文化体制改革推动社会主义文化大发展大繁荣若干重大问题的决定》,从全局和战略的高度,对完善促进文化改革发展的政策保障机制提出了明确要求。全会研究了深化文化体制改革、推动社会主义文化大发展大繁荣若干重大问题,认为总结我国文化改革发展的丰富实践和宝贵经验,研究部署深化文化体制改革、推动社会主义文化大发展大繁荣,进一步兴起社会主义文化建设新高潮,对夺取全面建设小康社会新胜利、开创中国特色社会主义事业新局面、实现中华民族伟大复兴具有重大而深远的意义。全会审议并通过了《关于召开党的第十八次全国代表大会的决议》,决定党的十八大于2012年下半年在北京召开。

第四节　中国特色社会主义进入新时代

>>> 一、实现中华民族伟大复兴的中国梦

实现中华民族伟大复兴的中国梦,是2012年11月29日,习近平总书记参观《复兴之路》展览时提出来的,一经提出,就产生了强大的号召力和感染力,成为中国走向未来的鲜明指引,成为激励中华儿女团结奋进、开辟未来的精神旗帜。

中国梦视野宽广、内涵丰富、意蕴深远。习近平指出:"中国梦的本质是国家富强、民族振兴、人民幸福。"国家富强,是指我国综合国力进一步增强,中国特色社会主义事业进一步发展和完善。经济更加发达,科技创新在经济发展中的驱动力更加

强劲,政治更加民主,文化更加繁荣,社会更加和谐,生态更加美好。民族振兴,就是通过自身的不断发展与强大,继承并创造中华民族的优秀文化以及先进的文明成果,进而使中华民族再次处于世界领先的地位,再次以高昂的姿态屹立于世界民族之林。民族振兴,也会更好地造福世界人民,共创世界美好的未来。人民幸福,就是人民权利保障更加充分、人人得享共同发展,生活在伟大祖国和伟大时代的中国人民,共同享有人生出彩的机会,共同享有梦想成真的机会,共同享有同祖国和时代一起成长与进步的机会。

实现中国梦必须走中国道路。历史和现实充分证明,无论是封闭僵化的老路,还是改旗易帜的邪路,都是绝路、死路。只有中国特色社会主义道路才能发展中国、稳定中国。中华民族是具有非凡创造力的民族,我们创造了伟大的中华文明,我们也能够继续拓展和走好适合中国国情的发展道路。要增强对中国特色社会主义的道路自信、理论自信、制度自信、文化自信,坚定不移沿着正确的中国道路奋勇前进。

实现中国梦必须弘扬中国精神。实现中国梦,要求我们不仅在物质上强大起来,而且在精神上强大起来。以爱国主义为核心的民族精神和以改革创新为核心的时代精神,是凝心聚力的兴国之魂、强国之魂。要弘扬伟大的民族精神和时代精神,不断振奋全民族的精气神,不断增强团结一心的精神纽带、自强不息的精神动力,永远朝气蓬勃迈向未来。

实现中国梦必须凝聚中国力量。实现中华民族伟大复兴的中国梦是各民族共同的梦,也是各民族自己的梦。中华民族一家亲,同心共筑中国梦。各族人民大团结的力量,是克服各种困难、战胜风险挑战的决定性因素。只要我们紧密团结,万众一心,为实现共同梦想而奋斗,实现梦想的力量就无比强大,我们每个人为实现自己梦想的努力就拥有广阔的空间。全国各族人民一定要牢记使命,心往一处想,劲往一处使,用13亿多人民的智慧和力量汇集起不可战胜的磅礴力量。

>>> 二、"五位一体"总体布局

中共十八大以来,中共中央统筹推进"五位一体"总体布局,提出了一系列新理念新思想新战略,不断引领中国特色社会主义事业蓬勃发展。

1. 贯彻新发展理念

党的十八届五中全会坚持以人民为中心的发展思想,提出了创新、协调、绿色、开放、共享的新发展理念。创新是引领发展的第一动力,抓住了创新,就抓住了牵动经济社会发展全局的关键。协调是持续健康发展的内在要求,绿色是永续发展的必要条件,开放是国家繁荣发展的必由之路,共享是中国特色社会主义的本质要求。创新、协调、绿色、开放、共享的新发展理念,相互贯通、相互促进,是具有内在联系的集合体。从整体上把握新发展理念,努力提高统筹贯彻新发展理念的能力和水平,有利于推动建设现代化经济体系。

2. 发展社会主义民主政治

新中国成立以来,尤其是改革开放以来,我们党团结带领人民在发展社会主义民主政治方面取得了重大进展,成功开辟和坚持了中国特色社会主义政治发展道路,为实现最广泛的人民民主确立了正确方向。

健全人民当家作主制度体系。毫不动摇坚持人民代表大会制度,与时俱进完善人民代表大会制度,推动人大工作迈上新台阶。

坚持和完善社会主义协商民主。发展协商民主,必须推进协商民主广泛、多层、制度化发展,形成完整的制度程序和参与实践,保证人民在日常政治生活中有广泛持续深入参与的权利。

坚持和完善中国共产党领导的多党合作和政治协商制度。要不断推进社会足以协商民主广泛多层制度化发展,把协商民主嵌入我国社会主义民主政治全过程。

坚持和完善民族区域自治制度。民族区域自治制度符合我国国情,强调坚持统一和自治相结合,民族因素和区域因素相结合。

坚持和完善基层群众制度,发展基层民主,是社会主义民主政治建设的基础。

3. 发展中国特色社会主义文化

建设中国特色社会主义文化,必须坚持走中国特色社会主义文化发展道路,牢牢把握意识形态工作领导权,弘扬社会主义核心价值体系和核心价值观,建设社会主义文化强国。

牢牢把握意识形态工作领导权,要旗帜鲜明坚持马克思主义指导地位,要加快构建中国特色哲学社会科学,要坚持正确的舆论导向,要建设好网络空间,要落实好意识形态工作责任制。

培育和践行社会主义核心价值观,倡导富强、民主、文明、和谐,倡导自由、平等、公正、法治,倡导爱国、敬业、诚信、友善。要把社会主义核心价值观融入社会生活各个方面,要坚持全民行动、干部带头,从家庭做起、从娃娃抓起,必须立足中华优秀传统文化和革命文化,必须发扬中国人民在长期奋斗中培育、继承、发展起来的伟大民族精神。

坚定文化自信,建设社会主义文化强国,必须培养高度的文化自信,必须大力发展文化事业和文化产业,必须提高国家文化软实力,要以马克思主义为指导,建设中国特色社会主义文化。

4. 在发展中保障和改善民生

建设社会主义和谐社会,要提高保障和改善民生水平,实施精准扶贫、精准脱贫战略,加强和创新社会治理,形成共建共治共享的社会保障体系,树立国家总体安全观。

提高保障和改善民生水平,要优先发展教育事业,要提高就业质量和人民收入水平,要加强社会保障体系建设,坚决打赢脱贫攻坚战,实施健康中国战略,完善国民健康政策,为人民群众提供全方位全周期健康服务。

5. 建设美丽中国

建设美丽中国,要树立人与自然和谐共生的基本理念,实现最严格的环境保护政策,坚持绿色发展,加快生态文明体制改革。

坚持人与自然和谐共生。生态文明的核心是坚持人与自然和谐共生。建设社会主义生态文明就是要实现人与自然和谐发展,就是要建设以资源环境承载力为基础、以自然规律为准则、以可持续发展为目标的资源节约型、环境友好型社会,努力走向社会主义生态文明新时代。

形成人与自然和谐发展新格局。要坚持节约资源和保护环境的基本国策,推动形成绿色发展方式和生活方式,协同推进人民富裕、国家强盛、中国美丽。要把节约资源放在首位,坚持保护优先、自然恢复为主,实行最严格的生态环境保护制度。着力推进绿色发展、循环发展、低碳发展,形成节约资源和保护环境的空间格局、产业结构、生产方式、生活方式。

>>> 三、协调推进"四个全面"战略布局

十八大以来,中共中央从坚持和发展中国特色社会主义全局出发,形成了全面建成小康社会、全面深化改革、全面依法治国、全面从严治党的战略布局。

全面建成小康社会。十八大报告提出了到2020年全面建成小康社会的奋斗目标。全面建成小康社会,最艰巨的任务在农村。要坚持精准扶贫、精准脱贫,坚决打赢脱贫攻坚战,确保到2020年全国人民一起迈入全面小康社会。

全面深化改革。全面深化改革必须坚持党对改革的集中统一领导,必须坚持改革沿着中国特色社会主义方向前进,必须坚持改革往有利于维护社会公平正义、增进人民福祉方向前进,必须坚持社会主义市场经济改革方向。全面深化改革的总目标是完善和发展中国特社会主义制度,推进国家治理体系和治理能力现代化。

全面依法治国,必须走对路。在坚持和拓展中国特色社会主义法治道路这个根本问题上,我们要树立自信、保持定力。必须坚持中国共产党的领导,坚持人民在全面依法治国中的主体地位,坚持法律面前人人平等,坚持依法治国和以德治国相结合。坚持从中国实际出发,推进中国特色社会主义法治体系建设。

全面从严治党的目标是把党建设成为始终走在时代前列、人民衷心拥护、勇于自我革命、经得起各种风浪考验、朝气蓬勃的马克思主义执政党。"坚持党要管党、全面从严治党"是新时代党的建设的根本方针。

>>> 四、习近平新时代中国特色社会主义思想

2017年10月18日—10月24日,中国共产党第十九次全国代表大会在北京举行。党的十九大,是在全面建成小康社会决胜阶段、中国特色社会主义发展关键时期召

开的一次十分重要的大会,承担着谋划决胜全面建成小康社会、深入推进社会主义现代化建设的重大任务,事关党和国家事业继往开来,事关中国特色社会主义前途命运,事关最广大人民根本利益,对鼓舞和动员全党全国各族人民继续推进全面建成小康社会、坚持和发展中国特色社会主义具有重大意义。

十九大通过了关于《中国共产党章程(修正案)》的决议,习近平新时代中国特色社会主义思想写入党章。2018年3月11日,第十三届全国人民代表大会第一次会议通过《中华人民共和国宪法修正案》,习近平新时代中国特色社会主义思想写入《中华人民共和国宪法》。

坚持和发展中国特色社会主义,是改革开放以来我们党全部理论和实践的鲜明主题,也是习近平新时代中国特色社会主义思想的核心要义。习近平新时代中国特色社会主义思想内涵十分丰富,涵盖了经济、政治、法治、科技、文化、教育、民生、民族、宗教、社会、生态文明、国家安全、国防和军队、"一国两制"和祖国统一、统一战线、外交、党的建设等各方面。其中最重要、最核心的内容就是党的十九大报告概括的"八个明确",即:

明确坚持和发展中国特色社会主义,总任务是实现社会主义现代化和中华民族伟大复兴,在全面建成小康社会的基础上,分两步走在本世纪中叶建成富强民主文明和谐美丽的社会主义现代化强国;

明确新时代我国社会主要矛盾是人民日益增长的美好生活需要和不平衡不充分的发展之间的矛盾,必须坚持以人民为中心的发展思想,不断促进人的全面发展、全体人民共同富裕;

明确中国特色社会主义事业总体布局是"五位一体"、战略布局是"四个全面",强调坚定道路自信、理论自信、制度自信、文化自信;

明确全面深化改革总目标是完善和发展中国特色社会主义制度、推进国家治理体系和治理能力现代化;

明确全面推进依法治国总目标是建设中国特色社会主义法治体系、建设社会主义法治国家;

明确党在新时代的强军目标是建设一支听党指挥、能打胜仗、作风优良的人民军队,把人民军队建设成为世界一流军队;

明确中国特色大国外交要推动构建新型国际关系,推动构建人类命运共同体;

明确中国特色社会主义最本质的特征是中国共产党领导,中国特色社会主义制度的最大优势是中国共产党领导,党是最高政治领导力量,提出新时代党的建设总要求,突出政治建设在党的建设中的重要地位。

这"八个明确",高度凝练、提纲挈领地点明了习近平新时代中国特色社会主义思想的主要内容,构成了系统完备、逻辑严密、内在统一的科学体系。

本章小结

1976 年 10 月粉碎江青反革命集团的胜利,从危难中挽救了党,使国家进入新的历史发展时期,但是,这以后的两年,党的指导思想上的错误并未得到应有的澄清,"两个凡是"思想路线使得拨乱反正呈现出徘徊的局面。1978 年 12 月召开的中共十一届三中全会,实现了新中国成立以来党的历史上具有深远意义的伟大转折,开启了改革开放的历史新时期。改革开放事业,是以邓小平为核心的中共第二代中央领导集体带领全党全国各族人民开创的。正是以邓小平为核心的中共第二代中央领导作出了改革开放的历史性决策,开辟了建设中国特色社会主义道路,创立了邓小平理论。从十三届四中全会到十六大,受命于重大历史关头的以江泽民为核心中共第三代中央领导集体,面对国内外政治风波、经济风险等严峻考验,依靠党和人民,捍卫中国特色社会主义,创建社会主义市场经济新体制,创立"三个代表"重要思想,继续推进改革开放沿着正确方向前进。2002 年 11 月,中共十六大以来,以胡锦涛为总书记的中共中央,坚持科学发展观,促进社会和谐,完善社会主义市场经济体制,在全面建设小康社会实践中坚定不移地把改革开放事业继续推向前进。尤其是十八大以来,在以习近平同志为核心的党中央的领导下,全党全国人民团结奋斗,在各个领域取得了一系列重大成就,中国特色社会主义进入新时代。

复习思考题

1. 为什么说中共十一届三中全会是新中国成立以来的伟大历史转折?

2. 在不断推进改革开放和现代化建设的历史过程中,实践创新和理论创新的关系是怎样的? 试举例说明。

3. 中共十一届三中全会以来中国特色社会主义事业取得了哪些主要成就? 为什么会取得这些成就?

推荐阅读

1. 邓小平:《在武昌、深圳、珠海、上海等地的谈话要点》,1992 年 1 月 18 日—2 月 21 日。

2. 胡锦涛:《在邓小平同志诞辰一百周年纪念大会上的讲话》,2004 年 8 月 22 日。

3. 胡锦涛:《在纪念改革开放 30 周年大会上的讲话》,2008 年 12 月 18 日。

4. 程天权:《中国之路(1978—2008)》,中国人民大学出版社 2008 年版。

参考文献

[1] 王虹. 中国近现代史纲要[M]. 沈阳:辽宁大学出版社,2006.

[2] 李捷,王顺生. 中国近现代史纲要[M]. 北京:高等教育出版社,2008.

[3] 朱绍侯,张海鹏,齐涛. 中国古代史[M]. 福州:福建人民出版社,2004.

[4] 胡绳. 中国共产党的七十年[M]. 北京:中共党史出版社,1991.

[5] 李侃,李时岳,李德征,等. 中国近代史[M]. 4版. 北京:中华书局,2000.

[6] 胡绳. 从鸦片战争到五四运动[M]. 北京:人民出版社,1981.

[7] 蒋廷黻. 中国近代史[M]. 长沙:岳麓书社,1999.

[8] 何沁. 中国革命史[M]. 武汉:武汉大学出版社,1990.

[9] 杨先材. 中国革命史[M]. 北京:中国人民大学出版社,1989.

[10] 张宪文. 中华民国史[M]. 南京:南京大学出版社,2006.

[11] 王桧林. 中国现代史[M]. 3版. 北京:北京师范大学出版社,2004.

[12] 何理. 中国抗日战争史[M]. 上海:上海人民出版社,2005.

[13] 邱树森,陈振江. 新编中国通史:第四册[M]. 福州:福建人民出版社,1996.

[14] 张岂之. 中国历史:中华人民共和国卷[M]. 北京:高等教育出版社,2001.

[15] 何沁. 中华人民共和国史[M]. 2版. 北京:高等教育出版社,1999.

[16] 王希良. 中华人民共和国史[M]. 西安:陕西师范大学出版社,1990.

[17] 高凯,熊光甲. 新中国的历程[M]. 北京:中国人民大学出版社,1989.

[18] 金春明,席宣. "文化大革命"简史[M]. 北京:中共党史出版社,2006.

[19] 罗正楷. 毛泽东思想概论[M]. 武汉:武汉大学出版社,1999.

[20] 陈旭麓. 近代中国社会的新陈代谢[M]. 上海:上海人民出版社,1992.

[21] 孙占元. 孙中山与辛亥革命[M]. 济南:山东人民出版社,1991.

[22] 李践. 中国共产党历史:第三册[M]. 北京:人民出版社,1990.

[23] 陈光林. 中共党史纲要[M]. 济南:山东人民出版社,1991.

[24] 胡绳武,金冲及. 从辛亥革命到五四运动[M]. 武汉:湖北人民出版社,1983.